AF650602

MARTIN SCHMITZ VERLAG

Bibliografische Information Der Deutschen Bibliothek
Die Deutsche Bibliothek verzeichnet diese Publikation in der Nationalbibliografie; detaillierte bibliografische Daten sind im Internet über https://portal.dnb.de/ abrufbar.

ISBN 978-3-927795-74-7

Cover/Satz: Sybille Fuchs Grafik
Autorenfoto: Reanimate Arne van Lessen
Druck: Grafische Werkstatt von 1980 GmbH | Kassel

CHRISTIAN KESSLER

DAS VERSTECKTE KINO

DIE BESTEN FILME,VON DENEN
SIE NIEMALS GEHÖRT HABEN!

Null Toleranz im großen Apfel (New York)

Vor dem Gesetz ist jede Leiche gleich (Verbrechensbekämpfung)

Was Männer so machen, wenn sie zuviel Zeit haben (Krieg)

Millionen Irre können nicht fliegen (Medien)

Ein Schiff, das sich Gemeinde nennt (Religion)

Die bunte Knabbermischung (Mixed Bag)

Die besten Filme,
von denen Sie niemals gehört haben!

Es war einmal ein Königreich, das Königreich der Fantasie. Viele Feen, Elfen und Heinzelmänner taten sich darin um, schufen Verdienstvolles und weniger Verdienstvolles. Auch Hexen, Kobolde und böse Zauberer hatten ihren Platz in diesem Wunderland. Es war ein pausenloses Gemache und Getue. Viele der Heinzelmänner und auch Heinzelfrauen drehten Filme, denn auf Film ließen sich Fantasien besonders schmuckvoll umsetzen, und nicht selten war ihnen ein großer kommerzieller Erfolg beschieden. Als eines Tages ein ungewöhnlich schöner Film das Licht der Welt erblickte, war die Freude des Königs groß. Er lud zwölf weise Feen zur Premierenvorstellung. Zugegeben, der Titel – „Das Jahr des Hasen" – war nicht so der Brüller, aber mit einer guten Werbekampagne würde man den kleinen Racker schon legal über die Rampe hieven. Dachten die Feen. Nur die dreizehnte war richtig sauer, daß sie nicht zur Premiere eingeladen worden war, und sie hegte einen üblen Plan im Busen. Sie plazierte einen Fluch auf dem Film: Jeder Kritiker, der seiner ansichtig würde, wüßte nichts Besseres anzufangen, als boshafte und nicht immer gerechtfertigte Schmähtexte zu verfassen. So wollte es die schlimme Fee. Und so kam es, wie es kommen mußte – der Film fiel in einen tiefen Dornröschenschlaf und verschimmelte im Regal. Bis ein schöner Prinz des Weges kam ...

Mein bisheriger Werdegang legt zwar nicht den Schluß nahe, daß ich eine besondere Eignung zum schönen Prinzen besäße, aber irgendeiner muß die Drecksarbeit ja machen. Ich küsse gerne, und wenn sich die Objekte meiner Zuneigung in einem tiefen Schlaf befinden – sich also nicht wehren können –, dann landet schon einmal ein dicker, feuchter Schmatzkuß auf bislang ungeküßter Wange. Es gibt Filme, die zum Zeitpunkt ihrer Erstveröffentlichung nicht einmal ansatzweise das zu leisten vermochten, was speziell die Geldgeber von ihnen erwarteten. Bei den meisten Filmen handelt es sich zunächst einmal um ein kommerzielles Produkt. Es wird ein gewisser Geldbetrag in sie investiert, für den manch einer schwer schuften mußte. Wenn der Film nun in die freie Wildbahn entlassen wird, erwarten die Geldgeber aus durchaus nachvollziehbaren Gründen, daß die Investition sich lohnen möge. Also: Die Einlage muß wieder rein, und wenn dann noch ein mehr oder weniger ansehnlicher Geldbetrag hinzukommt, so wird dies nicht nur als wünschenswert empfunden, sondern ist für viele der Beteiligten Sinn und Zweck des ganzen Spiels. Der Künstler sitzt derweil einsam in seiner Künstlerkemenate und hängt guten Gedanken nach. Wenn sein jüngstes Kind mit Gold und Geschmeide behangen nach Hause kommt, geht es ihm nicht so sehr um das Gold und das Geschmeide, aber er registriert die Anerkennung, die dahinter steckt. Er freut sich. Er freut sich auch völlig zu Recht, da das Vorhandensein von Gold und Geschmeide mitentscheidend dafür sein wird, ob er jemals wieder einen Film realisieren oder in dem Luftschloß seiner Wahl verkommen und verkarsten wird, zu einem ausgemergelten Lieferanten der Bitterkeit werden wird, dessen einzige gelegentliche Lebensäußerung im Verfassen unbekömmlicher Leserbriefe an Online-Portale besteht, in denen dann Formulierungen wie „Armes Deutschland!" zu lesen sind.

Das Nichtzustandekommen von Gold und Geschmeide kann die unterschiedlichsten Gründe haben. Manchmal ist es so, daß ein Filmprodukt die Zielgruppe, auf die es zumindest die Geldgeber abgesehen hatten, um Lichtjahre verfehlt. Der Film sollte nach Benediktbeuren, landet aber auf dem Mars. Dies kann etwa damit zu tun haben, daß die Macher des Filmes irrige Vorstellungen nicht nur von der anvisierten Zielgruppe, sondern auch von der Welt im allgemeinen hatten. Wenn etwa der häufige Konsument synthetischer Rauschdrogen den Eindruck gewonnen hat, daß Pinguine unser aller Untergang sein werden, so muß Restwelt ihm in seiner Überzeugung nicht folgen. Sein verschrobenes Lamento wird ignoriert werden, wird belächelt werden. Gold und Geschmeide bleiben aus. Folge: Armenhaus, goldener Schuß auf dem Bahnhofsklo. Eine andere Variante wäre, daß Pinguine wider Erwarten doch unser aller Untergang sein werden, man weiß es ja nicht. Der belächelte Schrat gilt somit als Visionär, der seiner Zeit weit voraus war. Ein solcher Narr auf dem Berge – und zwar ein besonders schöner Narr, wie ich hinzufügen möchte! – war AUGEN DER ANGST (PEEPING TOM, 1960), der im Alleingang nicht nur die Karriere seines Regisseurs, des durchaus angesehenen Briten Michael Powell, vernichtete, sondern auch die internationale Karriere des Hauptdarstellers Karlheinz Böhm. Dem Film schlugen damals solche Wogen des Hasses und der Empörung entgegen, daß es fast unmöglich schien, daß sich dahinter ein wertvolles kulturelles Artefakt verbergen könnte. Mittlerweile sind wir schlauer und haben den Film als eine geistvolle und mutige Reflexion nicht nur über das Genre des Horrorkinos, sondern über das Medium Film an sich erkannt. Er gilt verdientermaßen als Klassiker. Ich möchte seine komplexe Story hier nicht noch einmal ausbreiten. Sie ist anderswo nachzulesen. Am besten schaut man sich den Film einfach an, es lohnt sich.

Herr Powell und Herr Böhm konnten sich also damit trösten, daß AUGEN DER ANGST eine späte Würdigung zuteil wurde. Er wird in diesem Buch nicht wieder erwähnt werden. Mir geht es hier nämlich um Filme, denen diese späte Würdigung versagt blieb. Die aus den unterschiedlichsten Gründen der Obskurität anheimfielen und auf Kellerregalen landeten, auf denen sich schon bald unansehnliche Schimmelbatzen bildeten. In Kellerverliesen angekettete Trolle, so ähnlich wie der Heini aus Terence Fishers DER FLUCH VON SINIESTRO (THE CURSE OF THE WEREWOLF, 1961), der dann für die Verwerwolfung Oliver Reeds verantwortlich ist. „Ungewaschen, geduzt und ausgebuht", wie mal ein schönes Buch von Max Goldt hieß. Wobei es natürlich manchmal durchaus zu Recht passieren mag, daß ein Film in einem Keller angekettet bleibt, wo nur trocken Brot und schnöder Schimmel seine Fron teilen. Diese Unterscheidung zwischen Preisungswertem und Ankettungswertem erfolgt aber – es sollte bei aller Offensichtlichkeit noch einmal darauf hingewiesen werden – auf rein subjektiver Basis. Man mag ja auch nicht immer die Freunde von Freunden.

Man wird in diesem Buch verfemte Grenzgänger finden, denen ich ein spätes Glück wünsche, altjüngferliche Bibliothekarinnen mit Sonne im Herzen ebenso wie moderne Galileo Galileis, verkannte Genies. Manche wurden von großen Studios üppig produziert und blieben hinter den in sie gesteckten Erwartungen zurück. Manche wurden niedrig geboren und blieben das dann auch. Tja. Es handelt sich in jedem Fall aber um Filme, die für mich ein hohes Maß an Schönheit in sich tragen, die ich gerne in die Umwelt entlassen möchte. Ich möchte auf diese Schönheit hinweisen und sie übersetzen, auf daß sie zugänglich werde für jedermann.

Eine besondere Untergruppe stellen die sogenannten „Kultfilme" dar. Der Begriff bezeichnete ursprünglich ein kommerziell unergiebiges Produkt, dem aber innerhalb einer sehr überschaubaren Fangemeinde viel Liebe entgegengebracht wurde. Die Jahre haben diesen Begriff völlig verwässert. Heutzutage gilt ausnahmslos alles als „Kult", was als richtig doll und rattenscharf verkauft werden soll. Gelegentlich gibt es die Einschränkung zu beobachten, daß man mit unterstelltem „Kult" eine gewisse Tendenz zur Verschrobenheit verbindet, der als „Kult" beworbene Gegenstand also „schräg" und „verrückt" ist, in Gänsefüßchen, versteht sich. Der Begriff kommt aber nun mal aus dem religiösen Bereich und bezeichnet das Pflegen einer Tradition, die eben nicht überall, sondern an besonderen Orten stattfindet, Kirchen oder Weinkellern etwa. Wenn ein Kult in der Tagespresse beworben wird und sogar die Bundeskanzlerin Mitglied ist, hört er auf, ein Kult zu sein. Er wird schnöder Alltag. Während es mir keine Schwierigkeiten bereitet, mir die Bundeskanzlerin in jüngeren Jahren beim fröhlichen „Rocky Horror"-Schangel vorzustellen, so glaube ich nicht, daß sie zum Zielpublikum von William Peter Blattys katholischem Psychodrama THE NINTH CONFIGURATION (1980) zählte, einem Film, der von Warner Brothers ratzfatz zurückgezogen wurde. Es kann sein, daß ich damit der Bundeskanzlerin bitter Unrecht tue, in welchem Falle ich mich für diese Ungehörigkeit aufrichtig entschuldigen möchte. Bei THE NINTH CONFIGURATION entschuldigte sich allerdings niemand. Er verschwand, er existierte lange Zeit nur in der Legende. Ich möchte, daß das anders wird.

In „Das versteckte Kino" finden sich viele Filme, von denen die meisten Leser noch niemals etwas gehört haben werden, es sei denn, sie sind verdiente Cineasten. Es wäre ein durchaus erwünschter Nebeneffekt des Buches, wenn diesen Filmen ein bislang versagter Sternenglanz zuteil würde. Mein Hauptanliegen ist es aber, auf all die lustigen Zauberwesen hinzuweisen, die sich abseits der Pfade tummeln. Im Unterschied zu meinen beiden Büchern über das sogenannte Trashkino geht es hier um verkannte Klassiker, die nicht werden durften, obwohl sie es durchaus verdient gehabt hätten. Es sind Leuchttürme, die mitten auf dem Festland installiert wurden. Zwar werden sie niemals ein Schiff auf den rechten Pfad lotsen, aber ihr Licht kann trotzdem für Erbauung sorgen im Leben vieler Filmfans. Ich bin immer überzeugt davon gewesen, daß das Unbekannte Pracht besitzt. Wenn man noch ein Kind ist, trägt das Unbekannte eher Schrecknisse und vermeintlich Bedrohliches, aber wenn die Zivilisation zuschlägt – und das tut sie trotz vieler betrüblicher Gegenbeispiele ständig! –, dann merkt man, daß man ohne das Unbekannte, das Fremde, ein viel armseligeres Leben führt als unbedingt nötig. Daß die Welt voller Wunder ist. In dieses Buch sind Feen und Elfen eingesperrt, aber auch Kobolde und Kellergeister. Ich hoffe, daß es Dir, liebe Leserin, lieber Leser, viel Spaß bereiten wird, sie rauszulassen!

Wohlsein,

Christian Keßler, August 2016

Es war eine ballernde Rauschnacht (Oldies)

Sind so kleine Hände

Meinen Rundgang durch das Reich der vergessenen Filme möchte ich mit einer Würdigung verschiedener Senioren beginnen, deren Kopf – sofern Haare überhaupt noch vorhanden sind – von einem prachtvollen Grau geziert wird. Sie entstammen jenen Tagen, in denen es im wesentlichen die sogenannten „Majors" waren, eine Handvoll großer Hollywood-Studios, die die Leinwände mit filmischen Fantasien versorgten. Daneben gab es noch einige Winzelfirmen wie Republic, PRC oder Monogram, die sich quasi als Tümmlerfische des Systems betätigten. Die amerikanische Filmwelt war damals schön übersichtlich strukturiert. Das war, bevor Firmen wie American International ihr Bestes gaben, um von unabhängiger Seite den Autokinosektor mit preisgünstig hergestellten Preziosen zu überfluten. Was damals entstand, ist entweder bereits sattsam als Klassiker abgefeiert oder als „Kultfilm" an einem Nasenring durch die Manege gezerrt worden. Echte Überraschungen gibt es da kaum mehr zu entdecken. Ich habe deshalb zwei Filme ausgewählt, die Fachkenner der Materie bereits kennen dürften, da es sich um Klassiker des B-Kinos handelt, denen aber m.E. immer noch nicht genügend Aufmerksamkeit geschenkt worden ist. Dann ist da noch ein B-Film, von dem nur der Keßler und Teufels Großmutter gehört haben werden. Und schließlich wäre da noch ein schillerndes Musical, das zu den eigentümlichsten Zelluloidbelichtungen gehört, die der Autor jemals gesehen hat. Und genau mit jenem möchte ich beginnen!

Wie ich in meinem Buch „Der Schmelzmann in der Leichenmühle" bereits erwähnte, kann ich mir eine Welt ohne Filmmusicals durchaus vorstellen. Die Menschen würden dann eben nicht völlig grundlos anfangen, zu singen und zu tanzen. Milchmänner würden die ihnen zugewiesene Arbeit verrichten, Hippies würden Bäume umarmen, Katzen würden schnurren, und der Erlöser befände sich in unser aller Herzen. Das wäre keine schlimme Welt, finde ich. Natürlich entgingen einem dann viele schöne Dinge, etwa vergnüglich gagaistische Glamour-Choreographien im Busby-Berkeley-Stil, Fred Astaire im Top Hat, Al Jolson im Blackface, Esther Williams im Badeanzug oder die unsäglich unheimlichen Zwerge aus DAS ZAUBERHAFTE LAND (THE WIZARD OF OZ, 1939). Aber insgesamt schiene mir das ein erträglicher Wegzoll auf einer langen, musicalfreien Straße ins Paradies.

Es gäbe dann allerdings auch keinen DIE 5000 FINGER DES DR T (THE 5000 FINGERS OF DR. T, 1953), der sich als Vergötzungsobjekt nachdrücklichst anbietet. Der Film stellt Spezialwissen dar, denn Weltruhm war ihm nicht beschieden. Ich nehme an, daß er in den USA als DVD wiederveröffentlicht wurde, aber ganz sicher bin ich mir nicht. Ich selber besitze eine spanische DVD, die mir auch als Grundlage für diesen Text dient. Ansonsten muß man schon auf die dritten Programme hoffen oder Arte, daß sie dieses Schätzchen mal exhumieren. Eine deutsche Fassung gibt es, ich hatte sie mal auf Video. Dieses Video habe ich dann einem guten Freund geliehen, und der ist damit ab über alle Berge. Soviel zu guten Freunden!

DR. T basiert auf einem Konzept des berühmten Kinderbuchautoren Dr. Seuss. Es geht um den kleinen Jungen Bart, der von seiner alleinstehenden Mutter erzogen wird. Es fehlt ein Mann im Haus. Könnte das der freundliche Klempner Zabladowski sein, mit dem sich Bart so gut versteht? Oder doch eher der grimmige Klavierlehrer Dr. Terwilliker, dessen Pädagogik auf unbedingte Disziplinierung setzt, nicht auf Sonne im Herzen? In Barts Träumen verwandelt sich Dr. Terwilliker in einen popanzigen Diktator, der ein Institut besitzt, das 500 Kinder dazu zwingen will, an

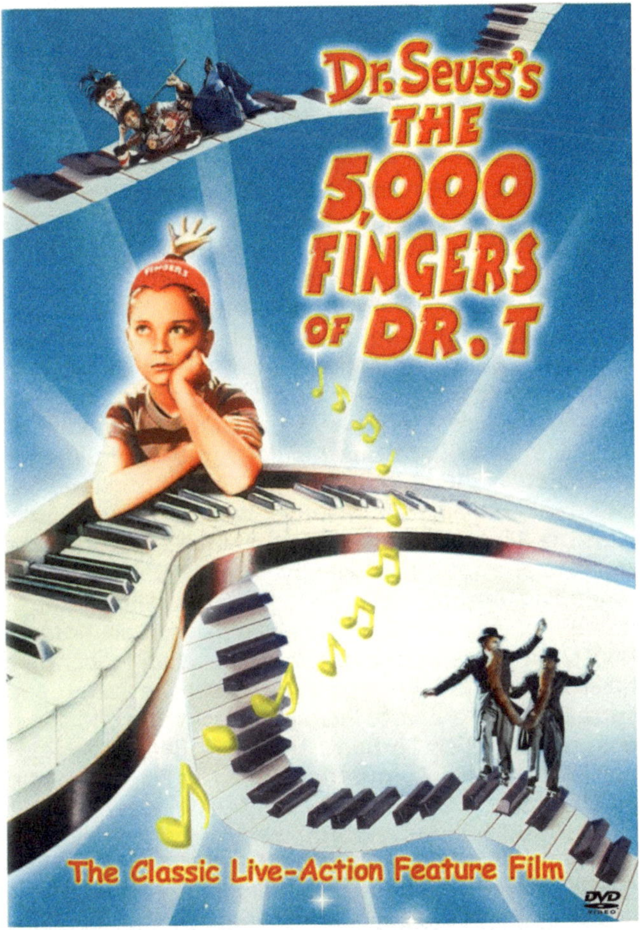
Dr. Seuss's
THE
5,000
FINGERS
OF DR. T
The Classic Live-Action Feature Film
DVD

einem daliesk verbogenen Riesenpiano seine debilen Songs zu spielen. Barts Mutter ist Terwillikers Gefangene. Nur Klempner Zabladowski steht dem Jungen bei. Gemeinsam versuchen sie, aus der Welt des Dr. T zu fliehen ...

Als der Film erschien, waren die Kritiken nicht gerade ermutigend. Es gibt eine Anekdote, derzufolge bei den Dreharbeiten eines der 150 Kinder, die als Statisten für die Klavierszenen engagiert worden waren, brechen mußte. Dies führte zu einer Kettenreaktion, so daß das Filmteam auf einmal mit 150 kotzenden Kindern dasaß. Dr. Seuss – von dem diese Anekdote stammt – bemerkte süffisant, daß sich das mit den Kritiken ganz ähnlich verhielt. Während viele Filme, die im Orkus des Vergessens gelandet sind, an ihrem Schicksal nicht ganz unschuldig waren, so muß man im Falle von DIE 5000 FINGER DES DR. T feststellen, daß der Film seiner Zeit einfach weit voraus gewesen war. Die Realität – na gut, die Hollywood-Realität, wie man sie aus süßlichen „Happy Family"-Darstellungen jener Tage kennt – taucht lediglich in der Rahmenhandlung auf. Der Rest des Filmes ist das Traumkonstrukt eines aufmüpfigen Kindes und präsentiert bizarre, manchmal richtig unheimliche Gestalten und surreale Sets, die zarte Pastelltöne scheuen und stattdessen in grellen Farben baden, ein flächendeckendes Technicolor-Bombardement. Waren schon die traditionellen Filmmusicals der Zeit vollgestopft mit launig artifiziellem Deko-Bombast, so wurde hier die Schraube noch angezogen. Zudem scheint alles eine unterschwellige psychologische Bedeutung zu haben. Die Metapher des Klaviers, das alle Kinder zu einer nur scheinbar glücklichen, gleichgeschalteten Masse zusammenschweißt, die dazu gezwungen wird, falben Frohsinn zu produzieren, darf durchaus als eine Kritik an der Pseudo-Lebenszugewandtheit des typischen Hollywood-Produkts empfunden werden, aber auch als Kritik an gesellschaftlichen Konventionen, die Kindern ihre Entwicklung zu individuellen Menschen verwehren. Der Punkrockmusiker Jello Biafra erwähnte einmal in einem Interview, daß DR. T sein persönlicher Lieblingsfilm sei. Dies ist kaum verwunderlich, zumal der subversive Streich schon immer zum bevorzugten Instrumentarium Biafras gehörte. Ich würde vermuten, daß der Film einem Publikum, das sich aus Rockmusikfans rekrutiert, außerordentlich gut gefallen müßte, gerade heutzutage, wo der Zuschauer experimentelle Herangehensweisen auch im Mainstreamkino längst zu akzeptieren gelernt hat. Damals war es für die meisten Normalo-Zuschauer vermutlich etwas verwirrend, dem gestalterischen Wahnsinn des Filmes zu folgen, der an der Oberfläche ein Musical für Kinder darstellte, unter der Oberfläche aber vor genau dem warnte, in das sich die meisten Otto Normalverbraucher bereits verwandelt hatten, nach dem Tod der Kindheit. Peter Pan zu sein, ist für einen Rockmusiker oder andere Sonderlinge durchaus akzeptabel, aber wenn man jeden Tag an der verdammten Stechuhr seinen Mann stehen muß, um eine Familie zu ernähren, weiß man vermutlich andere Zerstreuungen zu schätzen als solche Wirbeleien und Trällereien. Anders ausgedrückt: Dieser zutiefst extravagante Film stank ab vor einem Publikum, für das ein heterosexueller Balletttänzer nicht vorstellbar war! 1953 war ein ausgesprochen erfolgreiches Jahr für das HUAC, das „Haus für Unamerikanische Umtriebe", und immer mehr und immer aggressiver wurde versucht, Hollywood zum Gleichschritt zu bewegen. Es waren weitaus mehr als „5000 glückliche Finger", die damals den amerikanischen Alltag bestimmten. In seinem Herzen stellt der Film eine grundlegende Kritik des gesellschaftlichen Systems dar, eine zutiefst subversive Leistung, einen Anschlag auf die unschuldigen Gemüter der Kinder!

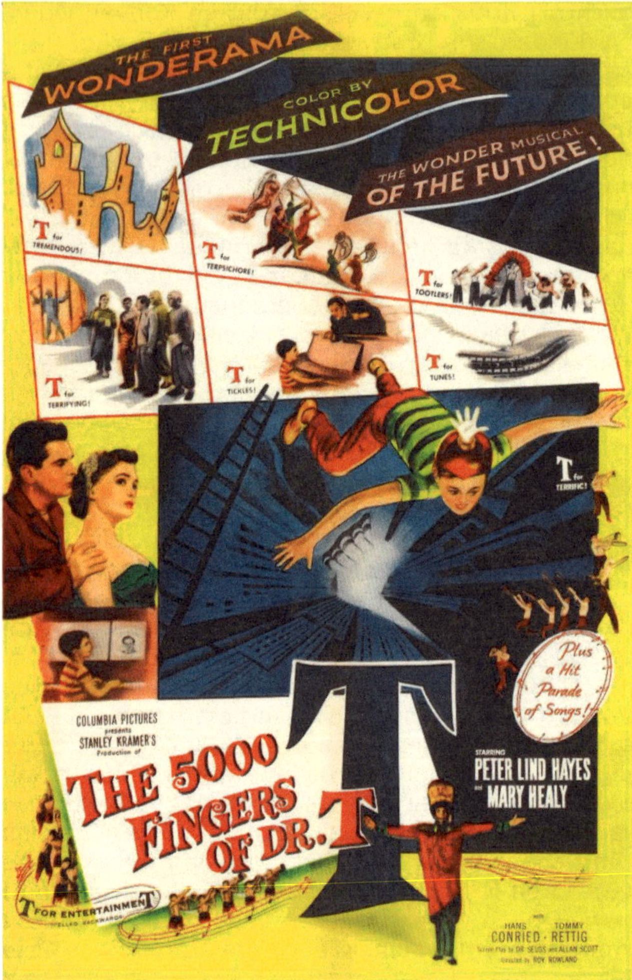
THE FIRST
WONDERAMA
COLOR BY
TECHNICOLOR
THE WONDER MUSICAL
OF THE FUTURE!
T for TREMENDOUS!
T for TERPSICHORE!
T for TOOTLERS!
T for TERRIFYING!
T for TICKLES!
T for TUNES!
T for TERRIFIC!
Plus a Hit Parade of Songs!
COLUMBIA PICTURES
presents
STANLEY KRAMER'S
Production of
THE 5000 FINGERS OF DR. T
STARRING
PETER LIND HAYES
and MARY HEALY
T FOR ENTERTAINMENT
with
HANS CONRIED · TOMMY RETTIG
ROY ROWLAND

Ich weiß gar nicht, was ich an diesem recht offensichtlichen Vorbild für Tim Burtons liebenswürdig abseitigen CHARLIE UND DIE SCHOKOLADENFABRIK (CHARLIE AND THE CHOCOLATE FACTORY, 2005) am meisten verehre! Sehr ans Herz gewachsen sind mir die „Zwillinge", zwei staubig gekleidete Zylinderträger, die sich ausschließlich auf Rollschuhen bewegen und deren lange Bärte miteinander zusammengewachsen sind, sich also in einen einzigen Bart verwandelt haben. Auch toll sind die Musikinstrumente, die bei der großartigen Kerkernummer präsentiert werden, wo nämlich alle anderen Musiker, die kein Klavier spielen, weggesperrt worden sind. Da gibt es Spiralheizungs-Xylophone, merkwürdige Blasinstrumente, die so ähnlich ausschauen wie Mehrpersonen-Wasserpfeifen, und anderes Eigentümliche mehr. Der tolle „Dungeon Song", bei dem Bart und Zabladowski per Fahrstuhl in den Keller gefahren werden, wurde von Mike Patton gecovert, der den Film offenbar auch sehr mag. Eine der Strophen wurde übrigens aus der Kinofassung weggekürzt, da den Studioköpfen die Erwähnung von Gaskammern wohl etwas zu weit ging. Auch so ist die Szene – mit dem muskulösen Schwarzen, von dem man unter der Henkerskapuze auf dem Kopf nur zwei starrende Augen sehen kann, während er den unheimlichen Text singt – eine sehr ungewöhnliche Wahl für ein Kindermusical. Die für den Oscar nominierte Musik stammt übrigens von dem fabelhaften Friedrich Hollaender, der nach seiner Emigration zahlreiche Filmsongs komponierte. Dies hier war eine seiner letzten Kompositionen für Hollywood, da er bald darauf wieder nach Berlin zurückkehrte.

DIE 5000 FINGER DES DR. T scheint mir eine gute Wahl für den Anfang des Buches zu sein, da er zwar das Renommierprojekt eines großen Filmstudios darstellte (Columbia), aber auf das zeitgenössische Publikum gewirkt haben muß wie ein Kindergeburtstag auf dem Mars. Er steckt voller Schönheit und Klugheit, ist auf charmante Weise hinterlistig und vermag auch heute noch zu entzücken. Es wäre schön und passend, wenn mehr Filmfans auf ihn aufmerksam werden würden. Eine würdige HD-Neuauflage steht auf meinem Wunschzettel ganz oben.

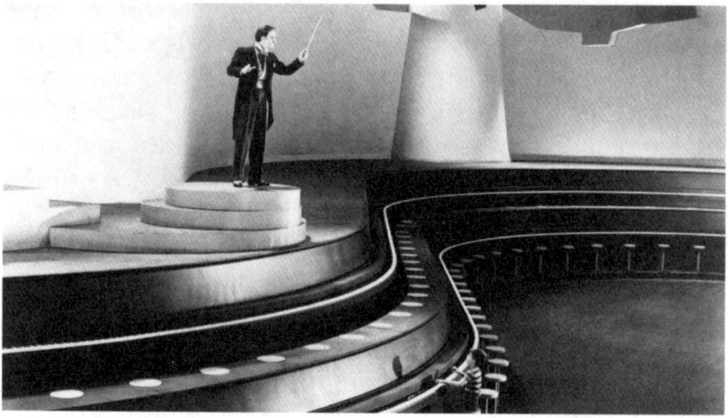

Ungern in Ungarn

Einer der mächtigsten Hollywood-„Majors" war das altehrwürdige Universal-Studio, gegründet vom deutschen Expatriaten Carl Laemmle und einigen Partnern im Jahre 1912. Tatsächlich gilt es als das erste Filmstudio, das jemals an der Westküste der USA gegründet wurde, zwischen Orangenhainen und hektisch herumhampelnden Patentschützern der Firma Edison. Viele Hunderte von Filmproduktionen begründeten den Ruf des Studios, das auf Jahrzehnte einer der unangefochtenen Marktführer bleiben sollte. Einen Platz in der Filmgeschichte erreichte Universal Pictures mit dem 1931 veröffentlichten DRACULA von Tod Browning. Nicht nur wurde damit der Startschuß gegeben für eine Reihe klassischer Horrorfilme, die Schauspieler wie Bela Lugosi und Boris Karloff zu Stars machten. Der Film etablierte auch quasi im Alleingang das Genre des Horrorfilms im Bewußtsein des Kinopublikums. Es läßt sich aus der heutigen Zeit heraus gar nicht mehr ermessen, was für ein finanzielles Risiko das Studio einging, als es die Rechte für die zugrundeliegenden Theaterstücke einholte und ihnen eine Deluxe-Behandlung angedeihen ließ. Es gab damals keine Tradition, die den Zuschauer mit übernatürlichem Horror verband. In den 20er Jahren gab es zwar unzählige Gruselfilme mit alten Häusern und knarrenden Türen, von denen Paul Lenis DIE KATZE UND DER KANARIENVOGEL (THE CAT AND THE CANARY, 1927) das klassische Beispiel darstellt, aber meistens handelte es sich eher um „Murder Mysterys" als um echten Horror, um ein Spiel mit dem Makabren, das aber noch nicht als "nicht von dieser Welt" benannt werden durfte. Nun, DRACULA kam, sah und siegte. Universal ließ ihm eine ganze Reihe von häufig prachtvollen Horrorfilmen folgen, in denen Vampirgrafen, verrückte Wissenschaftler, Mumien und Werwölfe nach Herzenslust herumtollten. Als der anfängliche Boom vorbei war, ließ man das Genre in den 40ern in die Niederungen des B-Kinos abgleiten, unter weitgehender Preisgabe der übernatürlichen Elemente. Die Kriegsjahre lieferten im übrigen so viel realen Horror, daß den Kino-Butzemännern ihre Autorität abhanden gekommen war.

Mein Lieblingsfilm unter diesen Gruslern ist DIE MUMIE (THE MUMMY, 1932), der der vielleicht langsamste, gemächlichste unter den Universal-Horrorfilmen war. Der ehemalige Kameramann Karl Freund inszenierte ihn als morbide Romanze, die die Jahrhunderte überdauert. Statt Schocks und Sensationen lieferte er ein filmisches Gedicht, das auch heutzutage noch bezaubert, vor allem, wenn man es mit dem hektischen, CGI-zugekleisterten Remake vergleicht, das den Zauber des Originals durch marktschreierischen Indiana-Jones-Humtata ersetzte. Mir geht es an dieser Stelle aber um den mit Abstand bizarrsten Film, der in der Reihe der ganzen Universal-Horrorklassiker manchmal etwas stiefmütterlich behandelt wird. DIE SCHWARZE KATZE (THE BLACK CAT, 1934) ist nicht der würdevolle Patriarch, der mit strenger Hand über sein Reich herrscht. Er ist auch nicht der gutbürgerliche Geschäftsmann, der mit dem richtigen Riecher und stählernem Ellenbogen ein Vermögen angehäuft hat, das ihn unantastbar werden ließ. Nein, DIE SCHWARZE KATZE ist der exzentrische Millionenerbe, das schwarze Schaf der Familie, dessen Kapriolen in jungen Jahren nicht nur zu unzähligen unehelichen Kindern geführt haben, sondern von dem man auch munkelt, er entblöße sich gelegentlich im Mondenschein und tanze nackt auf einem Hügel mit einer unsichtbaren Konkubine eine Mazurka. Ja, das ist DIE SCHWARZE KATZE!

Worum geht´s? Auf einer Zugfahrt quer durch Ungarn macht das frischgebackene Paar Peter und Joan

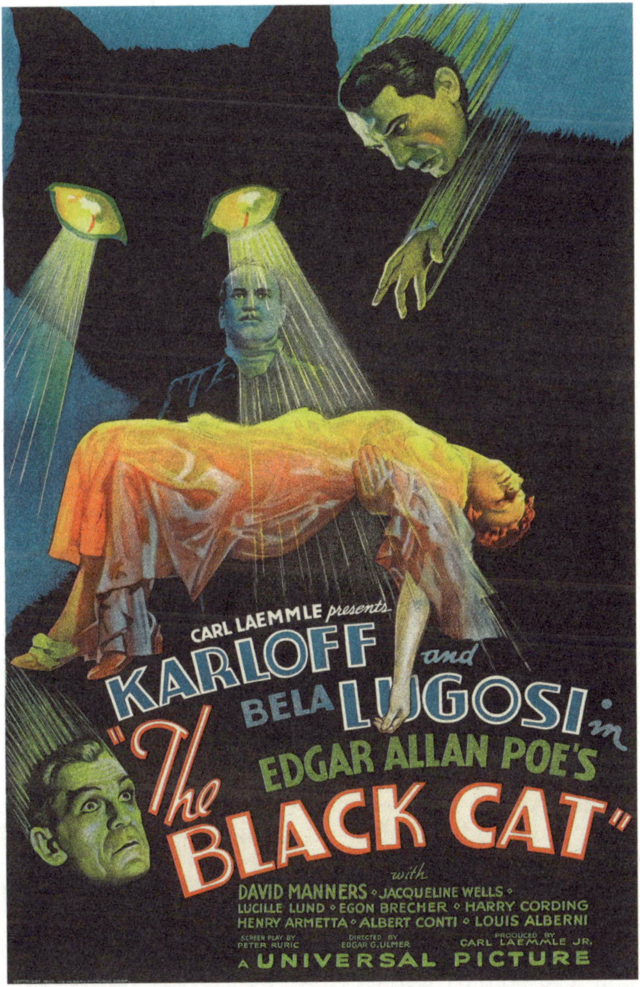

CARL LAEMMLE presents
KARLOFF and
BELA LUGOSI in
EDGAR ALLAN POE'S
"The BLACK CAT"
with
DAVID MANNERS ◇ JACQUELINE WELLS ◇
LUCILLE LUND ◇ EGON BRECHER ◇ HARRY CORDING
HENRY ARMETTA ◇ ALBERT CONTI ◇ LOUIS ALBERNI
SCREEN PLAY BY PETER RURIC
DIRECTED BY EDGAR G. ULMER
PRODUCED BY CARL LAEMMLE JR.
A UNIVERSAL PICTURE

die Bekanntschaft des gutaussehenden, aber sinistren Psychologen Dr. Vitus Werdegast (Bela Lugosi). Als sie dann gemeinsam in einem Bus die Reise fortsetzen wollen, verunglückt das Gefährt. Der Fahrer überlebt das Unglück nicht, der Rest der Reisenden wird von Werdegast zum nahegelegenen Haus eines alten Bekannten, Hjalmar Poelzig (Boris Karloff), geleitet. Jener ist nicht hochentzückt über den unverhofften Besuch, besinnt sich aber auf die Gesetze der Gastfreundschaft und bietet den Gestrandeten eine Übernachtungsmöglichkeit an. Wie sich herausstellt, ist das Verhältnis von Werdegast und Poelzig alles andere als unbelastet: Beide kämpften einst als Soldaten auf derselben Seite. Poelzig entpuppte sich dann als Verräter. Zehntausende starben wegen der ruchlosen Tat, Werdegast verlebte 15 bewegte Jahre in einem Ostblockgefängnis. Als würde diese Lumperei nicht bereits ausreichen, um die Männer zu Todfeinden zu machen, hat Poelzig seinem früheren Freund auch noch die Angebetete ausgespannt, die das gemeinsame Glück nur zwei Jahre lang überlebte und jetzt einbalsamiert in einer Vitrine im Keller steht. Kann der Schatten, der auf dieser dahingegangenen Männerfreundschaft lastet, auf zivilisierte Weise vertrieben werden?

Nein, das kann er nicht! Mal im Ernst, wer Karloff UND Lugosi in ein und demselben Film hat, macht daraus kein menschelndes Hollywood-Sozialdrama, das damit endet, daß alle einander versöhnt in den Armen liegen, sondern eine deftige Horrorstory um Mord, Mumien und madiges Moos! Was die Drehbuchautoren in diesem Film aber zusammengedoktort haben, ist wirklich einen Asbach Uralt wert und katapultiert DIE SCHWARZE KATZE in das Pantheon der absurdesten Horrorfilme aller Zeiten. Das Schöne ist, daß die Macher sich dessen wohl vollauf bewußt waren, denn sie jonglieren mit den melodramatischen Klunkern, daß man aus dem Dauergrinsen kaum herausgerät. Und während man den gedienten Mimen die Freude ansieht, die sie beim Deklamieren der wunderbar überdrehten und gestelzten Dialogzeilen wohl verspürt haben müssen, so begibt sich der Film niemals auf das Niveau einer Klamotte. Die Horroranteile werden vollkommen „straight" serviert, ohne das selbstreferentielle Ironiegekasper vieler moderner Horrorfilme. Tatsächlich ist der Film ungewöhnlich grimmig. In bester schauerromantischer Tradition werden die Sünden der Vergangenheit vor dem Publikum ausgebreitet, unversöhnlicher Haß und der stumme Schrei nach Vergeltung geben den Ton an. Daß am Schluß sogar noch jemandem die Haut abgezogen wird, wäre wohl nur wenige Jahre später aufgrund der strenger werdenden Zensurmaßgaben kaum möglich gewesen und steht in einer Linie mit den sadistischen Menschenjagden aus GRAF ZAROFF, GENIE DES BÖSEN (THE MOST DANGEROUS GAME, 1932) oder Lionel Atwills Neigung zum Zunähen von Mündern in MURDERS IN THE ZOO (1932). Trotzdem, der Film ist eindeutig vom Geist des schwarzen Humors beseelt. Ein Epilog – mit dem wie üblich ziemlich süßlichen und somit entbehrlichen Heldengespann – macht sich sogar explizit lustig über die Krudheit der Handlung, wenn ein Buch des Bräutigams (=Schriftsteller) von einem Kritiker verrissen wird mit dem Hinweis, die Handlung sei konstruiert und an den Haaren herbeigezogen. In dieser Hinsicht bemerkenswert ist sicherlich auch die schwarze Messe, der Poelzig in einer Szene vorsteht. (Denn ja, er ist obendrein auch noch Satanist!) Hier darf sich der Inhaber eines kleinen Latinums mit Sätzen wie „Humanum est errare!" vergnügen und anderen Standards bei Anrufungen des Herrseibeiuns. (Auch „Cave canem!", also „Vorsicht vor dem Hunde!", hätte hier glänzend gepaßt.) Wenn man ein besonders spitz-

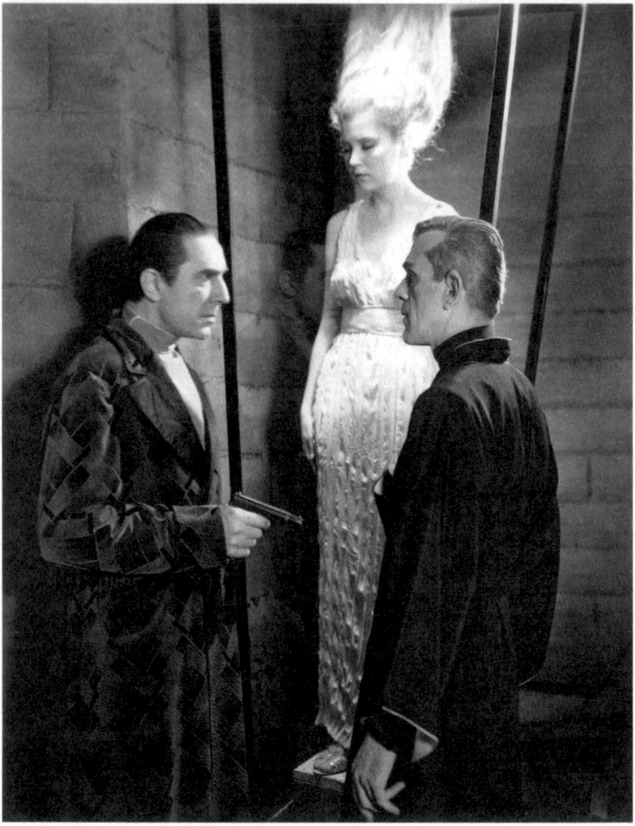

findiger Zeitgenosse ist, kann man sich auch noch Gedanken darüber machen, daß Poelzig nach dem Ableben seiner Gattin deren Tochter geheiratet hat, somit also streng genommen Werdegasts Schwiegersohn ist - was für ein wunderbares Kuddelmuddel! Und erst die Namen - sollte ich auf meine alten Tage noch Kinder zeugen, so werden sie Hjalmar Poelzig und Vitus Werdegast heißen, selbst wenn es Jungen werden.

Auch ästhetisch fällt DIE SCHWARZE KATZE übrigens aus dem Rahmen, denn statt der gewohnten hinfälligen Schlösser oder Landhäuser mit ihren klaustrophobischen Korridoren und Geheimgängen, die zum Instrumentarium der „Gothic Literature" gehören, ist Hjalmar Poelzigs Anwesen streng modernistisch, mit weiten, winkeligen Räumen im Kunstlicht, was den nekrophilen Ereignissen, von denen der Film berichtet, etwas durchaus Subversives verleiht - statt einer sauberen Zukunft erwartet den Zuschauer hier eine durch und durch verkommene Scheinwelt, deren artifizielle Optik den menschlichen Schicksalen, die sich hier abspielen, diametral entgegengesetzt ist. Diese Neigung zu weiten Räumen findet man übrigens im deutschen Stummfilmkino wieder, dem auch der Regisseur Edgar G. Ulmer entstammte. Zusammen mit vier weiteren späteren Expatriaten, Billy Wilder, Fred Zinnemann und Curt und Robert Siodmak, drehte er Ende der 20er in Berlin den dokumentarischen wie poetischen MENSCHEN AM SONNTAG, eine wundervolle Reise in die Zeit unmittelbar vor dem Grauen. Während seiner Arbeit an DIE SCHWARZE KATZE lernte Ulmer auch die Frau seiner Träume kennen, die er später heiratete. Für sein Lebensglück war das entscheidend, aber für seine Hollywood-Karriere war das alles andere als gut, denn seine zukünftige Gattin war zu jenem Zeitpunkt noch mit einem einflußreichen Produzenten liiert, was dazu führte, daß Ulmer

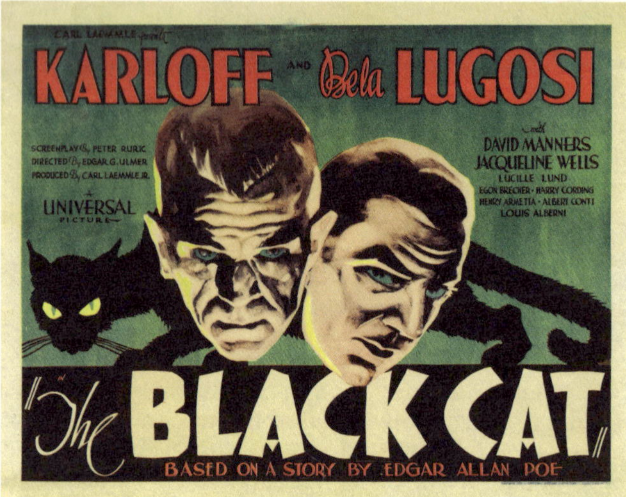

fortan keine Arbeiten mehr für die größeren Studios machen durfte. Ihn erwartete ein Arbeitsleben in den Modergrotten von Hollywood, in den Kaschemmen des Spielbetriebs. Aber auch für Lasterhöhlen wie PRC schuf er Beachtliches. Wie der folgende Fall zeigt.

Daumenexpreß in die Hölle

Die Detektivgeschichte klassischen Strickmusters zeichnete sich stets durch einen Zustand der Ordnung aus, der am Anfang von allem steht. In diese Ordnung platzt ein Störfall hinein – ein Mord, in den meisten Fällen –, und das Gleichgewicht, das diese Ordnung charakterisiert, gerät aus dem Lot. Dann tritt der Meisterdetektiv auf und zerschägt mit der Knute seines messerscharfen Intellekts den gordischen Knoten der menschlichen Verruchtheit. Am Schluß des Stückes ist die Ordnung wiederhergestellt. Die Ordnung, das sind wir, die Zuschauer.

Waren diese Meisterdetektive vom Schlage eines Hercule Poirot oder eines Nick Charles – mit all ihrem bonvivanthaften Getue und ihrer zumeist makellosen Garderobe, die sie als Angehörige einer privilegierten Klasse kennzeichnete – den 20er Jahren noch durchaus angemessen, so stellte spätestens der Börsencrash vom „Black Friday" des Jahres 1929 klar, daß man sich beim Tanz ums goldene Kalb besser eine Schutzweste anzieht, denn was sicher und verläßlich den Erdboden konstituierte, auf dem man wandelte, konnte sich schnurstracks als morsch und brüchig erweisen. Bevor man es sich versah, konnte man die soziale Leiter nach unten purzeln, in den Keller, wo die Asseln tanzen. Der Gangsterfilm der frühen 30er war die logische Konsequenz, und wo vorher Zierblumen und tadellose Manieren den Ton angegeben hatten, regierten auf einmal die aufmüpfigen Parias, die Emporkömmlinge mit der herben Note und den dicken Wummen. Die Zeit von James Cagney, Paul Muni und George Raft war angebrochen!

Da aber nicht jeder Zuschauer ein geborener „Engel mit schmutzigem Gesicht" war oder gar ein „öffentlicher Feind" – denen zumeist am Ende des kugelgeschwängerten Freudentaumels ein moralhöriger

Absturz blühte –, gab es bald Antihelden einer ganz anderen Manufaktur, Menschen von der Straße, die sich irgendwie durch ein hartes Leben bugsierten, mit welchen Mitteln auch immer. Der „Film Noir" erhob sein Haupt und blinzelte übernächtigt und weltschmerzig in eine Welt, in der der feste Glaube an unverrückbare Konstanten ins Wanken geraten war. Zusammen mit Ermittlern vom Schlage eines Phil Marlowe oder eines Sam Spade wurde dem Naturlicht – das im Zusammenhang mit den künstlichen Sets alter Studiofilme ohnehin eine Mogelpackung gewesen war – der Kampf angesagt: Kontrastreich zeichneten sich Schatten an den Wänden ab und ließen die innere Zerrissenheit der Protagonisten zutagetreten, als ewiges Miteinander von Licht und Finsternis, in dem sie ihre Sterblichkeit vollzogen. Was vorher der Vernunft das Wort geredet hatte, war jetzt ein durchaus genüßliches Bad in der Irratio, in Haß, Liebe, Leidenschaft und Verzweiflung. Zu den Klassikern dieser speziellen Form des Hollywood-Thrillers gehören etwa John Hustons DIE SPUR DES FALKEN (THE MALTESE FALCON, 1941), Robert Siodmaks RÄCHER DER UNTERWELT (THE KILLERS, 1946), Otto Premingers LAURA (1944) und Billy Wilders FRAU OHNE GEWISSEN (DOUBLE INDEMNITY, 1944). Wer es richtig schwül mochte, konnte sich noch Rita Hayworth in GILDA (1946) oder Jane Greer in GOLDENES GIFT (OUT OF THE PAST, 1947) zu Gemüte führen. Allesamt gefeierte Klassiker, denen ein fester Platz in der Filmgeschichte zuteil wurde.

Aber auch hier gab es unzählige Kleinproduktionen, die sich an den Kassenerfolg solcher Meisterwerke anzuschließen versuchten. Die meisten davon sind eher kläglich. Ein Vergleich mit den großen Vorbildern verbietet sich. Die wenigen Produktionen, die aus dem Mulch herausragten, sind denn auch eher Kultfilme als wirklich bekannt oder gar filmhistorisch

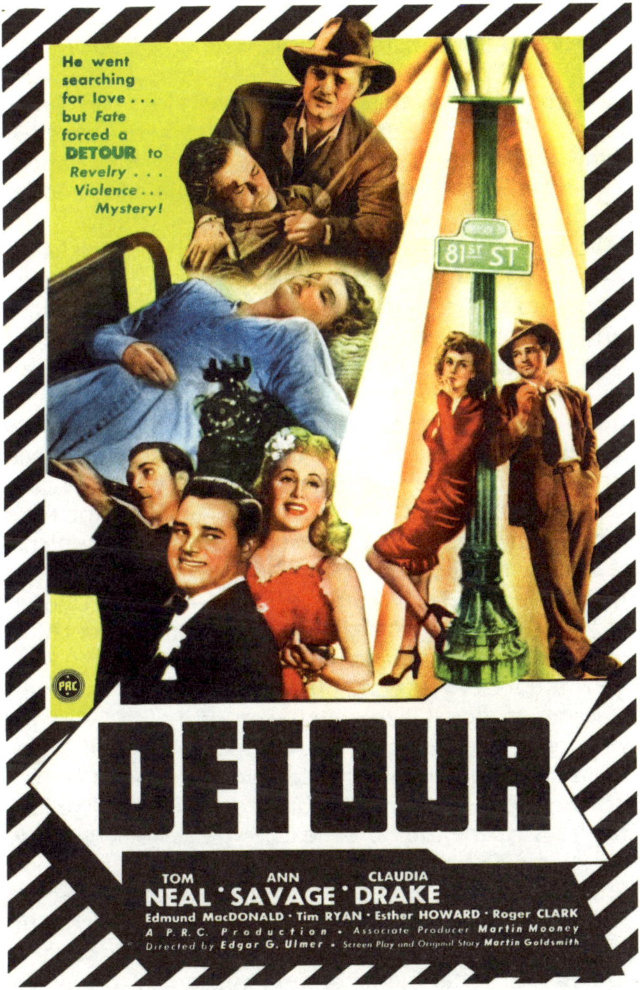
He went searching for love . . . but Fate forced a DETOUR to Revelry . . . Violence . . . Mystery!
81ST ST
PRC
DETOUR
TOM NEAL · ANN SAVAGE · CLAUDIA DRAKE
Edmund MacDONALD · Tim RYAN · Esther HOWARD · Roger CLARK
A P.R.C. Production • Associate Producer Martin Mooney
Directed by Edgar G. Ulmer • Screen Play and Original Story Martin Goldsmith

abgesegnet. Ein solcher verkannter Klassiker der 2. Liga ist Edgar G. Ulmers prachtvoller DETOUR von 1945.

Al Roberts ist Pianist in einer zweitklassigen Tanzkapelle. Sängerin Sue ist die Liebe seines Lebens, so sieht er das. Als sie ihm mitteilt, daß sie ihr Glück in Hollywood versuchen will, ist er deshalb alles andere als begeistert, aber alles Zureden hilft nichts – die Schöne entfleucht. Allein im Osten ist es nicht so schön, und so macht er sich eines Tages auf den Weg nach Los Angeles, um seinen Goldstern wieder einzufangen. Da er kein Geld auf der Naht hat, reist er als Anhalter quer durch die USA. Das Schicksal schlägt zu, als er von einem sinistren Zeitgenossen namens Charles Haskell mitgenommen wird. Haskell stirbt bei einem Unfall. Al, der weiß, daß die Polizei ihm diese Story nie im Leben abnehmen wird, beschließt, die Identität des Toten anzunehmen. Und nimmt kurz darauf selber eine Anhalterin mit, Vera. Er ahnt nicht, daß Vera die einzige Person ist, die er niemals hätte mitnehmen dürfen, denn sie kennt Haskell. Und so findet er sich auf einmal auf Gedeih und Verderb einer überaus unmoralischen Frau ausgeliefert ...

Protagonist Al ist von Anfang an ein armes Schwein. Obwohl grundsätzlich ein harter Bursche, wird er weich wie Butter, wenn es um Liebe geht. Ohne Liebe ist ihm das Leben verleidet, und er bezahlt bitterlich für seine Hybris, das Glück festhalten zu wollen. Der gutaussehende Bursche ist in gewisser Weise die unrasierte Schattenseite des typischen „Gentleman Caller"-Typs, wie er in unzähligen Hollywood-Produktionen der 30er und 40er auftauchte. Natürlich sind auch jene Strahlemänner im Grunde ihres Herzens Romantiker, aber sie sind eben zusätzlich mit einem ausreichenden Sortiment an Sekundärtugenden ausgestattet, um sie als Helden tragbar zu machen. Al hingegen wird bereits in der Rahmenhandlung – der

Hauptteil des Filmes wird als Rückblende geschildert – als düsterer und nicht sehr eloquenter Muffelkopf charakterisiert, der sich in dem Verhängnis, in das er hineingeschliddert ist, geradezu wohlig suhlt. Er raunzt einen eigentlich freundlichen Lastwagenfahrer an und bekommt daraufhin Ärger mit dem Imbißbesitzer. Das Spiel heißt für ihn „Al gegen den Rest der Welt", und er muß eben lernen, daß der Rest der Welt an seinen Privatproblemen nicht interessiert ist. Der Anfang macht außerdem klar, daß das Schicksal es nicht gut meint mit dem Musiker: Ein Lied, das er mit seiner Flamme Sue verbindet, verfolgt ihn, verhöhnt ihn.

Regisseur Ulmer hatte wenig Geld zur Verfügung, denn die Erzeugnisse der Produktionsfirma PRC zeichneten sich traditionell dadurch aus, daß die Sets, in denen gedreht wurde, so beengt waren, daß man sich manchmal förmlich wunderte, daß die Schauspieler nicht andauernd in die Kulissen liefen. Ulmer wendet hier einen Kunstgriff an: Das Licht wird abgedunkelt, bis das schäbige Interieur des Imbisses verschwunden ist. Nur ein einsamer Strahler beleuchtet die Augen des Erzählers, während er die Stadien seines Verhängnisses rekapituliert. Allzuviele Kunstgriffe dieser Art gab es in PRC-Filmen nicht zu entdecken, und DETOUR gilt auch generell als der beste Film, der dort jemals entstand. Das Drehbuch von Martin Goldsmith sollte ursprünglich von Warner gekauft und zu einem Vehikel für John Garfield umfunktioniert werden. Stattdessen erhielt Lumpenschmiede PRC den Zuschlag, worüber Goldsmith nicht sehr glücklich gewesen sein dürfte. Seine Karriere sollte danach nie richtig abheben, und das ist schade, denn DETOUR ist exzellent geschrieben und mit seinen markanten, durchaus zitierbaren Mono- und Dialogen eigentlich eher ein 65 Minuten langes Noir-Orchesterwerk, ein Konzert für Soloarschgeige, das im Orchestergraben endet. Der unter einem Unstern geborene Al wird gespielt von Tom Neal, einem ehemaligen Boxer, dessen unberechenbares Temperament ihm seine Hollywoodkarriere versaute. Die „Femme Fatale" ist Ann Savage, die in der „Hall Of Infamy" der verhängnisvollen Noir-Schönheiten definitiv einen der vorderen Ränge einnimmt. Sie spielt den Typ Rebellin fürs Leben, sie hat alles gemacht und alles gesehen, und sie ist nicht beeindruckt. Ein echter Eisenbeißer. Sie erkennt die Situation, hat sofort Dollarzeichen in den Augen und ergreift die Gelegenheit beim Schopfe. Was wäre das für eine Rolle für Juliette Lewis gewesen, boah! Die Savage macht das aber auch richtig super, mehr Verachtung für ihr Gegenüber als bei den Austäuschen mit Versager Al ist nicht vorstellbar. Ganz große Klasse. Es ist wohl Goldsmith wie auch Ulmer zu verdanken, daß DETOUR zu einem kleinen Meisterwerk des Noir-Kinos geworden ist, bekannt in erster Linie den wagemutigeren unter den Cineasten. Klar, es gibt auch andere tolle B-Noirs, aber der hier ist schon eine besondere Nummer. Als ich die Liste für das Buch zusammenstellte, gewann er gegen den ebenfalls hervorragenden DEADLINE AT DAWN (1946), der allerdings immerhin als saubere RKO-Produktion aufgezogen worden war und eine Cornell-Woolrich-Vorlage verwendete, die von dem angesehenen Autor Clifford Odets (=Vorbild für den Titelcharakter von BARTON FINK!) zu einem ebenfalls sehr empfehlenswerten Film umgearbeitet wurde. DETOUR war aber komplett neu, neu und wild. Ein kleines, depressives Juwel.

Aus der Tiefe des Ich

Wenn in Filmzeitschriften von preisgünstig hergestellten Produktionen die Rede ist, spricht man gerne von B-Filmen, selbst wenn die Filme aus jüngerer Zeit stammen. Feinbeine unter den Cineasten wenden da nicht ganz zu Unrecht ein, daß der Terminus „B-Film“ sich eigentlich auf etwas ganz Konkretes bezieht und hier völlig sinnentstellend angewendet wird. Tatsächlich ist es so, daß diese Bezeichnung aus einer Zeit kommt, in der Filme in amerikanischen Kinos meistens als Doppelprogramme gereicht wurden. Dies war ungefähr seit der Weltwirtschaftskrise der Fall gewesen. In der Regel bestand solch ein „Double Feature“ aus einem etwas sorgfältiger hergestellten und üppiger budgetierten A-Film, der dann – quasi als Beigabe – von einem B-Film begleitet wurde, der eben nicht von Michael Curtiz stammte, sondern von Hubert Schlottermeyer. Als dann in den 50er Jahren unzählige Mini-Produktionsgesellschaften aus dem Boden schossen, die vornehmlich für die zahlreichen Autokinos produzierten, konnte man eigentlich nicht mehr von „B-Pictures“ im ursprünglichen Sinne reden. Die Filmvorführungen besaßen hier schon einen entschiedenen Eventcharakter und waren zum integralen Bestandteil der Jugendkultur geworden. Unzählige Teenager verloren ihre Unschuld auf dem Rücksitz eines 58er Plymouth Fury, während auf der Leinwand Monster aus Gummi oder wirrhaarige Wissenschaftler mit Allmachtsgelüsten ihr Unwesen trieben. Firmen wie American International erwiesen sich als Spezialisten in der Kunst, die sexuelle Initiation angelsächsischer Backfische zu etwas Denkwürdigem zu machen.

Während sich heutzutage eine große Fangemeinde um das Vermächtnis dieser schönen Autokinoperiode der Filmgeschichte schart, kommt man als objektiver und mittlerweile volljähriger Betrachter nicht umhin, die grundlegende Schmierigkeit und Schäbigkeit dieser Produkte anzuerkennen. Die Absichten der Hersteller solcher Filme waren recht klar umrissen: Es ging um den rollenden Rubel, nicht um eine Mehrung des Weltwissens. Wenn man zum ersten Mal eine weibliche Brust berührt, die nicht der Mutter gehört, ist man nicht wirklich daran interessiert, ob der Nachfahre des Ungeheuers der schwarzen Lagune, der gerade auf der Leinwand wütet, für viele 1000 Dollar von Hollywoods besten Spezialeffektedesignern kreiert wurde, oder ob es sich schlicht und ergreifend um ein umgestülptes Gummiboot mit lustigen Bommeln dran handelt. Die Storys waren meistens bananesk und unoriginell, bei der Ausführung war Schmalhans der Küchenmeister. Wer meine sonstigen Texte kennt, weiß, daß man mich vom Charme dieser Filme nicht erst überzeugen muß. Aber für dieses Buch habe ich mir einen besonderen Film ausgesucht, dessen herausragende Qualitäten das Ergebnis tiefgehender philosophischer Einsichten seiner Schöpfer gewesen sein mochten. Vielleicht waren sie auch nur dem völligen Sockenschuß aller daran Beteiligten geschuldet. Das Resultat ist auf jeden Fall ein denkwürdiger Heuler.

In DEMENTIA (1953) geht es um eine junge Frau, die von schweren Altlasten geplagt wird, die im wesentlichen mit ihrem brutalen, trunksüchtigen Vater zu tun haben und mit ihrer nymphomanen Mutter. Von Alpträumen geschüttelt erwacht die junge Frau und begibt sich auf eine lange Reise durch die Nacht. Aus der Nacht, durch die Nacht, in die Nacht. Denn das Reich, in dem sie lebt, ist der Wahnsinn.

Man kann sagen, daß diese preisgünstig hergestellte Noir-Extravaganz des Produzenten John J. Parker ebenfalls ein Produkt des Wahnsinns darstellte, denn die kommerzielle Attraktivität, die von diesem wilden

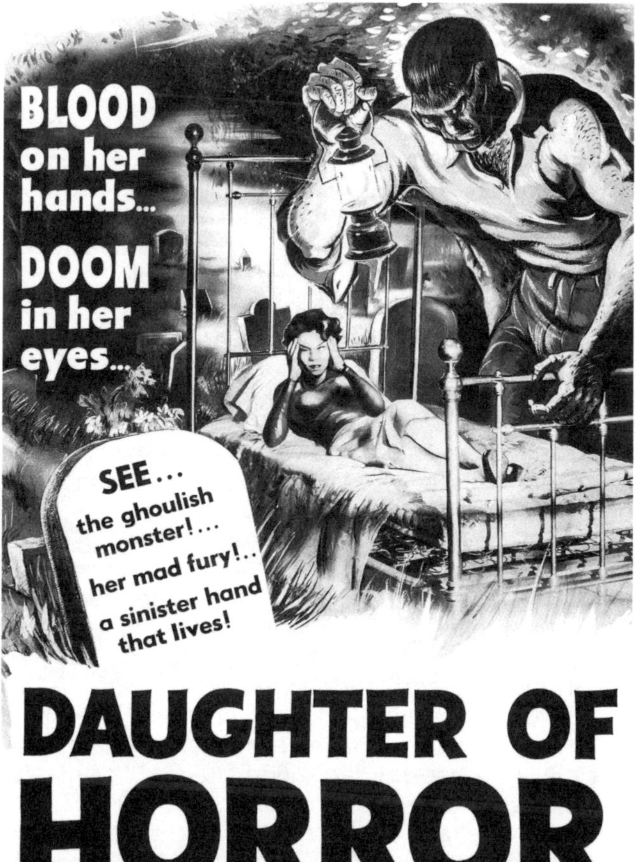
BLOOD
on her
hands...
DOOM
in her
eyes...
SEE...
the ghoulish
monster!...
her mad fury!..
a sinister hand
that lives!
DAUGHTER OF
HORROR
not a word is spoken – not one terror left untold!

Film ausgeht, entspricht ungefähr jener einer Tüte Mehlwürmer. Mir fällt wirklich kein Film ein, der DEMENTIA entspräche. Am ehesten käme mir da noch Hans Richters Experimentalfilm DREAMS THAT MONEY CAN BUY (1947) in den Sinn, der später im Buch noch Erwähnung finden wird. Oder man denke an die surrealen Passagen von Ed Woods Transvestitendrama GLEN OR GLENDA (1953), nur daß jene hier den gesamten Film ausmachen. Zunächst einmal handelt es sich bei DEMENTIA um einen Stummfilm. Es wird kein Wort gesprochen. Es gibt ununterbrochene Musikuntermalung, dazu ein paar Geräusche, aber das war es auch schon. Für den Kinobesucher der frühen 50er, der sich einen flotten Gruselfilm erhoffte, dürfte das eine interessante Erfahrung gewesen sein. Zudem existiert in dem Film keine wie auch immer geartete Normalität. Er schildert die Verhexungen einer zutiefst gestörten Seele. Daß er diese Verhexungen mit für die damalige Zeit recht exzessiver Drastik auswalzt, führte dann dazu, daß der Film bei der Zensurbehörde in Ungnade fiel, bis er schließlich, nach zwei Jahren Warteschleife, in einer massiv entgräteten Form das Licht der Öffentlichkeit sehen durfte, um den zu erwartenden Bauchklatscher zu erleben. Was die Gemüter damals erhitzte, ist nach heutigen Standards völlig harmlos: eine abgetrennte Gummihand, die zweimal zu sehen ist; das außerhalb des Bildes stattfindende Abtrennen besagter Hand; lüsterne Blicke auf fettglänzenden Gesichtern, die nackte Frauenbeine begeifern, die zu flotten Jazzrhythmen geschwungen werden. Die vorzügliche US-DVD von „Kino" – die den Film nach über 50 (!) Jahren zum ersten Mal in seiner integralen Fassung präsentiert – zeigt auch einige Originaldokumente aus dem Schriftwechsel der Zensurgeschichte des Filmes. Es erstaunt schon, mit welchen zum Teil hanebüchenen Mißverständnissen und tendenziösen Verdrehungen selbst professionelle Psychologen Wasser auf die Mühlen der Zensoren schafften. (Tja, Gutachten bekommt man für Geld!) 1957 kam dann eine weitere Fassung des Filmes in die Kinos, DAUGHTER OF HORROR, die einige der von der Zensur ursprünglich beanstandeten Szenen herausließ und stattdessen – um zumindest ein wenig von den Produktionskosten wieder reinzubekommen – einen markigen und teilweise sehr vergnüglichen Erzählertext einfügte, gesprochen von Ed McMahon, der später an der Seite von Talkshow-Papst Johnny Carson nationalen TV-Ruhm erlangen sollte.

Die zeitgenössische Kritik sprang mit dem Film – oder vielmehr seinem Torso – sehr ungnädig um. Man bescheinigte ihm handwerklichen Dilettantismus und eine verhängnisvolle Tendenz zur Möchtegern-Kunst. Weder das eine noch das andere trifft zu. Mag sein, daß Parker vom Job des Regisseurs keine allzu große Ahnung hatte, aber Kameramann William C. Thompson war ein waschechter und wettergegerbter Veteran, der schon in den frühen Stummfilmjahren mit von der Partie gewesen war und ein erstaunliches Händchen für Exploitationkunst besaß. So lichtete er bereits 1934 Dwain Espers unglaublichen THE MANIAC ab und gab als hochbetagter Mann auch Ed Wood die Ehre, für den er u.a. den bereits erwähnten GLEN OR GLENDA, aber auch BRIDE OF THE MONSTER (1955) und PLAN 9 FROM OUTER SPACE (1957) fotografierte. Für DEMENTIA schuf er eine Welt voller dämonischer Schatten, voller Verzerrungen und schräger Perspektiven. In beiden Fassungen sieht der Film unglaublich gut aus, mißt man ihn an seinem Budget. Der einzige Schauspieler, der so etwas wie einen Namen hatte, war der übergewichtige Charakterdarsteller Bruno VeSota, den Fans vor allem durch seine Auftritte in Roger-Corman-Filmen kennen werden. Er erwähnte mal, daß er viele seiner Szenen in DEMENTIA improvisiert und auch selber inszeniert hätte. Sein Part ist der eines schmierigen Geldsacks, der die durch die Straßen irrende Protagonistin aufliest, durch Halbwelt-Jazzclubs hievt und dann schließlich brutal vernaschen will. Das soll ihm nicht gut bekommen – Hand drauf! Was der Film an surrealen Bildern einfließen läßt, ist ebenfalls nicht von schlechten Eltern. Es gibt eine Zeitung mit blutrünstigen Schlagzeilen, die die von ihren Psychosen gebeutelte „Heldin" durch die dunklen Gassen von L.A. verfolgt. Es gibt Kindheitserinnerungen, die auf einem Friedhof stattfinden, wo zwischen den Grabsteinen auf einmal eine komplette Wohnungseinrichtung wie aus dem Nichts erscheint. Präsentiert werden die schaurigen Reminiszenzen von einem vermummten Laternenträger ohne Gesicht.

Der Komponist der zauberhaften Begleitmusik war der deutschstämmige Amerikaner George Antheil, der in den 20er Jahren in Paris lebte und mit seinen E-Musik-Konzerten nicht selten für Tumulte sorgte. Nach eigener Aussage trug er regelmäßig eine Feuerwaffe bei sich, mit der er sich den Weg notfalls hätte freischießen können. Eine seiner berühmtesten Filmkompositionen bleibt die Musik zu Fernand Légers legendärem Stummfilm BALLET MÉCANIQUE (1924), die von ihm mehrere Male umgearbeitet wurde. Die verzweifelten, aber auch überirdisch schönen Klänge, die er für DEMENTIA entwarf, sind ein integraler Bestandteil des Werkes – mit ihnen steht und fällt der Film.

DEMENTIA ist einer jener Filme, für die ich dieses Buch ursprünglich machen wollte. Er wurde bei seinen raren Aufführungen meistens als Trash abgetan, als irrlichternder Möchtegern. Bei seiner Wiederentdeckung Ende des letzten Jahrhunderts besaß er einen gewissen Exotenstatus, der einigermaßen gut mit der Post-Punk-Freude an Merkwürdigem harmonierte. Tatsächlich ist er überhaupt kein Möchtegern – er ist

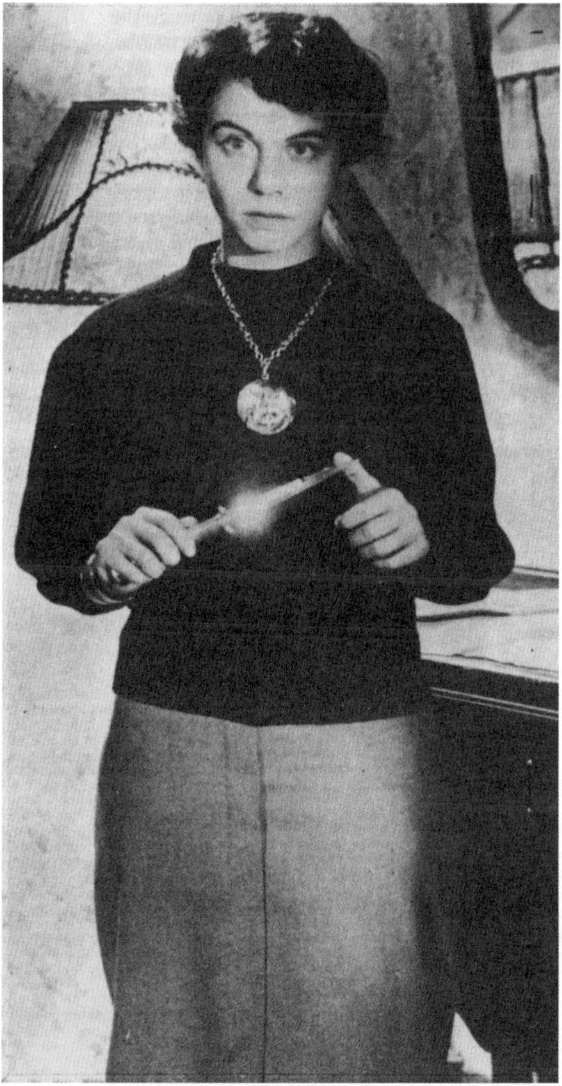

ein Beatnik-Drogentraum von der ganz anderen Seite des Zaunes. Er ist eine Alptraumvision von einem Ellroy-L.A. voller Schatten und Dämonen, das letzte Lallen einer zutiefst in sich selbst zurückgezogenen, panikgeschüttelten Psyche. Der Film ist Kunst, Punkt. Eigenständige, kraftvolle, wilde Kunst.

Der Apfel fällt nicht weit vom Stamm
(Familie)

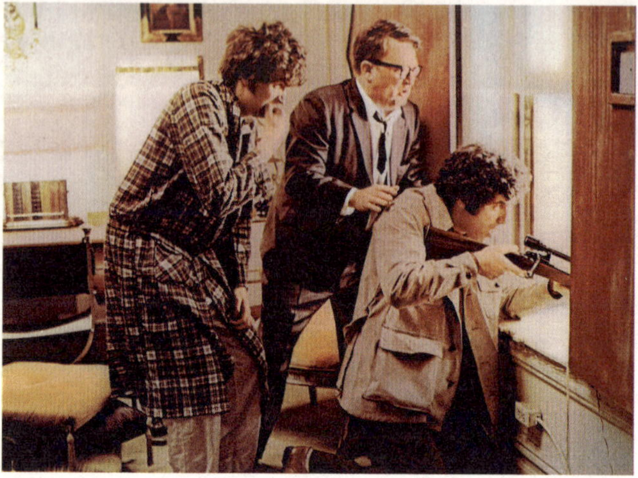

Apathie als Heimat der heimlichen Gewinner

Wenn man sich mit dem Gedanken trägt, einen Staat zu gründen, so tut man gut daran, dessen Insassen mit dem Gedanken vertraut zu machen, daß ein gewisser Zivilisationsprozeß vonnöten ist, damit sich nicht alle gegenseitig den Schädel einschlagen. Soll heißen: Der kindlichen Egozentrik ist die Tür zu weisen im Dienste eines bekömmlichen Miteinanders. Das Grundmodell für dieses bekömmliche Miteinander ist nun einmal die Familie. Papa Bär und Mama Bär tun ihr gewaltiges Bestes, um Baby Bär den Weg in die Erwachsenenwelt zu ebnen. Die beiden erziehungsberechtigten, äh, Bären sehen sich dabei andauernden Anfechtungen ausgesetzt, denn die sie umgebende Realität scheint nahezulegen, daß dies eine Welt der Einzelkämpfer und Egoisten ist. Traumtänzer und Sensibelchen müssen sich warm anziehen. Je weiter man in seiner Menschwerdung gedeiht, umso klarer wird es, daß man sich den Platz in der Gesellschaft hart erkämpfen muß. Niemand wird einem dabei helfen, wenn Papa Bär und Mama Bär eines schlimmen Tages im Bärenhimmel sind. Man muß das selbst leisten, und das schafft man nur mit Ellenbogen aus Stahl und einem festen Willen. Statt eine Familie zu gründen, verschimmelt man also vor dem Rechner und wird irgendwann aufgrund der starken Geruchsentwicklung von Rettungskräften geborgen, eine weitere Mumie der neuen Zeit.

Wie schön und bekömmlich ist es da, wenn man statt dieser ernüchternden Mischung aus Grusel- und Gangsterfilm manchmal eine idealisierte Form des familiären Miteinanders vorgeführt bekommt, wie dies beispielsweise bei den „Waltons" der Fall war! Die normale Reaktion auf solche süßlichen Fantasien besteht heutzutage aus einem amüsierten Lächeln, aus herablassender Ironie. Man macht sich darüber lustig

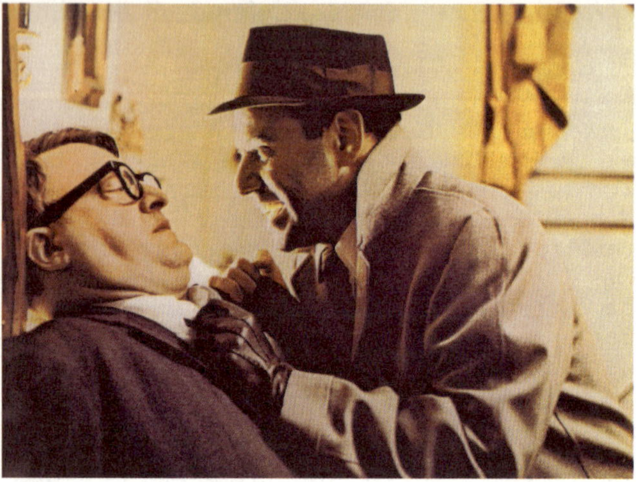

und ignoriert dabei völlig, daß es exakt solch eine Form des bedingungslosen Zusammenhalts ist, die sich jeder Mensch tief im Herzen wünscht, ganz unironisch. Daß dieser Zusammenhalt natürlich ein nicht zu erreichendes Ideal darstellt, da wir nun mal Menschen sind, ist völlig zweitrangig, denn ohne solche lebensanschaulichen Leuchttürme hausen wir in einer Welt, in der wirklich jeder sich selbst der Nächste ist, in unserer kleinen Privathölle. Wenn man also tief in sich den Wunsch verspürt, vor dem Schlafengehen John-Boy und Mary Ellen eine gute Nacht zu wünschen, dann ist das völlig verständlich.

Das Familienidyll, wie es auch von amerikanischen Fernsehserien wie „Bezaubernde Jeannie", „Lieber Onkel Bill" und „Daktari" (mit Tieren!) propagiert wurde, ließ nach dem Siegeszug des „New Hollywood" verständlicherweise Federn. Vor dem Hintergrund des Vietnamkrieges, des Befreiungskampfes der Afroamerikaner und einer zunehmend zotteliger

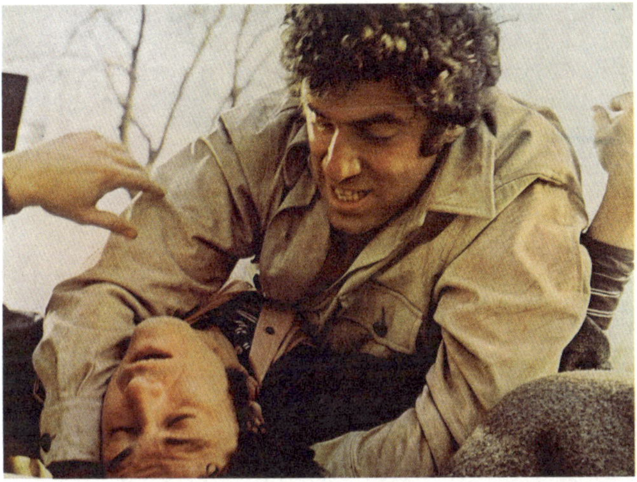

werdenden Jugend erschienen die biederen Familienfantasien der Waltons-Klientel nicht mehr zeitgemäß. In Filmen wurden Familien deshalb immer argwöhnischer beäugt. Besonders erfolgreich – und nachhaltig – geschah dies auf dem Sektor der Komödie. Ich habe für diesen Teil des Buches gleich zwei jiddische Komödien ausgewählt, die stark geprägt sind vom Anti-Establishment-Geist der frühen 70er. Ein „True Crime"-Film ist dabei. Und schließlich möchte ich den Leser noch mit einem wenig bekannten Frühwerk eines meiner Lieblingsregisseure konfrontieren, in dem jener Papa Bär und Mama Bär ein Denkmal setzte.

Kennt Ihr KLEINE MORDE (LITTLE MURDERS, 1971)? Das war eine schwarze Komödie, die der Schauspieler Alan Arkin für die 20th Century Fox inszenierte. Die Grundlage für den Film war ein Theaterstück des namhaften Comiczeichners Jules Feiffer, der damit am Broadway klangvoll baden gegangen war. Auch der Verfilmung war kein großer Kassenerfolg beschieden, weswegen sie auch weitgehend in der Versenkung verschwand, wenngleich das deutsche Fernsehen immerhin eine gute Synchronfassung anfertigte, die etwa alle 20 Jahre mal zum Einsatz kommt.

Worum geht´s? Elliott Gould spielt den Fotografen Alfred, der die junge Innendekorateurin Patsy kennenlernt. Genaugenommen lernen sie sich kennen, als er gerade von einigen jugendlichen Rüpeln brutal zusammengeschlagen wird. Patsy faßt es nicht, daß ein Mann so eine Prozedur geduldig über sich ergehen läßt (Alfred: „Die Jungs waren gerade dabei, müde zu werden.") und regt sich so über ihn auf, daß sie beschließt, ihn zu heiraten, um ihn zu jemandem zu formen, den sie lieben kann. Das erste Zusammentreffen mit der Familie der Braut gerät wenig ermutigend. („Sie sind doch nicht etwa Pazifist?" – „Nein, nur apathisch.") Trotzdem sieht sich der völlig streitunlustige Alfred irgendwie in die Familie integriert. Gleichzeitig beginnt in der New Yorker Nachbarschaft das große Sterben – scheinbar unmotivierte Morde, über 300 in den letzten sechs Monaten. Lieutenant Practice (Alan Arkin) vermutet eine Verschwörung, aber das einzige Muster, das die Gewalttaten verbindet, ist nun mal, daß sie kein Muster verbindet. („Catch-22", anyone?) Im Schoße der Familie lernt Alfred, wie es ist, wieder echte Gefühle zu entwickeln. Leider tut er dies in einer Welt, die verrückt geworden ist.

Daß dieser grandiose Film so wenig positive Resonanz ernten konnte und heute eigentlich nur noch von einigen Spinnern wie mir verehrt wird, liegt vielleicht daran, daß er sich den Gesetzen der konventionellen Kinokomödie bockig verweigert. Zuerst einmal: Pointenhumor findet hier nicht statt. Keine Spannung wird aufgebaut, die sich dann in dröhnendem Gelächter entladen würde. Der Film wankt ähnlich benommen durch die Gegend wie sein apathischer Protagonist, registriert alle möglichen Bizarrerien, die für den Großteil der Figuren völlig normal zu sein scheinen. Am ehesten läßt sich die Herangehensweise des Filmes mit der des absurden Theaters vergleichen. Die Welt ist verrückt geworden, also ist das Verrückte normal und das Normale verrückt. Alles eine Frage der Definition. Während Pointenhumor meistens so funktioniert, daß er von einer Norm ausgeht, in der sich auch derjenige befindet, der über den Witz lachen soll, wird hier eine Normalität nicht bestätigt, weder auf der Leinwand noch im Zuschauerraum. Der Film löst das in Form von einzelnen Vignetten auf, die die Heimat Feiffers im Comic-Strip verraten – man kann sich das wunderbar in „Panels“ aufgelöst vorstellen. Was zu Anfang wirkt wie die Parodie einer Liebesgeschichte (=ein gänzlich desinteressierter Zeitgenosse, der die ganze Welt emotionslos zur Kenntnis nimmt, wird von einer aggressiven Frau, die ihn unbedingt verändern will, in eine Beziehung hineinbugsiert), wird später durch die Familiengeschichte und schließlich durch das geradezu apokalyptische Finale zu einem plättenden Kommentar auf das klangvolle Mißlingen des sogenannten amerikanischen Traumes, in dem die echten Gefühle von Gefühlsdarstellern nur mehr behauptet werden. Ich fühlte mich beim Betrachten von KLEINE MORDE stark erinnert an die Bücher des damals sehr populären Kurt Vonnegut jr., der im Film auch erwähnt wird. Vonneguts Bücher verweigerten sich stets der Präsentation von Helden oder Antihelden. Stattdessen stellten sie viele einzelne Geschichten nebeneinander, einigermaßen gleich gewichtet. Die Lebenslinien der Figuren berühren sich, dann gehen sie wieder auseinander. Der Humor von Vonneguts Büchern ergibt sich zumeist aus den kläglichen Versuchen, mehr aus diesen Begegnungen zu machen, als da tatsächlich ist. Übrigens mein Lieblingsschriftsteller. In KLEINE MORDE gerät die Groteske gelegentlich in die Nähe einer Weltuntergangsvision. Der Film scheint anzudeuten, daß ein Ausweg aus der allgegenwärtigen Heuchelei im Rückgriff auf Atavismen liegen könnte – wieder zu zufriedenen, grunzenden Affen werden. In dieser Hinsicht wäre der Film ein ausgesprochen passender Partner für Claude Faraldos sogar noch aggressivere Groteske THEMROC (1973).

Die frühen 70er waren in Hollywood eine Zeit der Experimente. Manche dieser Gegenkultur-Spielereien kamen gut an, wie etwa Hal Ashbys HAROLD & MAUDE (1971). Auch die Verfilmung von Joseph Hellers Antikriegsroman CATCH-22 (1970) mit Alan Arkin in der Hauptrolle war durchaus erfolgreich. Robert Altmans M.A.S.H. (1970) wurde sogar zu einem Riesenerfolg und später zu einer sehr viel konventionelleren TV-Serie umgestrickt. KLEINE MORDE war in mancherlei Hinsicht zu speziell, um bei einem größeren Publikum zu punkten. Er ist aber ein kleiner, funkelnder Brillant, der mit den Mitteln der Groteske den Abstieg einer bürgerlichen Familie in die völlige Paranoia schildert. Und damit ist er leider auch nach 45 Jahren noch verdammt aktuell.

Mutter is´ da, Sohn is´ da, aber: Wo is´ Papa?

Es gibt möglicherweise noch andere Optionen als das willkürliche Abschießen von Fußgängern, um einen ergötzlichen Familienzusammenhalt zu konstruieren. Daß es auch anders geht, zeigt Carl Reiners genüßlich boshafte Komödie WO IS´ PAPA? (WHERE´S POPPA?, 1970), dessen häufige TV-Ausstrahlung zu Silvester mir bedeutet, daß bei unseren Öffentlich-Rechtlichen Hopfen und Malz doch noch nicht verloren sind. Sich eine noch asozialere Komödie vorzustellen, die gegen alle Gebote der politischen Korrektheit verstößt, fällt schwer. Es handelt sich hierbei nicht um die ermüdende und unoriginelle politische Unkorrektheit, mit der sich heutzutage minderbegabte TV-Comedians ihr Brot erbetteln. Diese kalkulierte Form von Un-PC hat in etwa so viel mit echtem Rebellentum zu tun, wie die verklemmten Almöhi-Sexplotten à la UNTERM DIRNDL WIRD GEJODELT mit erotischer Kunst zu tun hatten, nämlich gar nix. Daß es ausgerechnet die politische Linke war, die mit dem groben Keil arbeitete, wenn es um Gesellschaftskritik ging, erstaunt den heutigen Betrachter, da gerade auf diesem Sektor mittlerweile der ideologische Feinschliff regiert. Ein Kino, das – sagen wir mal – mitten in Kreuzberg den Film WO IS´ PAPA? zur Aufführung brächte, würde vermutlich unverzüglich den Flammen überantwortet werden. Auch Buttersäureattentate oder Trillerpfeifenaktionen wären vorstellbar.

Was ist das nur für ein böser Film? Im Mittelpunkt steht eine grundsätzlich lobenswerte Mutter-Sohn-Konstellation, gespielt von George Segal und Ruth Gordon, also Maude aus dem ebenfalls hinreißenden Film HAROLD & MAUDE (1971). Der Sohn, Gordon, hat dem vor geraumer Zeit verblichenen Vater auf dem Totenbett geschworen, seine Mutter niemals in ein Heim zu geben und sich stattdessen um sie zu kümmern, bis auch für sie die Zeit gekommen ist. Und auf diese Zeit wartet Gordon nun schon sehr, sehr lange. Da Mutter – um es vorsichtig auszudrücken – mehr als nur ein wenig angeknuspert ist, gestaltet sich die Freizeit Gordons zu einer nichtendenwollenden Reise in das Reich Pängtüdelütü, nach Beknacktistan. Unter diesen Umständen selber eine Frau zu finden, ist für den nicht mehr ganz jungen Strafverteidiger eine unlösbare Aufgabe. Alle ambulanten Pflegekräfte, die er im Laufe der Zeit angeheuert hat, haben das sinkende Schiff verlassen. Als Kapitän bleibt Gordon an Bord, doch das Schiff will und will nicht untergehen. Alles scheint sich zu ändern, als die junge Krankenschwester Louise (Trish Van Devere) in sein Leben tritt. Ein Engel schwebt durchs Zimmer, als die beiden einander in die Augen schauen. Geigen erklingen. Das Leben ist schön. Bis er Louise nach Hause einlädt. Mutter dreht nämlich richtig auf. Als sie ihrem Sohn beim Abendessen die Hose runterzieht und ihn auf den nackten Arsch küßt, ergreift die völlig entsetzte Louise die Flucht. Für Gordon ist das Maß damit voll – Mutter muß weg, so oder so ...

Schwarze Komödien gibt es wie Sand am Meer. Die meisten davon sind sehr halbherzige Übungen und geben sich damit zufrieden, in das gefällige und die Normalität bestätigende Kollektivgegnickere einige „riskante" Tabubrüche oder einfach nur Schweineigeleien einzufügen. Sie wollen es sich mit niemandem verscherzen, denn der Rubel soll ja rollen. Nun, dieses Problem schien Carl Reiner nicht gehabt zu haben. Reiner gehört zu den ganz alten Haudraufs des Komikergewerbes und arbeitete am Vaudeville mit den Großen, sowohl als Darsteller wie als Autor. Später sollte er einige der besten Steve-Martin-Vehikel inszenieren, darunter SOLO FÜR ZWEI (ALL

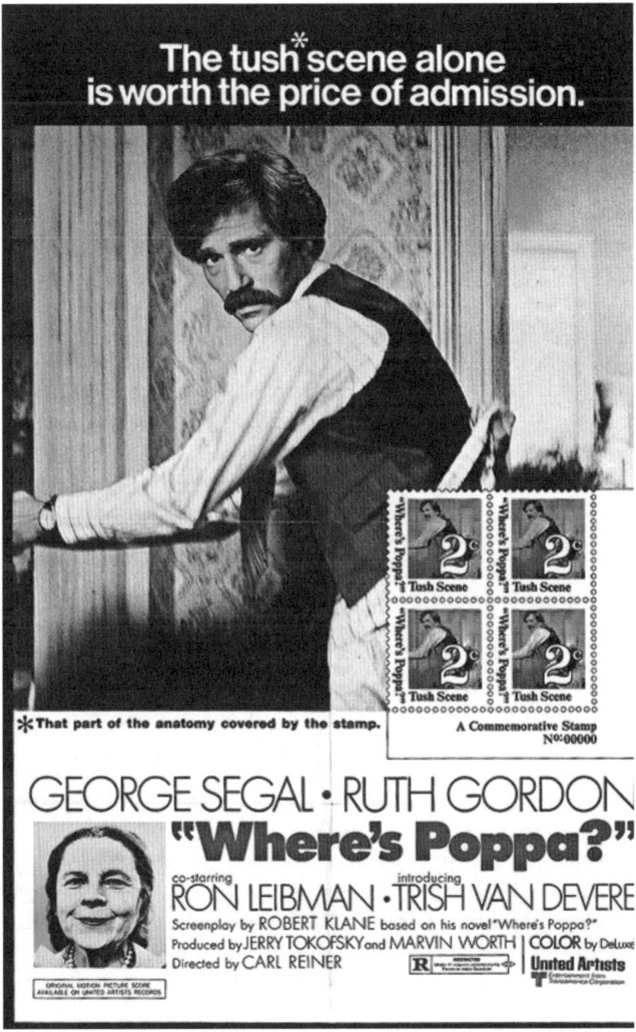
The tush* scene alone
is worth the price of admission.
"Where's Poppa?"
Tush Scene
2¢
*That part of the anatomy covered by the stamp.
A Commemorative Stamp
No:00000
GEORGE SEGAL • RUTH GORDON
"Where's Poppa?"
co-starring
RON LEIBMAN
introducing
TRISH VAN DEVERE
Screenplay by ROBERT KLANE based on his novel "Where's Poppa?"
Produced by JERRY TOKOFSKY and MARVIN WORTH
Directed by CARL REINER
COLOR by DeLuxe
United Artists
R
ORIGINAL MOTION PICTURE SCORE AVAILABLE ON UNITED ARTISTS RECORDS

OF ME, 1984) und TOTE TRAGEN KEINE KAROS (DEAD MEN DON´T WEAR PLAID, 1982). (In letzterem spielt er auch den Feldmarschall von Kluck!) WO IS´ PAPA? war eine seiner ersten Regiearbeiten für das Kino, und ganz offensichtlich stand ihm nicht der Sinn nach konsensfreudiger Klamottenkunst. Der Film ist so sperrig wie der hundertjährige Papagei eines Piraten und doppelt so giftig. Das Humorverständnis des Zuschauers wird bei dem Film auf eine harte Probe gestellt: Was darf man, was darf man nicht? Am ehesten erinnerte mich WO IS´ PAPA? an den französischen TANTE DANIELLE (TATIE DANIELLE, 1990) von Etienne Chatillez, der – obwohl nicht annähernd so extrem wie Reiners Film – ebenfalls kontroverse Reaktionen erzeugte. Für mich ein grob mißverstandener, grundhumanistischer Film, der sowohl bei einigen seiner Befürworter wie bei seinen Gegnern als Anti-Alte-Leute-Film galt. Das habe ich nie nachvollziehen können, da es eher die heuchlerischen und aus tiefen Schuldgefühlen heraus handelnden Kinder von Danielle sind, die von Chatillez den schwarzen Peter bekommen. Die eine Person, die schließlich mit der störrischen alten Dame fertig wird, ist die junge Pflegerin, die sich von ihr nicht auf der Nase herumtanzen läßt und sie auf gleicher Augenhöhe behandelt. Das ist Danielle nicht gewohnt, und das ist dann auch die Geburt von gegenseitigem Respekt. Die Welt, die WO IS´ PAPA? entwirft, wird von Menschen bevölkert, die ebenfalls von massiven Schuldgefühlen getrieben werden. Es sind keine bösen Menschen. Sie versuchen nach besten Kräften, gemäß des biblischen „Du sollst deinen Vater und deine Mutter ehren“ zu handeln. Sie fallen dabei leider voll auf die Nase, denn sie wollen eigentlich ganz was anderes machen. Und das wird – je größer der Leidensdruck wird – eben immer extremer und arabesker.

Der Film beginnt bereits anbetungswürdig: Gordon erwacht verkrumpelt und verschwiemelt, schleppt sich zur Toilette, wäscht sich und verkleidet sich dann als Gorilla. In dieser Kostümierung dringt er ins Schlafzimmer seiner Mutter ein, um sie zu Tode zu erschrecken. Dies mißlingt, die beherzte Frau haut ihm volle Kanne in die Nüsse. Daß Ruth Gordon erst auf ihre alten Jahre zu Ruhm und Ansehen gelangte, erscheint fast unbegreiflich. Nicht lange danach sollte sie ja noch zu einem der wenigen Gegenspieler Inspektor Columbos werden, die der knitterige Mann eher wider Willen überführte, da sie ihm eigentlich sympathisch waren. Als Gordons Mutter ist sie einfach fabelhaft. Der Titel des Filmes bezieht sich auf die Frage, die sie ihrem Sohn etwa hundertmal am Tag stellt. (Papa ist tot - schon seit langem.) Segal - ohnehin ein alter Hase, was jiddische Komödien aus New York angeht (vgl. auch Jack Smights wundervollen BIZARRE MORDE alias NO WAY TO TREAT A LADY von 1968) - hat jede Menge dankbarer Szenen. Mein Liebling ist vielleicht jene, in der ihm seine Angebetete von ihrer letzten Ehe berichtet - eine sehr zu Herzen gehende Episode, die aber traurig endete. („Er machte A-A ins Bett!") Als Gordons ebenfalls schuldzerfressener Bruder brilliert Ron Leibman, der einige Jahre später die Krimiserie „Kaz & Co." bekam. Hier hat er sich eine Halbglatze rasiert und wird mehrere Male im Central Park von einer schwarzen Gang hoppgenommen. In einer Szene, an der sich die sensibleren Naturen stoßen werden, wird er von den Rüpeln dazu gezwungen, eine Passantin zu vergewaltigen. Na ja, zuerst gezwungen. Jene entpuppt sich als verkleideter Polizist („Sind Sie der, der den Polizisten vergewaltigt hat?"), der ihm dann aber langstielige Rosen schickt mit einem Kärtchen: „Danke für den schönen Abend." Hoppala. Erwähnt werden sollte noch die Gerichtsszene, in der Gordon einen Hippie verteidigen soll - gespielt von Reiners Sohn, dem späteren Erfolgsregisseur Rob Reiner -, der einem greisen Militär den großen Zeh abgeschnitten hat, damit jener nicht weiter Krieg führen kann. Nicht nur für diese drastische Szene hätte der Film ohne weiteres ein totales Jugendverbot (X-Rating) bekommen können, wie das damals ja auch dem oscarprämierten ASPHALT-COWBOY (MIDNIGHT COWBOY, 1969) passierte. Hier in Deutschland kam der Film mit einem „Ab 16" durch, wenngleich ich die Ausstrahlung in der Silvesternacht schon für eine extravagante Wahl halte.

WO IS´ PAPA? ist eine schwarze Komödie, die diesen Namen wirklich verdient. Der Film leistet das, was bessere Komödien leisten sollten: Er schafft nicht launigen Eskapismus, sondern behandelt ein schmerzhaftes Thema (Senilität) auf eine Weise, die die Unzulänglichkeit des Menschen - und somit auch die Unfähigkeit, auf „reife" Weise mit so einer Situation umzugehen - nicht in sentimentaler Zuckerplörre auflöst, sondern so serviert, daß man sie eben nicht beim nächsten Werbeblock wieder wegrationalisiert hat. Seine konfrontative Vorgehensweise wird den einen oder die andere abstoßen und sogar ärgern, aber das bedeutet eben auch, daß man sich wirklich mit dem Thema auseinandersetzt. Das tut nämlich meistens sehr weh. Das Ende des Filmes ist auf eine doppelbödige Weise versöhnlich. Perfekte Lösungen gibt es auch im wirklichen Leben äußerst selten. Ich fände es schön, wenn dieser überaus kiebige Rabauke von Film in Deutschland wiederveröffentlicht werden würde. Zeit wird´s.

Ball der einsamen Schmerzen

Nachdem wir nun zwei dysfunktionale Familienentwürfe kennengelernt haben, ist es der dramaturgischen Harmonie des Buches wohl nicht abträglich, wenn ich noch einen weiteren hinzufüge. Genaugenommen handelt sich um einen Familienentwurf, der lediglich als frommer Wunsch existiert. Die Rede ist von Leonard Kastles THE HONEYMOON KILLERS (1969), einem Film, der trotz vorzüglicher Kritiken in seinem Heimatland floppte und von Francois Truffaut einst als sein amerikanischer Lieblingsfilm bezeichnet wurde.

Martha ist eine Krankenschwester, die ein strenges Regiment führt und sich weder vom Personal noch von den Patienten auf der Nase herumtanzen läßt. Zu Hause ist ihr Dasein öd und leer. So inseriert sie eines Tages in einer Kontaktbörse und lernt den feschen Ray kennen. Ray ist 34, spanischer Abstammung und überaus charmant. Er sieht gut aus und stört sich auch nicht daran, daß Martha mehr als nur ein wenig übergewichtig ist. Allerdings ist Ray von Beruf Heiratsschwindler und hat sich darauf spezialisiert, wohlhabende Damen in den besten Jahren zuerst anzuheizen und dann abzukochen. Martha entspricht eigentlich gar nicht seinem Beuteschema. Umso erstaunlicher ist es da, daß er der dicken Dame seine Zeit opfert. Als sie ihm vorspielt, sie habe sich aus Liebe zu ihm das Leben nehmen wollen, nimmt er sich eine Auszeit von seiner aufreibenden Charmiererei und widmet sich der einsamen Karbolmaus. Mirabile dictu – er ist in sie verliebt! An dieser Stelle könnte eine Geschichte beginnen, die aus einem Saulus einen Paulus macht. Aber im Leben läuft es häufig anders: Schon bald drücken die Geldsorgen, Ray macht sich wieder an die Arbeit. Martha gefällt das nicht wirklich, daß ihr Honeybunny sich in den Armen angegangener Heiratswütiger herumtreibt, für die er so etwas wie die letzte Chance auf Erfüllung ihrer Träume darstellt. Aber sie ahnt, daß sie ihn vertreibt, wenn sie nicht mitspielt. Und das führt dann zu einer vorhersehbaren Katastrophe ...

THE HONEYMOON KILLERS ist der einzige Film, den der sonstige Opernregisseur (!) Leonard Kastle jemals inszeniert hat. Ursprünglich sollte der Film vom damals noch weitgehend unbekannten Martin Scorsese gemacht werden, doch gab es gewisse Meinungsverschiedenheiten in bezug auf die Ästhetik des Werkes, so daß Kastle die Verfilmung seines Drehbuches schließlich selbst in die Hand nahm. Sein Beweggrund für den Film war, daß er kurz zuvor den oscarprämierten BONNIE & CLYDE (1967) gesehen hatte und ihm die romantische Verklärung des Verbrecherpärchens sauer aufstieß. Er wollte stattdessen normale Menschen zeigen, die Dinge tun, die vielleicht nicht entschuldbar, wohl aber erklärbar sind. In überaus nüchternem Schwarzweiß leistet er genau das: Martha ist eine Frau, die so gar nicht dem Hollywood-Gardemaß entspricht. Shirley Stoler spielt sie als barsche Kämpfernatur, die keinen Sinn hat für Faxen und Halbheiten. Sie ist es gewohnt, sich durchzusetzen. Sie registriert schon, daß es eigentlich ein Glück ist, daß der von Tony Lo Bianco gespielte Charmebolzen für sie echte Gefühle zu empfinden scheint, aber sie erweist sich als außerstande, in bezug auf ihre Leidenschaft Abstriche zu machen zugunsten anderer Frauen. Das macht sie in gewisser Weise echt, auch wenn die schlimmen Dinge, zu denen sie ihre Echtheit schließlich treibt, sie als Heldin disqualifizieren. Ray hingegen hat eigentlich auf ältere Damen überhaupt keinen Bock. Er verachtet die Schabracken, die ihm seinen Lebensunterhalt bescheren. Gleichzeitig fällt er aber auf die Knie vor der Kraft und Leidenschaft Marthas, was zu dieser

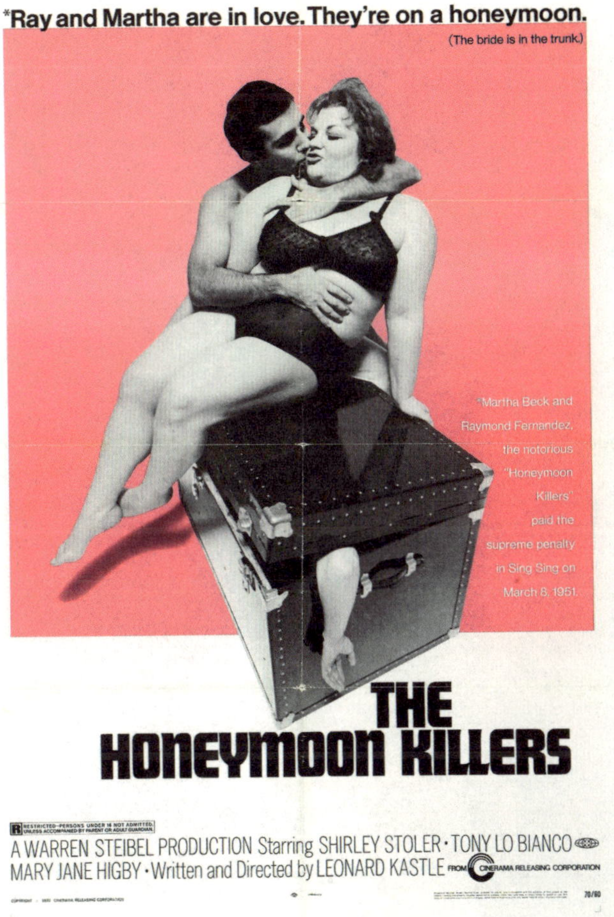

*Ray and Martha are in love. They're on a honeymoon.
(The bride is in the trunk.)
*Martha Beck and Raymond Fernandez, the notorious "Honeymoon Killers" paid the supreme penalty in Sing Sing on March 8, 1951.
THE HONEYMOON KILLERS
RESTRICTED—PERSONS UNDER 16 NOT ADMITTED UNLESS ACCOMPANIED BY PARENT OR ADULT GUARDIAN.
A WARREN STEIBEL PRODUCTION Starring SHIRLEY STOLER · TONY LO BIANCO
MARY JANE HIGBY · Written and Directed by LEONARD KASTLE FROM CINERAMA RELEASING CORPORATION
70/60

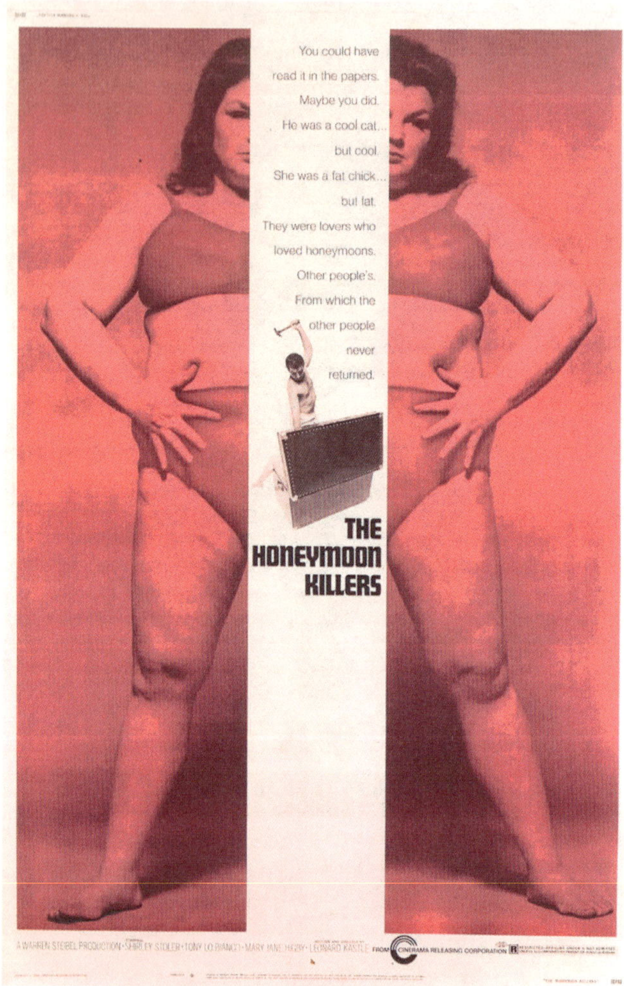
You could have read it in the papers. Maybe you did. He was a cool cat... but cool. She was a fat chick... but fat. They were lovers who loved honeymoons. Other people's. From which the other people never returned.
THE HONEYMOON KILLERS
A WARREN STEIBEL PRODUCTION · SHIRLEY STOLER · TONY LO BIANCO · MARY JANE HIGBY · LEONARD KASTLE
FROM CINERAMA RELEASING CORPORATION

merkwürdigen Liebesgeschichte führt. Nicht wirklich Hollywood, aber durchaus nachvollziehbar. Martha ist eben etwas, was er in seinem bisherigen Leben nicht besessen hat, das aus einem andauernden Sichverbiegen und Anpassen bestand.

Mindestens ebenso wichtig wie diese „Amour Fou" ist natürlich der Kontaktwunsch der einsamen Damen, die sich von Rays öligem Geschnurre einwickeln lassen. Sie entsprechen so gar nicht dem Gesellschaftsbild, wie es Hollywoodfilme jener Tage zu transportieren pflegten. Daß es für Schauspielerinnen, die sich in einem Alter jenseits der Faltblatttauglichkeit befanden, kaum gute Rollen gab, war ein Phänomen, das wohl kaum auf Hollywood begrenzt war. Tauchen sie in Filmen der 60er Jahre auf, so geschieht dies meistens in Form von komödiantischen Standards, so wie die altjüngferliche Bibliothekarin, die „keinen Mann abbekommen hat". Im wirklichen Leben gibt es viele einsame Menschen, deren Dasein natürlich nicht komödiantische Züge trägt, sondern einen ewigen Kampf mit Depression und dem nagenden Gefühl darstellt, daß es schon seine Gründe haben wird, daß man einer zufriedenstellenden Zweisamkeit für unwürdig erachtet wird. Daß Ray die alten Mädels abkocht, ist also nicht wirklich eine Heldentat, sondern eine ziemlich lausige Nummer. Wenn diese Betrügereien dann schließlich die Grenze zum Mord überschreiten, ist das eine Konsequenz, die in Komödien natürlich für gewöhnlich nicht gezogen wird. THE HONEYMOON KILLERS bleibt in dieser Hinsicht sehr aufrichtig. Ist der Beginn noch eine weitgehend heitere Angelegenheit, die von knalligen 60er-Jahre-Kostümen geprägt wird, die gut in einen John-Waters-Film passen würden, so bereitet einen schon die Filmmusik – die größtenteils aus „schweren" Kompositionen von Gustav Mahler besteht – darauf vor, daß das womöglich nicht so bleiben wird. Und tatsächlich, wenn die unausweichlichen Konsequenzen schließlich eintreffen, wird der Film schockierend deutlich mit seiner klinischen Darstellung eines brutalen Mordes. Hier erinnert man sich, daß der Film auf einer wahren Begebenheit beruht, nämlich den „Lonely Hearts"-Morden der frühen 50er. Ich möchte Regisseur Kastle hier ein großes Lob aussprechen: Zu BONNIE & CLYDE paßt der Film tatsächlich überhaupt nicht. Eher könnte man ihn sich als Beiprogramm zu Richard Brooks´ frösteln machendem KALTBLÜTIG (IN COLD BLOOD, 1967) vorstellen, einem deutlich berühmteren „True Crime"-Film. Tatsächlich gab es vor kurzem eine weitere Bearbeitung des HONEYMOON KILLERS zugrundeliegenden Falles, in der die Hauptrollen von John Travolta und Salma Hayek gespielt wurden. Den Film habe ich mir nicht angekuckt, aber die Besetzung deutet schon darauf hin, daß Kastles Vision hier nicht nachgeeifert wurde. Fällt es im Zusammenhang mit Leuten wie Travolta oder Frau Hayek schwer, an einsame Menschen zu denken (außer vielleicht, wenn sie gerade auf der Luftmatratze in ihrem Swimming-Pool in Beverly Hills liegen und der Bacardi ausgegangen ist!), so gibt einem Kastles Film die volle Packung, direkt, glaubhaft und lange nachwirkend. In der deutschen Kinofassung war die Mordszene übrigens fast komplett entfernt – ein Lapsus, dem man bei der späteren Fernsehausstrahlung zum Glück abgeholfen hat.

THE HONEYMOON KILLERS ist ein schönes Beispiel für einen Film, dem immerhin ein spätes Glück beschieden war. Er gilt als Kultfilm und wurde auch in späteren Jahren immer mal wieder ins Kino gebracht, gerade in Europa. Recht so! Und was Martin Scorsese angeht, der diesen Film fast inszeniert hätte, so habe ich im nächsten Text einiges über ihn zu erzählen. Genaugenommen über seine Eltern. Aber lest selbst!

Hier kommt ihr lebend nicht mehr raus!

Wenn ich die bisherigen Texte des Familienkapitels noch mal so überfliege, stelle ich fest, daß nur hochgradig skeptische und groteske Entwürfe den Weg ins Buch gefunden haben. Ich möchte das Kapitel deshalb mit einem durchweg positiven und geradezu versöhnlichen Familienfilm beschließen. Nein, die Rede ist nicht von BLUTGERICHT IN TEXAS (THE TEXAS CHAINSAW MASSACRE, 1974)! Ich rede von ITALIANAMERICAN (1974), einem der weniger bekannten Filme von Martin Scorsese.

Martin Scorsese gehört zu jenen Regisseuren des neuen Hollywood, bei denen man als Cineast eigentlich keinen Fehler begehen kann. Man macht sich nicht unmöglich, wenn man kundtut, daß Martin Scorsese einer seiner Lieblingsregisseure ist. Also: Martin Scorsese ist einer meiner Lieblingsregisseure! Neben den offensichtlichen Standards – also den ganzen Liddeliddelie-Filmen mit Robert de Niro und Joe Pesci oder dem grimmigen Taxifahrer – sind es vor allem die Frühwerke, die es mir angetan haben. Den Oscar gewann Marty dann später, zum ersten Mal mit GANGS OF NEW YORK (2002), der zwar auch toll ist, aber eben nicht annähernd so toll wie ALICE LEBT HIER NICHT MEHR (ALICE DOESN´T LIVE HERE ANYMORE, 1974). Kurz vor jenem Film, mit dem immerhin Hauptdarstellerin Ellen Burstyn einen Oscar einheimste, drehte Marty den etwa dreiviertelstündigen ITALIANAMERICAN (1974), den er seinen Eltern widmete. Der Film ist relativ schwer aufzutreiben. Ich selber erwischte ihn erst vor kurzer Zeit. Er ist jetzt der einzige Film in meiner Sammlung, den ich als Beilage eines italienischen Kochbuches besitze!

Der Film faßt komprimiert alles zusammen, was man über Familien wissen muß. Und was man über langjährige Beziehungen wissen muß. Die sind nämlich kein Pappenstiel und erfordern ein dickes Fell ebenso wie eine Menge Fingerspitzengefühl im Umgang mit dem eigenen Ego. Wenn man in jeden kleinen Zankapfel beißt, hat man auf längere Sicht gesehen keine Chance, selbst wenn man mit Vornamen Goliath oder Samson heißt. In den meisten Beziehungen gibt es jene wundervolle Phase, in der man kontinuierlich bis zu 10 cm über dem Erdboden schwebt und andauernd Engel und Schmetterlinge durch die Wohnung flattern. Erfahrungsgemäß kollidieren die süßen Träume, die auf ihre Entsprechung in der Realität hoffen, irgendwann mit der Frage, wer zum Geier denn den Müll runterbringt und wer das Klo putzt. Im Reich der WC-Enten haben Liebesengel keine Chance! Wenn die beiden Turteltauben dann mit jenen ermüdenden und seelentötenden Grabenkämpfen anfangen, die zum Ziel haben, Grenzen abzustecken und sich kein X für ein U vormachen zu lassen, ist Hopfen und Malz bereits verloren. Langjährige Beziehungen sind verdammt harte Arbeit.

Catherine und Charles Scorsese haben diese Arbeit bewältigt. Wie es ist, von ihnen als Sohn zum Essen eingeladen zu werden und bei lecker Rotwein Erinnerungen Revue passieren zu lassen, davon handelt ITALIANAMERICAN. Der Film ist ein Dokumentarfilm, nach dem sich jeder Zuschauer besser fühlt, versprochen! Genaugenommen möchte man bei Mama Scorsese gleich mit seiner Schrankwand einziehen, aber so geräumig wohnen die beiden Ehepartner dann doch nicht. Man lernt im Laufe des Filmes nicht nur eine ganze Menge über langjährige Beziehungen, sondern auch über die Verwandlung von waschechten Sizilianern in amerikanische Neubürger. Man erfährt, wie New York aussah, als die Eltern von Martys Eltern den Schritt in die neue Welt wagten. Im Grunde ist ITALIANAMERICAN so etwas wie eine Vorskizze zu den späteren Filmen Scorseses, denn viele von ihnen

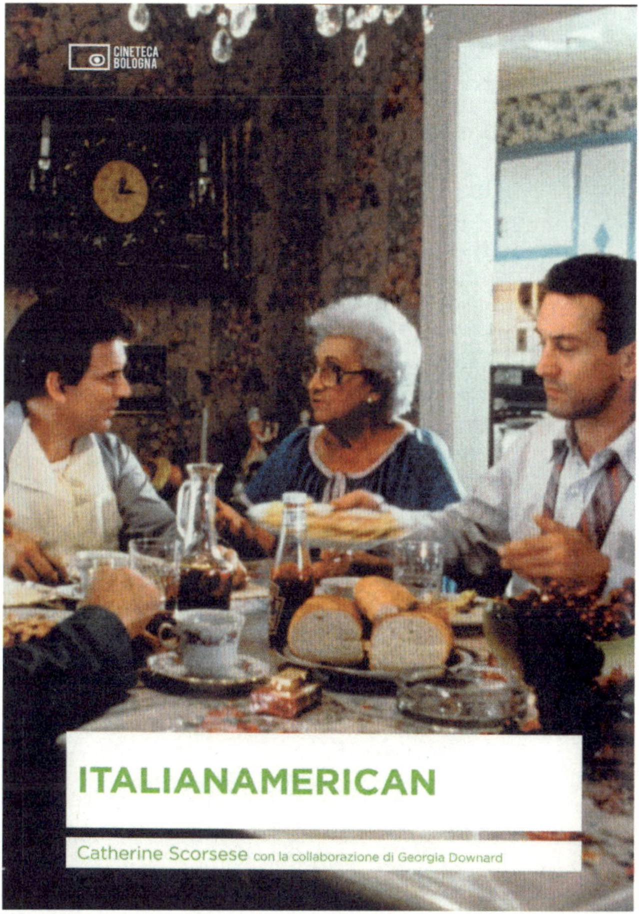
CINETECA
BOLOGNA
ITALIANAMERICAN
Catherine Scorsese con la collaborazione di Georgia Downard

sind im Grunde ihres Herzens Familienfilme. Selbst TAXI DRIVER (1976) handelt von der Familie in ihrer negativen Ausprägung, also von der Abwesenheit einer Familie, von Isolation und der Suche nach Sinn im Leben. Das Leben der meisten Menschen ist so klein – da einen Sinn reinzubekommen, ist manchmal eine sehr anstrengende Übung, die nicht ohne Gewaltsamkeit vonstatten geht. Die Filme von Scorsese handeln eigentlich alle von dem Wunsch nach Familienzusammenhalt. Familie ist immer da, ob idyllisch, dysfunktional oder unsichtbar, versteckt in der großen Stadt. Problematisch ist sie meistens, aber einfach kann schließlich jeder.

Die ersten Kurzfilme, die der junge Scorsese noch an der Filmhochschule drehte, sind eher unterschiedlich. Am bekanntesten ist der aggressive THE BIG SHAVE (1968), der ein Statement zum Vietnamkrieg darstellte. In dem launigen IT´S NOT JUST YOU, MURRAY! (1964) einen direkten Vorläufer von Filmen wie GOODFELLAS (1990) oder CASINO (1995) zu sehen, liegt nahe. Die ersten richtigen Langfilme, wie etwa I CALL FIRST aka WHO´S THAT KNOCKING AT MY DOOR? (1967) oder HEXENKESSEL (MEAN STREETS, 1973) sind mit Sicherheit zumindest teilweise autobiographisch angelegt und schildern die Erlebnisse junger Menschen in Martys alter Nachbarschaft.

Daß Scorsese seine Eltern gerne auch mal als Schauspieler in seine Filme einbaute, leuchtet ein, denn beide sind geborene Geschichtenerzähler. Tatsächlich wird das während des Filmgespräches auch thematisiert, wie das war, als es eben noch kein Fernsehen gab und teilweise wildfremde Leute in die Wohnung kamen und Geschichten erzählten. Ein Häuserblock war – gerade in Gegenden mit ethnischer Prägung – wie eine einzige große Wohnung, in der jeder jeden kannte und am Leben der anderen partizipierte. Man war niemals allein, aber man war wohl auch niemals einsam. Dazu hatte man nicht wirklich Gelegenheit. Daß aus dem kleinen Marty später ein begnadeter Filmemacher werden sollte, liegt somit auf der Hand: In die Privatheit der anderen eintauchen, um interessante Geschichten zutagezufördern, das war eine geeignete Grundausbildung für seine Kunst. Oberflächlich betrachtet erscheint Mama Scorsese als geborene Alleinunterhalterin – sie rattert sofort los, erzählt, was das Zeug hält. Papa Scorsese ist zuerst noch etwas reserviert, braucht etwas Zeit zum Vorglühen, aber wenn er selber in die Geschichten hineingepurzelt ist, erzählt auch er mit großer Begeisterung und Leidenschaft. Gelegentlich bekommen sich die beiden fast in die Haare („Was, willst du einen Streit anfangen?"), aber es ist alles von jenem spielerischen Charakter, der die Bewältigung von Konflikten nur dann auszeichnet, wenn man zusammen bereits eine Menge echter Streits miteinander ausgefochten und überstanden hat. Da wohnt so viel Leben in den beiden Leuten, daß man am liebsten mit beiden Händen hineingreifen und etwas davon mitnehmen möchte! Das Schöne ist, daß man das als Filmzuschauer ja auch kann und darf. Catherine und Charles sind mittlerweile beide nicht mehr, aber ebenso, wie Menschen, die man lieb hat, ein unauslöschlicher Teil von einem werden, sind auch die beiden ein fester Bestandteil des Scorsese´schen Geschichtenreigens. Und Geschichten sind nun einmal dazu da, immer wieder erzählt zu werden.

Am Schluß des Filmes ärgert sich Catherine kokett darüber, daß eine besonders hübsche Geschichte von Marty & Co. mitgefilmt wurde. Sie sagt etwas wie: „Läuft das Ding noch? Hier kommt ihr nicht mehr lebend raus!" Das ist dann auch der letzte Satz des Filmes. Ein Film ganz voller Leben und voller Schönheit, der zeigt, daß Menschen – so anstrengend sie manchmal auch sein mögen – einfach unübertrefflich sind.

Hippies fallen tot vom Himmel
(Anti-Establishment)

Das Blut der Tussen

Wie die Filme, die ich unter dem Banner des familiären Zusammenhalts ins Rampenlicht gehoben habe, nachdrücklich klargestellt haben sollten, bubbert das Ideal der Familie in uns allen herum. Es ist ein alter Gefährte aus frühkindlicher Zeit, als alles noch Form, Farbe und Gefühl war, als Worte und Begrifflichkeiten sich noch nicht in die Wahrnehmung der Umwelt hineingedrängelt hatten. Mit Idealen ist es ja nun so, daß man sie niemals erreichen kann. Ich vergleiche sie immer mit einem Lampion, der am Firmament (oder zumindest an der Zimmerdecke) traulich vor sich hin funzelt und den Weg weist. Eine unverzichtbare Orientierungshilfe, wenn man den Weg verloren hat und nicht an den Klippen zerschellen möchte. Als Kind nimmt man die Eltern als unbedingte Autoritäten wahr, die einen beschützen und ganz genau wissen, wo der Tiegel mit der leckeren Erdbeermarmelade steht. Spätestens ab der Pubertät hat es sich dann aber mit den Autoritäten. Man hat in der Zwischenzeit Mom und Dad bei wilden Gummispielen ertappt („Gib´ mir Tiernamen!"), man weiß, wo Vati seine Sammlung erotischer Keramikfiguren versteckt hält, und daß Mutti und der fesche Milchmann gelegentlich verliebte Blicke austauschen, ist einem auch schon aufgefallen. Die Eltern kochen auch nur mit Wasser. Manch einem entfleucht bei dieser Erkenntnis das Jesulein, er fällt vom Glauben ab. Bei anderen resultiert das einfach nur in jener absolut lausigen Weder-Fisch-noch-Fleisch-Phase, die sich Pubertät nennt. William Friedkins DER EXORZIST hatte einst vorbildlich illustriert, wie es in dieser Zeit in guten Bürgerfamilien zugeht: Der kleine Brausespatz bekommt Pickel, benutzt schlimme Worte und masturbiert mit Kruzifixen. Gleichzeitig entwickelt er jene intuitive Abneigung gegen Autoritätsfiguren (Lehrer,

Polizisten, Politiker), die sich bei manchen bis ins siebente Lebensjahrzehnt erstreckt. „Wer zweimal mit derselben pennt, gehört schon zum Establishment!" wußte ein populärer Sponti-Spruch zu vermelden, und das Establishment hat in der Pubertät und der Postpubertät einfach ziemlich schlechte Karten. Bei manchen dauert dieser Zustand an, bis sie in hohem Alter modernd in den Überresten ihrer heimischen Cannabis-Plantage aufgefunden werden. Bei anderen wird er einfach dadurch beendet, daß sie irgendwann selber zum Establishment gehören. Ich bin seit vielen Jahren Stammwähler der Partei für den Akademiker mit dem schlechten Gewissen – ich verstehe das!

Ich möchte den Abschnitt zum Thema „Anti-Establishment" mit einem Film beginnen, den man nicht unbedingt zwingend mit diesem Thema verbindet. Es handelt sich nicht um einen Hippiefilm, sondern um eine Teeniekomödie aus den späten 80ern. Wer in meiner Generation aufgewachsen ist, wird diese meistens sehr, sehr gruseligen Kulturerzeugnisse kennen. Nach dem bahnbrechenden Erfolg der israelischen Klamottenserie EIS AM STIEL gab es eine ganze Reihe solcher – häufig nostalgisch geprägten – Filme, die im Fahrwasser von George Lucas´ wirklich gutem AMERICAN GRAFFITI (1973) die Unsicherheit, die das weibliche Geschlecht in den minderjährigen Kaulquappen auslöst, in volle Kinokassen ummünzten. Während Filme wie Barry Levinsons hübscher DINER (1982) zeigten, daß man auch auf würde- und liebevolle Weise die eigenen Jugenderinnerungen cineastisch verklären kann, ging es lustvoll primitiven Rackern wie den PORKY´S-Filmen eigentlich nur darum, so viel sexuelles Innuendo wie möglich an der Zensur vorbeizuschmuggeln. Im Grunde waren diese Produkte Sexkino für Heranwachsende, nur daß relativ wenig Sex gezeigt und umso mehr darüber geredet wurde. In gewisser Weise waren diese Pro-

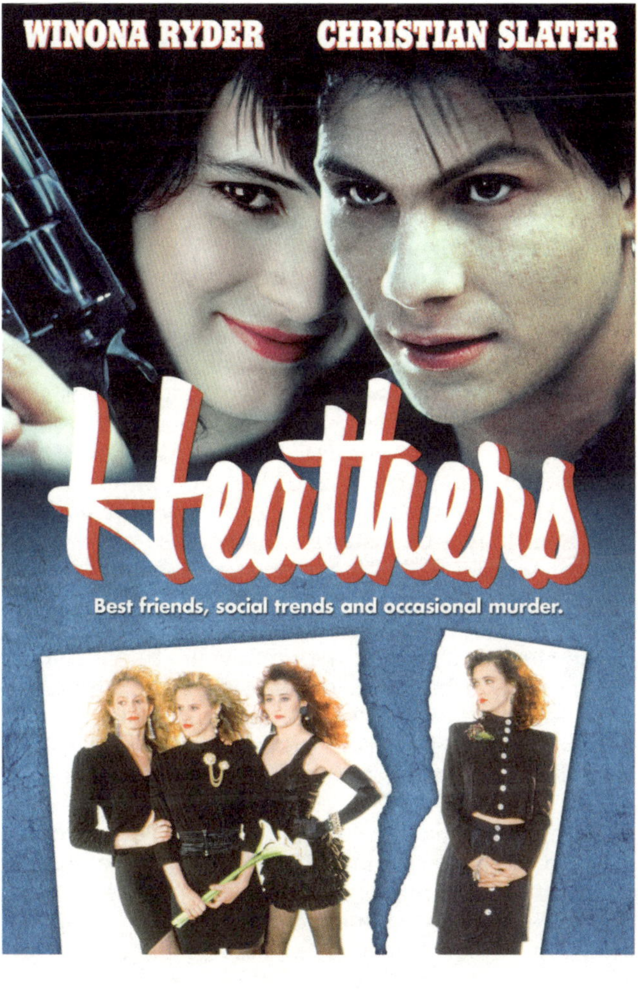
WINONA RYDER CHRISTIAN SLATER
Heathers
Best friends, social trends and occasional murder.

dukte überaus passend, denn während der Pubertät interessiert man sich nun einmal sehr für das Untenrum. Daß es dann allerdings so zotig und niveaulos vonstatten gehen mußte, erscheint mir in der Rückschau nicht als Gewinn. Eigentlich waren diese Filme unglaublich verklemmt und voller Angst, besessen von Vulven und vom alten Madonna-Hure-Dilemma – die Frau hat als Anbetungsobjekt zu taugen, aber wenn sie gleichzeitig im Bett eine richtige Sau ist, dann freut Mann sich doch sehr. Diese zotigen Lausbubenfilme bekamen dann irgendwann Konkurrenz von den Jugendfilmen des Regisseurs John Hughes. Jene gaben vor, den Klischeebildern, mit denen Jugendliche damals in Schubladen eingeordnet und abgefrühstückt wurden, entgegentreten zu wollen. Sein wahrhaft dummer THE BREAKFAST CLUB (der mit „Don´t You Forget About Me" von Simply Red!) macht das in plattester Weise zum Thema, transportiert aber in letzter Instanz genau das, was er zu kritisieren vorgibt – die Kinder sind der Baseballspießer, die schwarze Gotin, das rosa Prinzeßböhnchen und so fort. Der Film scheitert an dem Umstand, daß auch junge Menschen sich nun einmal völlig bereitwillig in solche Kategorien einteilen, da sind nicht die bösen, voreingenommenen Erwachsenen dran schuld, die als willkommenes Feindbild herhalten müssen. Das können die Kinder schon sehr gut allein! Jugendliche sind nichts anderes als Erwachsene in Ausbildung. Man will Anerkennung im Rahmen seiner „Peer Group". Danach kommt erst einmal eine ganze Weile nüscht. Und das isses dann. Es ist nicht schlimm, es ist nicht deprimierend. Es ist menschlich. Die Hughes-Filme finde ich im Nachhinein wesentlich ernüchternder als solche in der eigenen Kinderkacke herumwühlenden Bettnässer-Klamotten wie PORKY´S.

Und dann kam HEATHERS (1988). Nicht in Deutschland, nur in den USA, aber dort sahnte er richtig hübsch ab. Bei uns wurde er lediglich auf Video ausgewertet, wo er im Angebot der ganzen Teeniefilme unterging. Dabei handelt es sich um einen ganz entzückenden kleinen Bastard, einen Arschtritt für Hughes und Konsorten von einigen Gnaden. Winona Ryder (die kurz vorher in Tim Burtons BEETLEJUICE ihre erste Hauptrolle gehabt hatte) spielt Veronica Sawyer, ein High-School-Sweetheart, dessen Freundinnen alle auf den Namen Heather hören und samt & sonders erstklassige High-Society-Bitches sind. Sie möchte gern Bestandteil dieser Clique sein. Gleichzeitig verachtet sie die reichen Schnatzen aber auch, da deren Leben nur um den eigenen Nabel kreist. Bei Außenseitern und Hilfsbedürftigen werden die hübschen Näschen gerümpft. Wichtig ist nur, wer einem dabei hilft, das eigene Ansehen im Mikrokosmos Schule zu heben. Soziales Prestige ist alles. Dafür nimmt man auch schon mal eine Ladung Proletenprotein aus dem Fortpflanzungsorgan eines Baseballspießers in Kauf. Ihre ambivalenten Gefühle machen Veronica für einen Schulaußenseiter attraktiv, gespielt vom ebenfalls noch ganz jungen Christian Slater: Jason Dean, genannt „J.D." Mit seinem Motorrad ist der stets schwarz gedreßte junge Mann die Verkörperung des Halbstarkentraumes. Doch dauert es nicht lange, bis Veronica feststellen muß, daß J.D. nicht nur ein Rebell, sondern ein ausgewachsener Soziopath ist. Und dann beginnt er, der Tod der hochmütigen Backfische ...

Normalerweise läuft das Spiel so: Man drückt die Schulbank, hört „Hurra, hurra, die Schule brennt", kuckt auf voll total rebellischen Schulbesetzungen DIE KLASSE VON 1984, trägt Maomützen oder ähnlich pathetischen Schangel, und später landet man dann in einem verantwortungsvollen Posten in Papas Bankfiliale oder seiner Anwaltskanzlei. Und später verdientermaßen in der Wurst. Ein Übel an der Wurzel

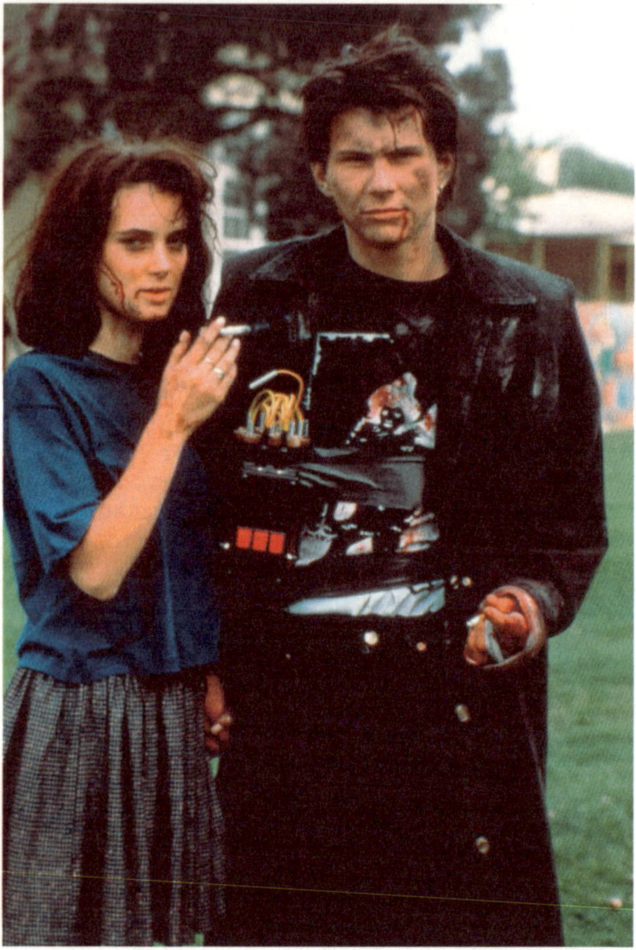

zu packen, das erfordert beherzte, nicht mehr wegzudiskutierende Maßnahmen, die neue Verhältnisse schaffen. Der soziale Träumer baut auf Diskussion und das Bekehren der Andersdenkenden. Der Anarchist bombt die Kackblagen einfach weg. So weit, so Blut. Das Problem ist natürlich, daß Anarchisten wie Angepaßte in der Regel beide nur mit Wasser kochen. So macht HEATHERS denn auch klar, daß J.D. (dessen Name sowohl auf den „Rebellen ohne Grund", der 1955 aus der Kurve flog, als auch auf den „Juvenile Delinquent", den kleidsamen Halbstarken, wie er in den späten 50ern die Leinwände mit einem neuen Rollenmodell versah, referiert) seinen Veränderungswillen und seinen Hochmut aus überaus persönlichen Motiven bezieht, namentlich aus dem Umstand, daß sein reicher Papi eine völlige Pfeife ist. Die Ausgegrenzten und Kompromittierten könnten J.D. nicht egaler sein. Er ist bereits zum Vollkorn-Misanthropen herangereift, zum Vorbild für all die erweiterten Selbstmorde, die nicht erst seit Littleton und Columbine Schule gemacht haben. 1988, als das amerikanische Jugendkino im wesentlichen von auf Hochglanz poliertem Sozialkitsch (=diverse Susan-Hinton-Verfilmungen) oder eben pseudokritischen Schlumpfiaden à la THE BREAKFAST CLUB dominiert wurde, war eine Produktion wie HEATHERS noch ausgesprochen ungewöhnlich. Ein Jahrzehnt später wäre derselbe Stoff als Edel-Undergroundkino à la Sundance formuliert worden. Da gab es dann auf einmal so schöne Filme wie Todd Solondz´ WILLKOMMEN IM TOLLHAUS oder später Bruce McDonalds THE TRACEY FRAGMENTS, also Filme, die die Sorgen und Nöte von Jugendlichen ernstnahmen und sie nicht als Popanznummer für die Seifenopernstars von morgen verwursteten. Nein, 1988 war HEATHERS noch ein frischer Lufthauch in den Lichtspielhäusern, und zumindest in den USA sorgte das dafür, daß er an den

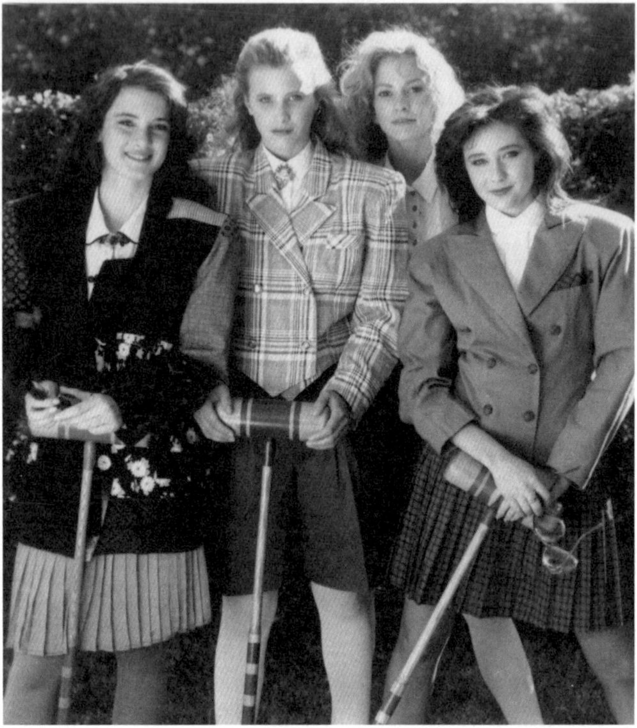

Kinokassen erfolgreich war und bis heute als Kultfilm gilt, der von zahlreichen Rockbands zitiert worden ist. Dabei ist es nicht so, daß er Perfektion anstreben würde. Der Schlußakt beispielsweise fällt mit seinem sehr auf die Erzeugung von Spannung getrimmten und relativ konventionellen Gehampel deutlich ab (das hat später der japanische Meisterstreich GESTÄNDNISSE viel besser hinbekommen!), aber hier zeigte sich eben auch mal, daß der Film von New World Pictures produziert worden war, und die waren nicht primär an bahnbrechenden Neuerungen, sondern an vollen Kinokassen interessiert. Das Ende von Daniel Waters´ Drehbuch sah auch ganz anders aus. Trotzdem, HEATHERS bleibt ein hochgradig amüsanter und kluger Kommentar sowohl auf die faschistischen Strukturen, die jenseits des Lehrbetriebes an Schulen vermittelt werden, als auch auf die verordnete Generalamnesie, die das Jugendkino jener Tage bot. Der Film schert sich wirklich einen Kehricht um politische Korrektheit, streift die Werke von Filmemachern wie David Lynch oder John Waters, und das Resultat kann sich auch heute noch wirklich sehen lassen. Es gibt tolle Momente zu bestaunen, etwa einen getürkten Doppelsuizid, bei dem zwei grenzdebilen Daytona-Beach-Asis – denen J.D. die Birne weggeblasen hat – ein homosexueller Selbstmordpakt untergeschoben wird. (Das „schwule" Sahnehäubchen unter den drapierten Hinterlassenschaften ist eine blaue Mineralwasserflasche!) Während der Film in den USA wirklich niemandem mehr nahegebracht werden muß, gilt er hierzulande noch als Geheimtip. Wie die Videosynchro jener Tage klang, weiß ich gar nicht, da ich ihn niemals auf deutsch gekuckt habe. Mittlerweile gibt es ihn bei uns aber als Blu-Ray, so daß sich jeder selbst ein Bild davon machen kann. Veronica: „Suicide gave Heather depth, Kurt a soul, and Ram a brain. I don't know what it's given me, but I have no control over myself when I'm with J.D. Are we going to prom or to hell?"

Von Antonioni zu Hitchcock in zehn leicht faßlichen Lektionen

Daß ich mit Hippies nicht viel anfangen kann, liegt an der erbarmungslosen Zeit, in der ich aufgewachsen bin. Damals dröhnte nämlich „No Future!" durch die Straßen, und Anarchie wurde für die UK gefordert, wer immer das auch war. Zum sogenannten Punk-Phänomen möchte ich mich erst später im Buch ausführlich äußern, wenn ich einen Underground-Klassiker aus jenen Breitengraden anspreche. Vorher gab es die Hippies, und während ich mit Musik aus jenen Tagen durchaus warm werden kann, so waren mir die politischen Ziele – sieht man einmal von der bedingungslosen Ablehnung von Kriegen ab, die man ja durchaus noch nachvollziehen kann – meistens eher suspekt.

Es macht vielleicht im zugekifften Zustand Spaß, bewaffneten Repräsentanten des vielzitierten Schweinesystems Blümchen in die Gewehrmündungen zu stecken. Bringt nur nüscht. Die nehmen nämlich die Blümchen einfach da raus und verprügeln dich dann zum Rhythmus von „Hey Jude"! Mir gab Frank Zappa einfach mehr. Der war wirklich toll. Der war nur kein Hippie. Hippies waren die komischen Leute, die in dem eigentümlichen Film ALICE´S RESTAURANT zu sehen sind. Hippies waren die Leute, die sich in dem – allerdings feinen – Konzertfilm WOODSTOCK Filzläuse einfingen. Und Hippies konnten auch singen, wie sie in dem furchterregenden Musical HAIR („Ich hääänge gerne meinen Schwaaanz ins Aquaaarium ...") bewiesen. Wie sehr ich die Freuden unkompliziert ausgelebten Geschlechtsverkehrs auch nachvollziehen kann, aber mir dafür ein Wochenendseminar der „Marxistischen Gruppe" anzuhören oder Bäume zu umarmen, wäre mir dann doch etwas too much gewesen.

Es gab damals aber auch Intellektuelle, die dieselben Ziele teilten, nämlich Schluß mit der verbrecherischen US-Politik jener Zeit (Vietnamkrieg! Kent State!), das Recht auf lange Haare und grauenvolle Geschlechtskrankheiten, und natürlich gleiche Rechte für die Frauen, solange sie wußten, wo ihr Platz ist. Im Kino drückten sich diese linkslastigen Intellektuellen manchmal recht drastisch aus. Einer, von dem man es – aus heutiger Sicht zumindest – nicht wirklich erwartet hätte, war Brian de Palma. Während er sich in späteren Jahren einen Namen machte mit samten gefilmten Prachtthrillern, die Variationen auf Klassiker der Filmgeschichte boten, war sein Frühwerk noch eine wahre Fundgrube für Freigeister. Schon sein erster Kurzfilm, WOTON´S WAKE (1962), der so etwas wie eine Ballade über einen comicstriphaften Serienmörder darstellt (gespielt von William Finley, der de Palma durch viele Filme begleiten sollte, etwa als der bebrillte Siamesentrenner in DIE SCHWESTERN DES BÖSEN), war eine eindeutig experimentelle Nummer, bei der sich der junge Mann so richtig austoben konnte. THE WEDDING PARTY (1966) war dann eine ebenfalls experimentelle Komödie, die nicht nur durch die Anwesenheit von Robert de Niro stark ans Frühwerk von Martin Scorsese erinnert. MURDER À LA MOD (1967) dürfte sein erster Thriller gewesen sein, wenn auch dargeboten als Groteske. So richtig durchstarten konnte er aber erst mit GREETINGS (1968), um den es hier gehen soll. Der ist so anti-establishment, da fliegen einem die Steine ganz von selbst in die Hand!

Genaugenommen ist er erst einmal verdammt europäisch. Ich habe keine Ahnung, wieviel vom Inhalt tatsächlich geskriptet war, aber allzuviel wird es nicht gewesen sein. Die Herangehensweise ist eher „improvisational comedy", weshalb es sich auch lohnt, den Film im Original zu kucken, da man die Leistungen der Akteure nur so wirklich würdigen kann. Die Handlung dreht sich um drei junge Leute, Paul, Lloyd und Jon. Paul soll zur Musterung, um dann nach Vietnam geschickt zu werden. Er hat da keine Lust drauf, weshalb ihm seine Freunde einen Crashkurs in Vietnam-Vermeidungsstrategien angedeihen lassen. Ob er nun einen Schwulen mimt oder einen paranoiden, rechtsextremen Vollspinner – in jedem Fall halten ihn seine Freunde erst einmal mehrere Tage lang nonstop wach, damit er bei der Musterung so richtig am Ende ist. Wofür sind Freunde sonst da? Auf Liebespfaden ist Paul eher der schüchterne Typ und versucht sich beim Computer-Dating, mit durchaus gemischten Resultaten. Lloyd hat Probleme ganz anderer Art – er ist Verschwörungstheoretiker und denkt, die Kennedy-Nuß knacken zu können. Jon hingegen ist Spanner und dreht kleine Heimfilme, die natürlich hochgradig künstlerisch sind.

GREETINGS – damals von der amerikanischen Zensurbehörde mit einem „X-Rating", also einem totalen Jugendverbot, bedacht – dürfte für De-Palma-Fans, die ihr Idol nur über seine neueren Filme kennen, höchst überraschend kommen. Statt der extrem sorgfältig arrangierten, sehr komplexen Szenenfolgen, deren Storyboards wahrscheinlich um die drei Millionen Seiten lang sind, läßt er hier seine Schauspieler einfach mal machen, vermutlich mit nur minimalen Vorgaben. Dabei ist es schon ganz interessant, daß – ähnlich wie in seinen anderen Frühwerken – bereits zahlreiche Verweise auf Hauptthemen zu finden sind, die er wieder und wieder aufgreifen sollte. Etwa der von Robert de Niro gespielte Spanner, der in gewisser Weise eine Bezugnahme auf den Regisseur selbst sein dürfte. Schon in MURDER À LA MOD (1967) steht ein psychopathischer Fotograf im Mittelpunkt. In vielen späteren Filmen – etwa BLOW OUT, DER TOD KOMMT ZWEIMAL, aber auch DRESSED TO

KILL – spielen Spannerei und die Perspektive des Regisseurs eine wichtige Rolle. Die Distanz überwinden, um zur Wahrheit zu finden – bei de Palma ist die Wahrheit nicht selten eher unerfreulich. Auch Jon findet zu seiner Wahrheit, und die ist nun wirklich nicht schön. Gleich das erste Bild ist ein Fernsehbild, in dem Präsident Lyndon B. Johnson die Nation auf den Patriotismus einschwört. Die Hippies tun alles, um die Musterungskommission zu täuschen. Lloyds Versuche, aus vorhandenem Material neue Erkenntnisse über Chappaquiddick zu gewinnen, führen direkt zu John Travolta in BLOW OUT. Hier bläst Lloyd ein Foto vom Tag der Tage auf, von dem er sicher ist, daß es ein Geheimnis enthält. Schließlich erblickt er hinter jedem verschwommenen Grießkorn auf jeder neuen Vergrößerung unwiderlegbare Beweise für die Verschwörung, auch wenn dort mit klarem Blick allenfalls moderne Kunst zu registrieren ist. (THE RESPONSIVE EYE ist auch ein schöner, früher Kurzfilm von de Palma, in dem er sich über die Täuschungen des vermeintlich Sichtbaren ausläßt. Es ist da – und gleichzeitig ist es auch nicht da!) Die Lloyd-Episode korrespondiert übrigens auch mit einer hübschen Szene, in der ihm eine Trick-Postkarte präsentiert wird, die immer extremere Vergrößerungen einer Menschenmenge enthält – je näher man herangeht, umso mehr treten die einzelnen Menschen hervor. Aber wenn man noch weiter herangeht, verwandeln sich die vermeintlichen Wahrheiten zu Zeichen, zu Form ohne Bedeutung. Es ist da, und es ist nicht da. Eine andere feine Szene zeigt Jon, der einer hübschen Hippiemieze hinterhersteigt. Ein Passant verwickelt ihn in ein Gespräch, das von männerbündischer Kumpanei zu einem Gespräch über Eros und Kunst wird – bis ihm der Schmierlappen schließlich seinen Film „Der Botenjunge und die gelangweilte Hausfrau" verkaufen möchte. Filmemacher, wohin das Auge blickt ...

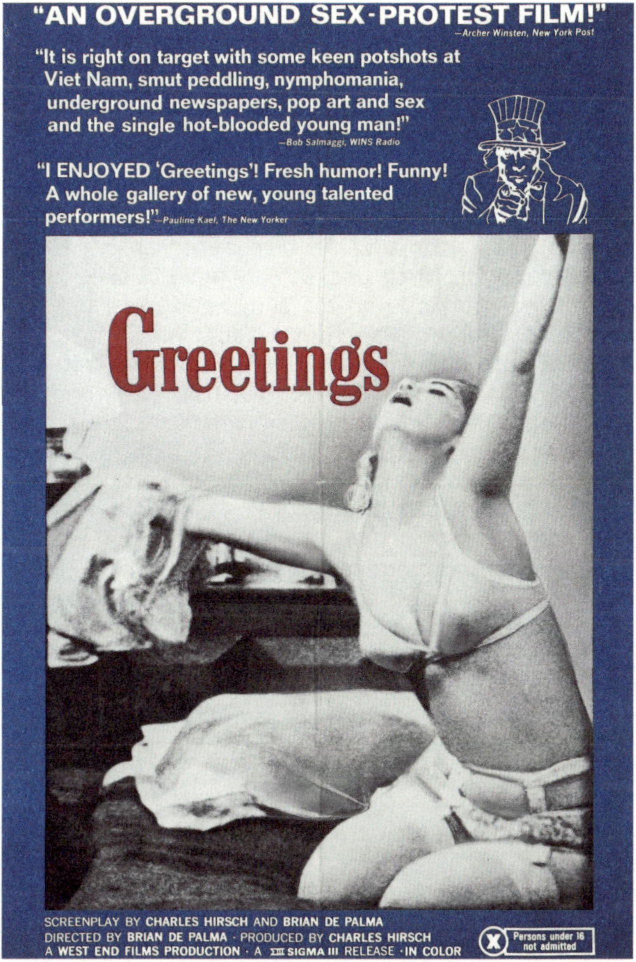
"AN OVERGROUND SEX-PROTEST FILM!"
—Archer Winsten, New York Post
"It is right on target with some keen potshots at Viet Nam, smut peddling, nymphomania, underground newspapers, pop art and sex and the single hot-blooded young man!"
—Bob Salmaggi, WINS Radio
"I ENJOYED 'Greetings'! Fresh humor! Funny! A whole gallery of new, young talented performers!"—Pauline Kael, The New Yorker
Greetings
SCREENPLAY BY CHARLES HIRSCH AND BRIAN DE PALMA
DIRECTED BY BRIAN DE PALMA · PRODUCED BY CHARLES HIRSCH
A WEST END FILMS PRODUCTION · A ΣIII SIGMA III RELEASE · IN COLOR
X Persons under 16 not admitted

Es ist schon ganz faszinierend, Brian de Palma bei seinen frühen Filmarbeiten zuzusehen. Wer meint, daß die schnieke Oberfläche seiner bekannteren Filme andeutet, daß sich der Regisseur mit der plumpen Abbildung einer „Wahrheit" zufriedengibt, wird hier eines Besseren belehrt - der Mann ist von Natur aus mißtrauisch und hinterfragt auf Schritt und Tritt. Nach GREETINGS drehte de Palma noch den ähnlich gelagerten und deutlich derberen HI, MOM! (erneut mit de Niro) und schlug mit SISTERS dann neue Wege ein, die ihn bis zum heutigen Tage tragen. Einen kurzen - allerdings auch sehr amüsanten - Rückfall in alte Anarcho-Groteske-Zeiten bot sein 1980 veröffentlichter HOME MOVIES, der ebenfalls sehr vom Geist der improvisierten Komödie getragen war. In GREETINGS probiert er sich noch aus, reduziert die Formung auf ein Minimum und setzt auf den kalkulierten Zusammenprall. Das Ergebnis wirkt aus heutiger Sicht vielleicht etwas antiquiert, da von gerade überkommenem Gipfelstürmergeist geprägt, aber man merkt dem Film seine Freude am subversiven Streich an, an der fröhlichen Revolution, die sich durch das ganze Werk des Filmemachers zieht, bis zum heutigen Tag.

Der kleine Mann von der Straße ist nichts ohne seine Schrotflinte

Auch von Hippies – wenn auch auf eine ganz andere Weise – handelt John G. Avildsens Frühwerk JOE (JOE – RACHE FÜR AMERIKA, 1970). Während diesen fantastischen Film bei uns praktisch niemand kennt – er wurde einst auf Video herausgekümmelt und verschwand dort im unübersichtlichen Gesamtprogramm von VMP –, war ihm im Land der unbegrenzten Möglichkeiten ein ordentlicher Erfolg beschieden. Tatsächlich gab es damals nicht nur ein Soundtrack-Album mit all den schönen Countrysongs, die den Film musikalisch kommentieren, sondern auch ein „Spoken Word"-Album, auf dem Peter Boyle in der Persona des Joe so richtig abschwadronieren kann. Der sagt uns, wie´s ist!

Wer ist nun Joe? Bevor ich darauf zu sprechen komme, muß ich erst einmal erklären, wer William ist. William ist ein irischstämmiger Familienvater, der sich durch harte Arbeit in der Werbebranche durchgesetzt hat. Seine Tochter Melissa hat dem wohlhabenden Burgfrieden, den die Ehe ihrer Eltern darstellt, den Rücken gekehrt und sich in die weit geöffneten und mit Einstichen versehenen Arme der Gegenkultur geworfen. Ihr Freund Frank ist ein Möchtegernkünstler, der – bis er sich seine erste Ausstellung finanzieren kann – Drogen vertickt. Die süße Melissa kommt ihm da gerade recht. Als sie wegen einer milden Überdosis ins Krankenhaus muß, bekommt ihr Vater spitz, was mit seinem kleinen Engel passiert ist. Er stellt Frank zur Rede, der ihn so in Rage bringt, daß er ihn mit dem Schädel gegen die Wand donnert, bis der Dealer tot am Boden liegt. Oha, jetzt hat William ein Problem! Nachdem er alle Spuren von sich und Melissa aus der Wohnung des Toten getilgt hat, torkelt er – noch völlig benommen von der Ungeheuerlichkeit seiner Tat – durch das Nachtleben New Yorks. Schließlich landet er in einer Kneipe. Und dort trifft er Joe. Joe ist „Blue Collar", Joe ist Arbeiter, und er schwört auf Rotweißblau. Außerdem ist er Stammtischphilosoph, sieht man einmal davon ab, daß er keinen Stammtisch besitzt. Der Barkeep kuckt nur genervt, wenn der aufrechte Amerikaner seine Breitseiten gegen Nigger, Schwuchteln und die undankbare Jugend abfeuert. Als er sich zu einem Polemik-Wellenkamm emporgearbeitet hat, meint er, daß er am liebsten einen von den Bastarden umlegen würde. Da rutscht William heraus, daß er das gerade getan habe. Im nächsten Moment stellt er diese Bemerkung als Witz hin, aber als Joe wenig später in der Glotze von dem toten Asi hört, zählt er 1 und 1 zusammen.

An dieser Stelle könnte der Film zu einer wenig originellen Erpressergeschichte werden. Joe hat den wohlhabenden Kapitalisten in der Hand und könnte ihn auspressen wie eine Zitrone. Das Drehbuch stammt aber nicht von Eberhard Crutzenhagen, sondern von Norman Wexler, und der sollte wenig später für sein Skript zu Sidney Lumets exzellentem Polizeidrama SERPICO eine Oscarnominierung einsacken. Genaugenommen gelang ihm das bereits mit JOE, was bei der kontroversen Natur des Filmes schon recht bemerkenswert ist. Die Academy scheint damals noch Eier gehabt zu haben. Wie auch immer, Joe liegt es wirklich fern, William anzuschwärzen. Stattdessen will er sein neuer bester Freund werden. Mit geradezu rührenden Methoden flanscht er sich an den Mann an, der einer anderen sozialen Klasse entstammt als er, der einen anderen Bildungsstand besitzt, und der dem böllernden Proletarier trotzdem nicht die Tür weisen kann, aus Angst vor Enttarnung. Diese Freundschaft wider Willen führt zu einigen komödiantischen Szenen, in denen Joe etwa William

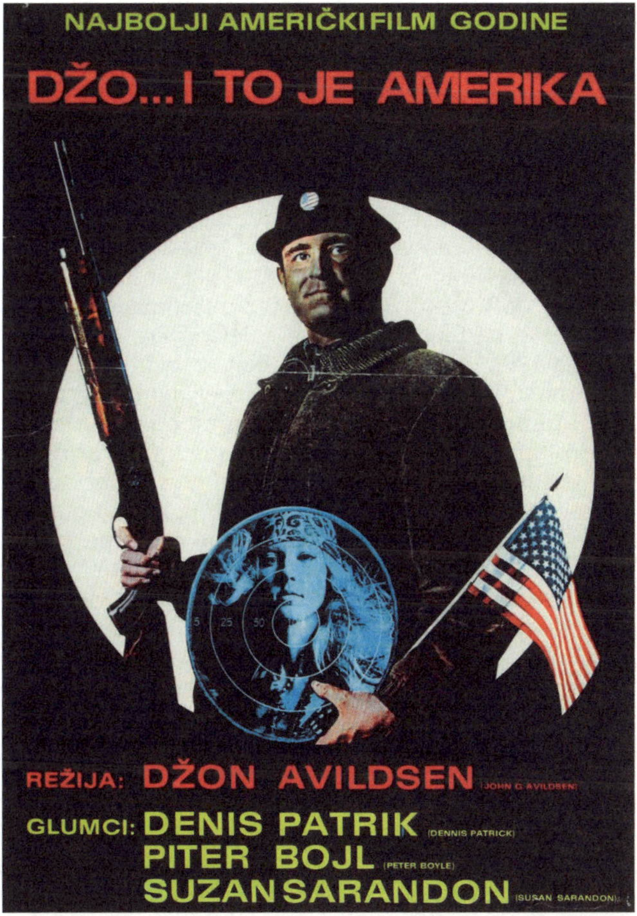
NAJBOLJI AMERIČKI FILM GODINE
DŽO... I TO JE AMERIKA
REŽIJA: DŽON AVILDSEN (JOHN G. AVILDSEN)
GLUMCI: DENIS PATRIK (DENNIS PATRICK)
PITER BOJL (PETER BOYLE)
SUZAN SARANDON (SUSAN SARANDON)

und seine Gattin (die Bescheid weiß) zu sich nach Hause einlädt. Joes Ehefrau ist ein devotes, liebes Anhängsel, das vor Unterlegenheitsängsten fast eingeht, während Joe mit steigendem Alkoholpegel immer mehr in seinen Stammtischmodus zurückfällt. Das wird man ja doch wohl noch sagen dürfen, oder? Später führt er William noch seine Jagdflinte vor, die er in seinem Keller beherbergt. Sie ist sein ganzer Stolz, und jeden Abend nach der Arbeit nimmt er sie auseinander und ölt die Einzelteile. Man merkt hier bereits, daß diese Flinte später im Film vermutlich noch eine bedeutsame Rolle spielen wird. Was diese reizvolle Figurenpaarung aber so richtig interessant macht, ist der Umstand, daß William feststellen muß, daß es gewisse Übereinstimmungen gibt zwischen ihm und einem Mann, den er unter normalen Umständen keines zweiten Blickes gewürdigt hätte. Tatsächlich tut ihm Joes Bewunderung richtig gut, da seine christlichen Gewissensbisse ob der grausamen Tat zurückgedrängt werden – hat er der Welt nicht in Wirklichkeit einen Dienst erwiesen? Wer weiß, wie viele junge Mädchen der dreckige Hippie-Dealer noch an die Nadel gebracht hätte?

Die Geschichte endet in einem Blutbad, denn William unterschätzt Joe. Joe ist nicht ein ungeschlachter Hampelmann, über den man sich im Stillen beömmelt. Joe ist das, was man heutzutage gerne als Wutbürger bezeichnet. Er hat eine ganze Menge Verdruß in seinem Bauch, und dieser Verdruß muß raus. Er hat keine Lust, immer am Ende der Nahrungskette zu stehen, sich die Hände schwielig zu arbeiten in einem Job, der für ihn keinen Sinn ergibt, und am Ende des Tages kommt er nach Hause und sieht, daß seine Existenz völlig unwichtig ist. Er brennt darauf, das Vakuum zu füllen, einen Unterschied zu machen. Wieder ein richtiger Mann zu sein. Für Peter Boyle war Joe die erste größere Filmrolle, und er gibt wirklich alles. Laut IMDb soll Boyle von der Reaktion einiger Teile des Publikums – die Joes Schwadroniererereien johlend Applaus spendeten – so abgestoßen gewesen sein, daß er erst einmal auf Distanz zu gewalttätigen Rollen ging und u.a. den Popeye Doyle in FRENCH CONNECTION ablehnte, der dann an Gene Hackman ging. In Martin Scorseses TAXI DRIVER spielte er den „weisen" Taxifahrer-Oldster, Travis Bickles Mentor, der de Niro Ratschläge erteilt. In gewisser Weise war Joe eine Vorskizze für diesen Wizard, und tatsächlich könnte man beide Filme ganz wunderbar als Doppelprogramm zeigen. Joes Erfahrung beschränkt sich auf die alltägliche Tretmühle seiner Arbeit. Er träumt von einer anderen Welt, in der er ein Mann von Bedeutung sein kann. Doch diese Welt existiert eben nicht. Auch Travis Bickle will ein Mann von Bedeutung sein, wie ihn das die Filmhelden gelehrt haben. Als Travis und Joe dann „auf die andere Seite" treten und all das rauslassen, was in ihnen steckt, ertrinkt die Welt in Blut. In TAXI DRIVER geschieht das auf besonders drastische Weise, in JOE endet der Fall besonders tragisch. Anders als Martin Scorseses solide produzierter und virtuos inszenierter Film stellte JOE eine Low-Budget-Nummer dar, wie sie nur Anfang der 70er entstehen konnte. Er wirkt eher wie ein Off-Broadway-Theaterstück in seiner Aneinanderreihung von exzellent geschriebenen Spielszenen, die in der Regel an die Enge von Joes Wirkungskreis gefesselt sind. Die Schauspieler – Boyle und Dennis Patrick, eine unsagbar süße Susan Sarandon als Melissa, aber auch die anderen Darsteller – leisten wunderbare Arbeit. Man sieht es Filmen an, finde ich, wenn der Regisseur gut mit Schauspielern zusammenarbeiten kann. Bei John G. Avildsen war das wohl der Fall. Es sollte bei ihm noch einige Jahre dauern, bis er mit seinem Boxerdrama ROCKY so richtig groß rauskommen sollte – eine weitere Geschichte von einem

Underdog, der seinen Traum realisiert, mit entschieden erfreulicheren Resultaten diesmal. JOE war damals nicht unumstritten, da es nun mal in der Natur der Sache liegt, daß viele Menschen mit literarischen Masken nichts anfangen können, das Gebelfere Joes also für die Stimme des Autoren gehalten haben. Tatsächlich ist der Film schlau und elegant, eine maliziöse Auslotung der Untiefen, die im sogenannten amerikanischen Traum wohnen. Glücklich schätzen darf sich, wer eine der beiden Schallplatten besitzt, die damals zum Film erschienen. Um den Titelsong zu zitieren: „Hey Joe, don´t it make you wanna go to war once more?"

Distanz auf dem Vulkan

Nüchternheit ist eine Eigenschaft, die nicht erst mit dem Kino des „New Hollywood" den Weg auf amerikanische Leinwände gefunden hat. Tatsächlich spielte der Naturalismus schon immer eine große Rolle im amerikanischen Theater. Autoren wie Eugene O´Neill, Thornton Wilder oder Arthur Miller hatten kein Interesse an surrealen Spielereien, sondern wollten ihrem Publikum die Welt mehr oder weniger so zeigen, wie sie ist. Daß sich diese Tradition auch auf der Leinwand durchsetzte – selbst zu einer Zeit, als Filme fast ausschließlich in Studios gedreht wurden, nicht „on location" –, zeigte sich schon in den 30ern, als es eine auffällige Häufung von Reportern als Helden gab. Die journalistische Perspektive war der natürliche Ausdruck für das Bestreben, die Welt so zu zeigen, wie sie ist. Daß dieser Anspruch häufig nur eine Mogelpackung war – daß in den Ursache-Wirkung-Ketten so manches Glied fehlte, sozusagen –, bestätigt nur die Regel. Auch vieles an gelungener Propaganda bedient sich des journalistischen Blickes hinter die Kulissen. Da man ins Herzen eines Menschen eigentlich nur mit dem Skalpell gelangt, wurde auch vieles hinzugedichtet. Es geht bis zum heutigen Tage in erster Linie darum, was glaubhaft ist, nicht um die tatsächliche Realität. There´s no business like show business.

Die späten 60er ließen reale oder vermeintliche Authentizität – nachdem Semi-Underground-Filmer wie der frühe John Cassavetes dies vorexerziert hatten – auch in den Mainstream einsickern. Das Format veränderte sich: Statt obligatorischer Stativaufnahmen etc. gab es jetzt auch viel Handgehaltenes, die Kamera durfte wackeln, nicht immer war der „goldene Schnitt" das angestrebte Ziel. War die Tonspur vormals in erster Linie um Klarheit und Verständlichkeit bemüht, durften die Stimmen jetzt auch mal wild durcheinanderwirbeln oder von Umgebungsgeräuschen teilweise unverständlich gemacht werden. Robert Altman machte gerade aus Letzterem so etwas wie eine Kunst. War es in Filmen mit einem ausgesprochenen Underground-Charakter (z.B. einem Road Movie wie EASY RIDER) noch relativ naheliegend, daß, neben psychedelischen Farbenspielen in Drogenszenen, eine Kameraarbeit vorherrschte, die den Charakteren förmlich auf der Haut klebte und den Eindruck eines unmittelbar festgehaltenen Moments, von scheinbarer Zufälligkeit erzeugte, so fand dieses Stilmittel auch Einfluß in vormals klar definierte Genres, etwa den Kriminalfilm (FRENCH CONNECTION, DIRTY HARRY). Besonders beliebt war dieses „ruppige", ungeschönte Element in politischen Filmen, etwa den Thrillern im Umfeld der Watergate-Affäre (DER DIALOG, ZEUGE EINER VERSCHWÖRUNG). Ein früher Film, der diese Herangehensweise so konsequent zum Stilprinzip erhob wie kein zweiter, war Haskell Wexlers herausragender MEDIUM COOL (1969).

Hauptfigur des Filmes ist ein Kameramann namens John Cassellis. Wir sehen ihn und seinen Tonmann gleich zu Beginn, als sie ein Autowrack auf dem Highway inspizieren. Sie schießen ihre Fotos, ein weibliches Opfer stöhnt noch etwas, dann steigen sie in aller Seelenruhe in ihr eigenes Auto und rufen dann auch netterweise einen Krankenwagen. John gefällt sein Job ausgesprochen gut. Er ist kein Bösewicht, aber er läßt seinen Job nicht an sich herankommen. Das ändert sich, als er durch Zufall mitbekommt, daß das Material, das er für seinen Sender dreht, auch der Polizei und dem FBI zur Verfügung gestellt wird. Kurz darauf ist er seinen Job los. Er macht sich erstmals intensive Gedanken über das, was er als Broterwerb gemacht hat. Eine Beziehung, die er zu der jungen Witwe eines Vietnam-Soldaten aufgenommen hat,

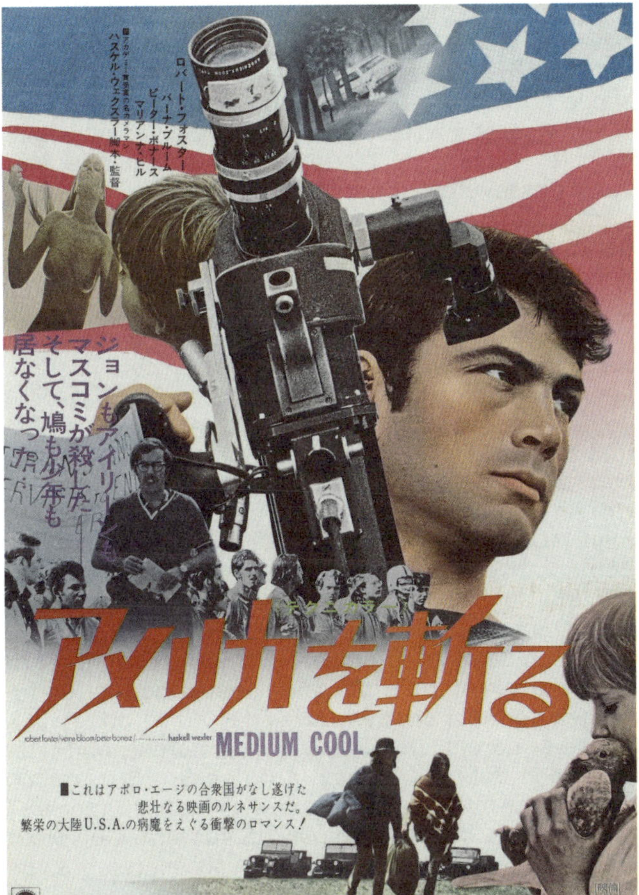

ロバート・フォスター
バーナ・ブルーム
ピーター・ボナース
マリアンナ・ヒル
ハスケル・ウェクスラー脚本・監督
ジョンもアイリーンも
マスコミが殺した
そして、鳩も少年も
居なくなっ
アメリカを斬る
MEDIUM COOL
これはアポロ・エージの合衆国がなし遂げた
悲壮なる映画のルネサンスだ。
繁栄の大陸U.S.A.の病魔をえぐる衝撃のロマンス！
パラマウント映画

erdet ihn etwas, aber das endet, als der kleine Sohn besagter Witwe abhanden kommt, und das mitten in den Wirren gewalttätiger Auseinandersetzungen zwischen Antikriegsprotestlern und der Polizei ...

Mit Robert Forster spielt ein richtiger Schauspieler die Hauptrolle. (Ursprünglich sollte den Part John Cassavetes übernehmen, und zwar ALS John Cassavetes. Aufgrund terminlicher Probleme wurde daraus leider nichts, so daß der Rollenname etwas abgeändert wurde und Forster besetzt wurde.) Auch einige andere sind Profis. Ansonsten hat man es mit Laien zu tun, mit „echten" Menschen. Wieviel von dem Film geskriptet ist und wieviel Improvisation, kann man nur mutmaßen. Anders als im Falle sogenannter „Fake Documentaries", bei denen es Sinn und Zweck ist, daß man sie für echte Dokumentationen hält, ist MEDIUM COOL ein Spielfilm, der mit den Mitteln des Dokumentarkinos gedreht wurde. Sieht man ihn als Drama, so passiert eigentlich nicht viel Bemerkenswertes. Am Schluß gibt es einen Whopper, aber ansonsten schildert der Film nur den Alltag vom Mann mit der Kamera. Langweilig ist der Film aber trotzdem keine Sekunde. Er ist vielleicht jener Film, der die Unruhe und die pausenlosen Veränderungen der 60er am besten auf den Punkt bringt. JFK wurde ermordet, Dr. King wurde ermordet, und jetzt also auch Bobby Kennedy. Auf den Straßen treiben sich immer mehr Leute herum – nicht nur Hippies –, die ein Ende des Kriegseinsatzes fordern. Der Staat weiß sich nicht anders zu behelfen als mit repressiven Maßnahmen. Schwer zu sagen, ob die Szenen mit den Ausschreitungen am Schluß echt sind – Deeskalation sieht anders aus! –, aber sie wirken schon verdammt echt, wie authentische TV-Aufnahmen. Der Vietnamkrieg war der bis zu jenem Zeitpunkt am besten von den Medien dokumentierte Krieg, an dem die Amerikaner teilnahmen. Nicht umsonst führte man während des Golfkrieges das Prinzip des „Embedded Journalism" ein – man hatte gelernt und das Prinzip der Meinungsbildung verstanden. Das Schicksal von John ist im Rahmen des Filmes relativ ohne Belang. Seine Haltung ist es, die den Film interessiert. Es gibt eine fabelhafte Szene relativ zu Anfang, in der John und sein Tonmann in einem afroamerikanischen Haushalt auftauchen, weil ein Taxifahrer, der dort wohnt, 10000 Dollar gefunden hat und so ehrlich war, den Batzen Geld bei den Behörden abzugeben. John spricht von einer „Human Interest"-Story. Das geht den (militanten) Schwarzen aber ziemlich gegen den Strich, fast kommt es zu einer Prügelei. Als die Situation einigermaßen bereinigt ist, sagt einer der Schwarzen John mitten ins Gesicht, daß er das, was John als Arbeit bezeichnet, für übelste Ausbeutung hält, für ein Wühlen in den Belangen von sozialen und ethnischen Minderheiten. (Womit er meines Erachtens verdammt recht hat, aber schön, wenn´s mal jemand sagt!) Keine Ahnung, ob die Szene vollständig geskriptet war oder improvisiert. Vielleicht ist es auch so, daß die Sachen unter Probebedingungen geschauspielert wurden. Es wirkt auf jeden Fall perfekt echt, ein kurzer Moment, wo Leute mal exakt das sagen, was sie denken. Wirkt realistischer als so manche politische Talkshow.

Regisseur Haskell Wexler war von Haus aus Kameramann, wußte also, wovon er erzählt. Er fotografierte unzählige große Hollywoodfilme (WER HAT ANGST VOR VIRGINIA WOOLF?, IN DER HITZE DER NACHT, DER DIALOG, EINER FLOG ÜBER DAS KUCKUCKSNEST) und gewann zwei Oscars. Gleichzeitig drehte er bis ins hohe Alter – und wir reden hier von Ü90! – sowohl als Kameramann wie als Regisseur Dokumentarfilme über Themen wie Kriegsverbrechen, Abrüstung, Wirtschaftskorruption, Atomtests und Terrorismus. Ein bemerkenswerter Mann, das

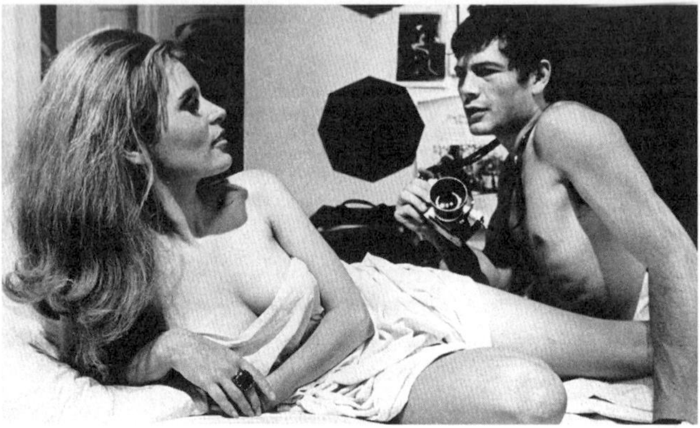

kann man nicht anders sagen. Der Titel von MEDIUM COOL geht auf den Kommunikationstheoretiker Marshall McLuhan zurück, der zwischen „hot media" und „cool media" unterschied. Es geht um die Distanz des professionellen oder einfach sensationsgierigen Betrachters zum Betrachteten. Kameramann John verdient sein Geld damit, in die Leben der anderen hineinzuschauen und daraus bekömmliche Appetithappen für sein Publikum zu bereiten, also Erheiterndes oder auch mal Sentimentales, Betroffenmachendes. Ein wirkliches Engagement geht er nicht ein. Wenn man ihn mal zur Rede stellt und eine ehrlich gemeinte Aussage haben will, setzt es Floskeln oder er hat gerade einen Termin. Anders ausgedrückt: Der Mensch ist nicht mehr Mensch, er ist Sendematerial. Willkommen in der Wurstmühle. Ist das heute noch aktuell? Na? Eben. Habe ich schon gesagt, wie toll der Film ist? Also, er ist ganz toll! Wenn man gut aufpaßt, kann man einen sehr jungen Peter Boyle entdecken, der den Besitzer eines Schießstandes spielt. Regisseur Wexler ist in der letzten Einstellung drin. Mehrere Stücke der „Mothers Of Invention" finden Ver-

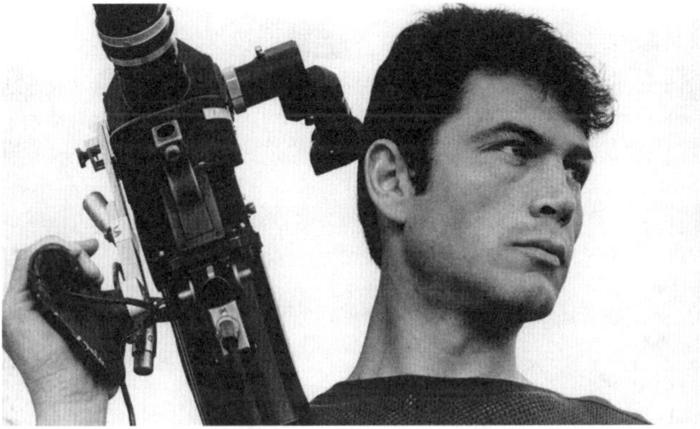

wendung. Der restliche Soundtrack stammt vom früh verstorbenen Mike Bloomfield, der als Musiker mit Leuten wie Paul Butterfield und Bob Dylan zusamenarbeitete. Der Film bekam bei seiner Erstaufführung ein „X-Rating", was eher an seinen recht deutlich artikulierten politischen Ansichten gelegen haben dürfte. Definitiv nicht J. Edgar Hoovers Lieblingsfilm. Und ja, es ist fraglich, ob dieser Film wirklich in dieses Buch gehört, da er Paramount zwar keine goldene Nase einbrachte, wohl aber als Klassiker anerkannt ist. Die letzte Auswahl habe aber nun einmal ich, und deshalb dübele ich ihn mit diktatorialer Arroganz einfach mal hier hinein! Außerdem – während Filme wie EASY RIDER und Konsorten alle wohlbekannt sind, hat sich über diesen Film so ein wenig der Schleier des Vergessens gelegt. Weg mit dem Schleier! Der Film rockt!

Ich habe einen Traum
(Black Power)

Der Schwarze schnackselt gerne

Ich erinnere mich noch daran, als wäre es gestern gewesen: Wahlnacht in den USA, Fähnchen wurden geschwenkt, Gesichter in die Kamera gehalten. Am Schluß gewann Barack Obama. Wham – ein Schwarzer im Weißen Haus! Sensation! Fast 150 Jahre Nach-Bürgerkriegs-Rassismus finden endlich ein Ende! Nun hatte es das afroamerikanische Bevölkerungssegment endlich schriftlich: Es durfte sich berechtigte Hoffnungen darauf machen, nicht mehr von Erwachsenen, die sich in ihrer Freizeit Bettlaken über den Kopf stülpen, kastriert oder aufgehängt zu werden. Gleichzeitig sah man einen dicken, weißen Mann auf seinem John-Deere-Traktor sitzen, der stolz und feist in die ZDF-Kamera grinste und bekannte: „I hate niggers!" Zugegeben, das war nicht mehr ganz dasselbe wie der Brandanschlag auf die Kirche in Birmingham, Alabama, aber so ganz schien der große Klansmann noch nicht aus den Köpfen verschwunden zu sein. „Klux-Klux-Klux!" strich es nach wie vor durch die Felder. Die USA sind nur zu einem äußerst geringen Anteil Kalifornien. Die Aufklärung dringt nur sehr langsam in die entlegenste Ackerscholle. Männer in Bettlaken, Schwarze, die sich fürchten – Hui Buh!

Daß der afroamerikanische Befreiungskampf nicht mit der Erfindung der Filmspule einherging, dürfte klar sein. Er begann allerdings schon wesentlich früher, als man gemeinhin denkt. In den 20er Jahren etwa produzierte Oscar Micheaux eine ganze Reihe von Filmen, die sich an ein „ethnisches" Publikum wendeten, sprich: den afroamerikanischen Bevölkerungsanteil. Von diesen Filmen sind die meisten mittlerweile vermodert oder verschollen, was natürlich damit zu tun hat, daß diese Filme zwar filmhistorisch von großem Interesse waren, aber kommerziell gesehen nicht dazu anhielten, sie wieder und wieder zu veröffentlichen. Zumindest nicht in jenen Tagen. Micheaux´ Filme waren echte Pionierarbeiten. Neben ihm gab es verschiedene Gleichgesinnte, etwa den Schauspieler Noble Johnson, der mit seiner „Lincoln Motion Picture Co." die erste Produktionsgesellschaft gründete, in deren Filmen Menschen mit dunkler Hautfarbe nicht nur als rassistische Karikaturen auftauchten. Dies war eine Zeit, in der afroamerikanische Schauspieler nur dann in Hollywood-Produkten erschienen, wenn entweder eine finstere Bedrohung suggeriert wurde, wenn laszive Sexualität an der Zensur vorbeigeschmuggelt werden sollte (Jazzclubs!) oder wenn Clark Gable jemanden brauchte, der ihm die Schuhe putzte. Komiker wie Willie Best oder Mantan Moreland waren dazu gezwungen, die ständig gleichen Stereotypen zu geben oder Witze über ihre Hautfarbe zu machen. Das änderte sich erst in den 50ern, als mit Künstlern wie Harry Belafonte oder Sidney Poitier eine Nische geschaffen wurde, in der Schwarze Stars sein durften.

In den 70ern entstand dann jenes Genre, das gerne als „Blaxploitation"-Kino bezeichnet wird. Von Fred Williamson weiß ich, daß er den Begriff als abwertend empfindet, und somit verwende ich ihn auch in ausgeprägten Gänsefüßchen. Nennen wir diese Filme einfach mal „Mainstream-Filme, in denen schwarze Macho-Helden mit dicken Wummen weiße Asis in den Hintern treten, während dazu coole Musik nudelt und hinreißende Frauen sämig gurren". Mit Pam Grier gab es auch bald eine schwarze Heldin, die in Filmen wie FOXY BROWN und COFFY DIE RAUBKATZE nicht nur das dunkelhäutige Publikum begeisterte. Diesen Filmen stand ich – bei aller Hochachtung vor ihrem Unterhaltungswert und der Signalwirkung, die sie für die Afroamerikaner unter den Zuschauern besaßen – immer etwas skeptisch gegenüber, stellten sie für mich auch den Versuch überaus weißer Geschäftsleu-

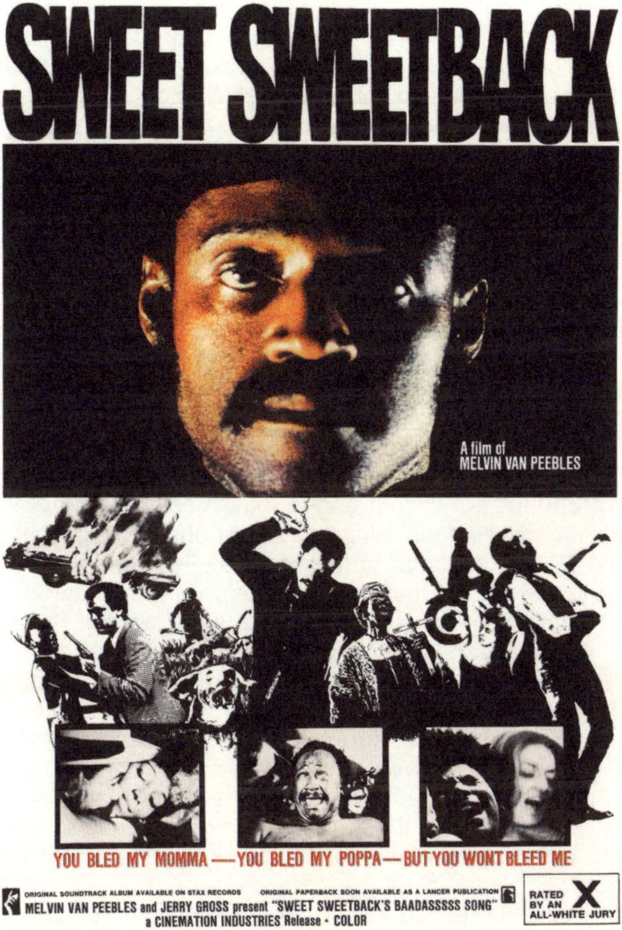
SWEET SWEETBACK
A film of
MELVIN VAN PEEBLES
YOU BLED MY MOMMA — YOU BLED MY POPPA — BUT YOU WONT BLEED ME
ORIGINAL SOUNDTRACK ALBUM AVAILABLE ON STAX RECORDS
ORIGINAL PAPERBACK SOON AVAILABLE AS A LANCER PUBLICATION
MELVIN VAN PEEBLES and JERRY GROSS present "SWEET SWEETBACK'S BAADASSSSS SONG"
a CINEMATION INDUSTRIES Release • COLOR
RATED X BY AN ALL-WHITE JURY

te dar, ein neues Zuschauersegment kompetent abzumelken. Aber sei es drum – diese Filme waren neu, sie waren „all-black", und sie rockten das Haus! Mir geht es hier aber um einen der weniger bekannten Vorläufer. Bei jenen, die sich für afroamerikanische Kultur interessieren, besitzt er natürlich einen Ruf wie Donnerhall, aber darüber hinaus kennen ihn viel zu wenige Filmfans. Die Rede ist natürlich von Melvin van Peebles´ großartigem SWEET SWEETBACK´S BAADASSSS SONG (1971)!

Van Peebles war von Haus aus Schriftsteller und hatte mehrere Jahre in Europa verbracht, genauer: Paris, bevor er sich wieder in die USA begab. Dort drehte er diesen Film, dessen Vorspann keine Darsteller aufführt, sondern nur „The Black Community". Tatsächlich ist es Van Peebles selber, der Sweetback spielt, einen jungen Schwarzen, der in einem Hurenhaus aufwächst und in massiven Trabbel gerät, als ihn zwei weiße Polizisten hoppnehmen. Eigentlich hat er gar nichts zu befürchten, da ihn die Polizisten lediglich als Alibineger einsacken, damit es vor den Vorgesetzten besser ausschaut und sie die Huren in Ruhe lassen können. Gegen schwarze Unruhestifter haben sie allerdings etwas – bei einem Aufstand bekommen sie einen Schwarzen namens Moo Moo vor die Flinte und knüppeln ihn deftigst zusammen. Da Sweetback Sweetback ist und nicht Uncle Tom, kann er sich das nicht mit ansehen und nimmt sich die Cops vor. Ab diesem Zeitpunkt befindet er sich auf der Flucht, einer Flucht, die kein Ende nehmen wird ...

„C´mon feet, do your thing!" – das Motiv des Rennenden ist das wichtigste Bild des Filmes. Anders als die sogenannten Blaxploitation-Filme verwendet SWEET SWEETBACK keine herkömmliche Hollywood-Dramaturgie, sondern ähnelt eher einem Musikfilm, der Impressionen aneinanderreiht, um ein Statement abzugeben, eine Attitüde zu formulieren. Er bemüht keine Ursache-Wirkung-Kette, obwohl das bei dieser Story eigentlich naheliegen würde. Die Dinge geschehen einfach, ohne daß sie jemand aufhalten könnte. Alles, was Van Peebles mit seinem Film erreicht und wohl auch erreichen will, ist seine Unterstützung im Kampf gegen die miserable Situation vieler Schwarzer in den USA, eine Solidaritätserklärung. Dabei vermeidet er sauber gebürstete Spannung-Entladung-Geschichten, es gibt keine letzte Bewertung, nur ungeheure Wut, die in den Weißen wie den Schwarzen steckt. Der Film pulsiert vor Leben, auch wenn es meistens ein Leben auf der Flucht ist. Die Ungerechtigkeit äußert sich nicht in den Exzessen, sondern eher in kleinen Details. Zu Anfang etwa sieht man die beiden weißen Cops, wie sie einer Livesex-Aufführung im Hurenhaus zuschauen und sich offenkundig sehr amüsieren. Sweetback fungiert da als Deckhengst und erfüllt seine eigene Legende. Das Amüsement der Polizisten schwindet aber, als sich ausgerechnet eine weiße Zuschauerin als nächste Sexpartnerin anbietet. Die Schwarzen registrieren das und biegen die Situation schnell ab, bevor etwas eskalieren kann. Der Unsinn der Rassentrennung ergibt sich hier nur für den Zuschauer, der ihm nicht selbst erlegen ist. Die Eskalation erfolgt kurz darauf natürlich trotzdem, aber aus anderen Gründen. Trotzdem, Sexualität ist ein wichtiger Faktor im Film, und aus sexueller Frustration erwächst eben meistens aggressives Verhalten.

Auch dieser Film bekam bei seiner Erstaufführung ein X-Rating. Die kontroverseste Szene gibt es gleich zu Anfang, als der Film zeigt, wie Sweetback zu seinem Kampfnamen kommt: Als etwa 13-Jähriger wird der Junge von einer Hure in die körperliche Liebe eingeführt. Die Szene ist sehr zurückhaltend gedreht, sorgte aber bei der gegenwärtigen britischen DVD

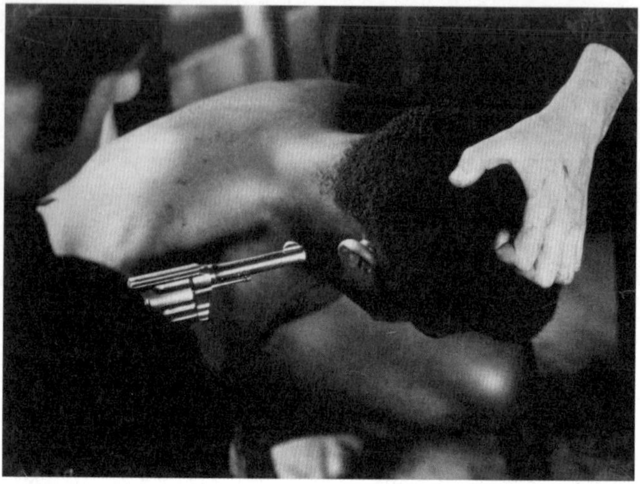

vom prestigelastigen „British Film Institute“ dafür, daß in zwei oder drei Einstellungen Schwarzbild reingeknallt wird, als handele es sich um Kinderpornographie. Auf Arte lief der Film komplett unzensiert, im Rahmen einer Themenreihe über die 70er Jahre. Der Junge im Film ist Van Peebles´ eigener Sohn Mario, der später selber ein bekannter Filmregisseur und -schauspieler werden sollte. Ich habe Verständnis dafür, wenn einige Zuschauer Probleme mit speziell dieser Szene haben. Mario Van Peebles verehrte seinen Vater aber hinreichend, um ihm und SWEET SWEETBACK später eine Art Liebeserklärung zu schenken, nämlich HOW TO GET THE MAN´S FOOT OUTTA YOUR ASS (2003), der später einfach zu BADASSSS umgetitelt wurde. In ihm befaßt sich Mario explizit mit dem schwarzen Befreiungskampf im Hollywood-Kino. Solch eine explizite Bezugnahme hatte Melvin Van Peebles damals noch nicht nötig – der Film war eine hinreichend kraftvolle Botschaft an die schwarze

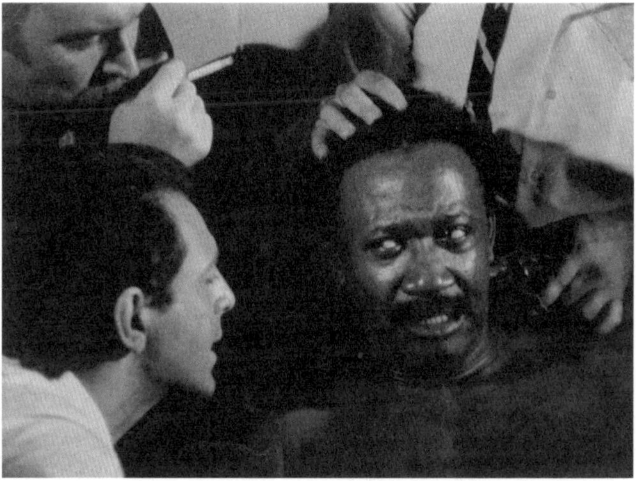

Zuschauerschaft, die unmittelbar verstanden wurde. Tatsächlich kann man den Film allgemein auf Ausgestoßene des Systems beziehen, denn auch Penner, Schwule und andere, die von der „Norm" wie etwas behandelt werden, was die Katze hereingetragen hat, werden ins Bild gerückt. Heute hat sich in dieser Beziehung einiges geändert, wie bereits angedeutet haben wir einen schwarzen Mann im Weißen Haus, Männer, die Männer mögen, dürfen hierzulande heiraten, aber ob sich wirklich so viel geändert hat? Ich weiß es nicht. Sweetback befindet sich auf der Flucht, und wahrscheinlich rennt er auch noch heute.

SWEET SWEETBACK´S BAADASSSS SONG ist Undergroundkino im besten Sinne. Er knallt einem die Bilder nur so um die Augen, viele Einblicke in die „Black Community" jener Tage, in der sich immer häufiger bewaffneter Widerstand regte. Untermalt wird das von extrem treibender Musik von Earth, Wind & Fire, die später im Jahrzehnt zu Medienstars werden sollten. Der Film bemüht sich um Direktheit, alles wirkt echt. Auch die Sexszenen in dem Film sollen echt gewesen sein. Eine Anekdote erzählt etwa davon, daß sich Hauptdarsteller Van Peebles bei den Dreharbeiten Gonorrhoe zugezogen haben soll. Er sackte das Krankengeld, das er daraufhin von der Gewerkschaft bekam, ein und kaufte dafür statt Medizin neues Filmmaterial zum Weiterdrehen. Bei aller Kontroverse, die der Film aufgrund seiner Konfrontationsfreudigkeit geradezu einlud, ist er von einer tiefen Lebenssehnsucht erfüllt, die sich eher zwischen den Zeilen formuliert, über die Bilder, über die Sounds. Der rennende Mann rennt weiter. Ob er jemals ankommen wird, weiß man nicht. Aber solange er rennt, lebt er.

Zirkus Weiße Narrenkappe

Ich erwähnte bereits den Umstand, daß es in den USA – gerade in den ländlichen Regionen – erwachsene Männer gibt, die sich in Bettlaken hüllen und lustige Kapuzen tragen. In dieser Gewandung tun sie dann Dinge, die auch bei großzügigster Auslegung nichts Lustiges mehr an sich haben. Der „Ku-Klux-Klan" wurde ursprünglich von einigen Südstaatenoffizieren gegründet, die in der direkten Nachkriegszeit die „Ordnung" wiederherstellen wollten, die der Sieg des Nordens für sie zerstört hatte. Mit Terroraktionen wendeten sie sich gegen die nunmehr befreiten Sklaven, aber auch gegen Nordstaatler, die sich in den Südstaaten als Kriegsgewinnler betätigten. 1871 wurde der Klan offiziell aufgelöst. Erst 1915 erhob er wieder sein Haupt, demselben Jahr übrigens, in welchem D.W. Griffith in seinem Stummfilmepos THE BIRTH OF A NATION eine Art Hohelied auf den Klan anstimmte. Während der Ur-Klan eher eine Versammlung revanchistischer Wirrköpfe gewesen war, sollte die neue Vereinigung sehr professionell aufgezogen werden und auch finanziell auf einem soliden Fundament stehen. Schon bald ging der Einfluß der Vereinigung weit über die Südstaaten hinaus. In ihrer Feindbild-Palette waren nicht nur Schwarze zu finden, sondern auch Juden, Intellektuelle, Gewerkschaftler, Katholiken – es war für jeden etwas dabei. Die Popularität des Klans war in den 20er Jahren auf dem Höhepunkt. Selbst ranghohen Politikern wurde Klannähe nachgesagt. Präsident Harding etwa erhielt eine „Klanweihe". Einen gewissen Auftrieb erhielt dieser neue Klan vermutlich auch durch die Betonung des Brimboriumfaktors. Die Chefs wurden mit fantasievollen Namen belegt wie „Großer Drache", „Großer Zyklop" oder ähnlichem. Die Kostümierung war denn auch etwas zirzensischer als die berühmten Bettlaken. „Be

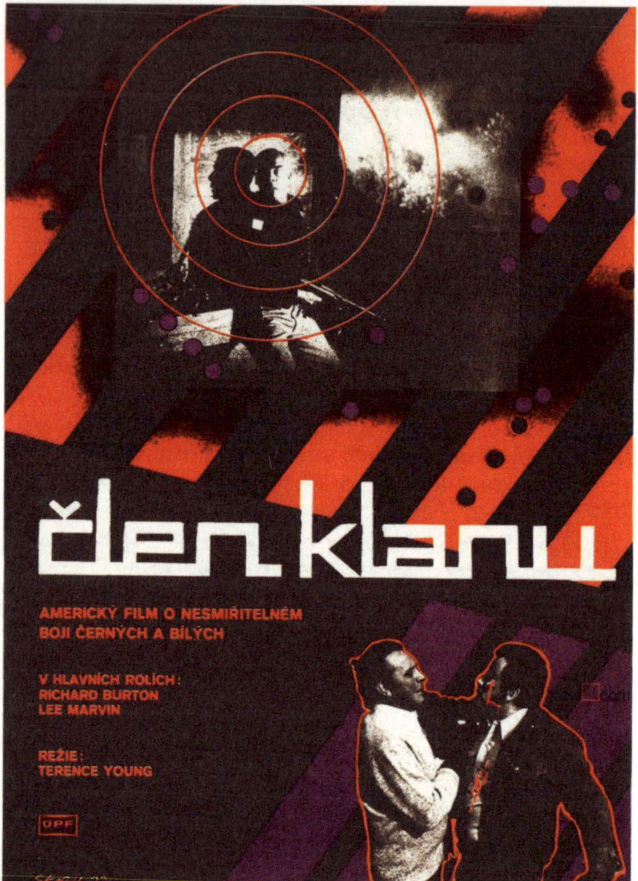
člen klanu
AMERICKÝ FILM O NESMIŘITELNÉM
BOJI ČERNÝCH A BÍLÝCH
V HLAVNÍCH ROLÍCH:
RICHARD BURTON
LEE MARVIN
REŽIE:
TERENCE YOUNG
ÚPF

sure to rebel in proper style", wie es Jello Biafra mal spöttisch im Hinblick auf Mode-Punks ausdrückte. Die Morde und Vergewaltigungen, die im Zusammenhang mit dem Klan stattfanden, führten schließlich - im Zusammenspiel mit der Weltwirtschaftskrise - dazu, daß die Popularität des Klans abnahm. Erst mit dem Aufkommen der Bürgerrechtsbewegung erfuhr er wieder einen gewissen Aufschwung. Trotzdem, hatte sich die Mitgliederzahl einst auf einem Level von mehreren Millionen bewegt, so gab es Ende der 60er gerade mal unter 2000 eingeschriebene Mitglieder. Zwar gibt es den Klan auch heute noch, doch ist sein Einflußbereich im Zuge zahlreicher Abspaltungen geschwunden. Die heutigen Rassisten sehen genauso aus wie der Mann und die Frau von nebenan. Sie hängen im Netz rum und machen Stimmung gegen Andersdenkende. Sie tragen in den seltensten Fällen pittoreske Kostüme. Der Zirkus KKK hat seine Manege geschlossen. Er wurde von der Banalität des Bösen und Bekloppten eingeholt.

Natürlich gibt es auch ein paar Filme aus den 60ern, die sich mit den Bettlakenträgern beschäftigten. Interessanterweise war es gerade der Exploitationfilm, der sich des Themas annahm. So bastelte etwa Spitzbartträger Ted V. Mikels mit THE BLACK KLANSMAN (1966) seinen besten Film überhaupt. Während man Werken wie THE ASTRO ZOMBIES oder DIE LEICHENMÜHLE nicht gerade übertriebene Seriosität unterstellen konnte, war THE BLACK KLANSMAN ein schwarzweißes Rassendrama, das mutig Position bezog und eine beeindruckend humanistische Gesinnung im Kontext einer aufregenden Story aufscheinen ließ. Auch direkte Bezugnahmen auf z.B. den Brandanschlag auf eine Kirche in Alabama wurden in das Drehbuch eingearbeitet. Ein toller Film, der bei uns vom Kabelfernsehen uraufgeführt wurde, genauer: vom alten „Tele 5", das in den 90ern des öfteren

Filme in deutscher Erstaufführung präsentierte. Wer die Ausstrahlung damals aufgenommen hat, darf sich glücklich schätzen. Er lief seitdem nicht wieder, leider.

Bevor ich im nächsten Text Roger Cormans einzige Produktion näher unter die Lupe nehme, mit der der Zauberproduzent jemals Geld verlor, hier ein paar Worte zu jenem großen Gaga-Spektakel mit KKK-Bezug, mit dem der ehemalige James-Bond-Regisseur Terence Young 1974 die Leinwände beschlagen ließ: VERFLUCHT SIND SIE ALLE (THE KLANSMAN). Ein unfaßbarer Film!

Sheriff Track Bascomb (Lee Marvin!) lebt in einer Gemeinde in Alabama, die weitgehend vom KKK beherrscht wird. Wer nicht Mitglied ist, hat im Ort nichts zu sagen. Schwarze werden dort bestenfalls geduldet, sind aber immer wieder das Opfer von Übergriffen. Die Situation verschärft sich dramatisch, als eine verheiratete Weiße von einem Schwarzen vergewaltigt wird. Für die Frau bedeutet das, daß sie a) von ihrem Ehemann verlassen wird und b), daß sie in der Stadt als Aussätzige gilt. Sheriff Track kann zwar verhindern, daß die Einwohner einen Schwarzen, den sie sich ausgekuckt haben, kurzerhand lynchen, aber ersatzeshalber knöpfen sich die Landeier einen anderen Schwarzen vor, der zuerst kastriert und dann erschossen wird. Dessen Freund (O.J. Simpson!) wird Zeuge des Mordes und entschließt sich dazu, als Vigilant tätig zu werden und Kluxer zu killen. Auf der Farm des liberalen Schiftstellers Breck Stancill (Richard Burton!), der sich eigentlich geschworen hat, „würdevolle Neutralität“ zu wahren, kommt es schließlich zu einem tosenden Finale, bei dem sich die Spreu vom Weizen trennt ...

Eigentlich hätte THE KLANSMAN eher in die „Wurmparade“ gepaßt, denn es handelt sich hier – objektiv betrachtet – um einen unglaublichen Rumpelotto von

Film, eine stargesäumte Übung in Sleaze-Gagaismus, die schließlich vollends in die „Papa, die Güllepumpe ist explodiert"-Liga eindringt. Und doch bereitet er mir immer wieder großen Spaß, zumal er das Herz auf dem richtigen Fleck hat und trotz des unheiligen Kuddelmuddels, das er darstellt, glänzend unterhält. Ein preisgünstiger Verwandter von MANDINGO, sozusagen, der Cousin mit der lustigen Nase.

Die Vorlage stammte von dem namhaften Schriftsteller William Bradford Huie, der sich des öfteren mit dem Thema Bürgerrechtsbewegung befaßte. Samuel Fuller schrieb ein Drehbuch, das u.a. den Lee-Marvin-Charakter zu einem aufrechten Kluxer machte, der dann eines Besseren belehrt wird. Der Produktionsgesellschaft war das Drehbuch aber zu provokant, so daß man den Racker einfach umarbeitete, bis Fuller aus dem Projekt ausstieg. Lee Marvin wollte auch raus, hatte den Vertrag aber bereits unterschrieben. Tja, dumm gelaufen. Der Legende nach waren sowohl Burton als auch Marvin übrigens die gesamten Dreharbeiten über voll wie die Strandhaubitzen. Unter diesem Blickwinkel betrachtet ergeben viele Szenen wirklich Sinn, vor allem, wenn man mal darauf achtet, in wie vielen von ihnen Burton sitzt, liegt oder gegen die Wand gestützt ist. Seinen eigenen Aussagen nach war er zu diesem Zeitpunkt etwa bei drei oder vier Flaschen Wodka täglich. Eine eiserne Kondition, kann ich da nur sagen – nach zwei Flaschen Wodka spiele ich den King Lear nackt und auf isländisch!

Man kann dem Film keinesfalls vorwerfen, die Gefahren des Ku Klux Klans zu verharmlosen. Die entmenschten Hillbillys aus John Boormans BEIM STERBEN IST JEDER DER ERSTE („Quietsch´ wie ein Schwein!") sind, verglichen mit diesen derangierten Landeiern, milde Exzentriker. Man wundert sich etwas, daß die Stadt, in der der Film spielt, nicht schon längst international berüchtigt ist. Immerhin schwirren dort andauernd irgendwelche Reporter von u.a. der „New York Times" herum, denen solche Leckerli geboten werden wie etwa ein live im Fernsehen übertragener Mord auf einer Beerdigung. Heutzutage würden da auf einen Einwohner drei Journalisten kommen. Ich sehe da eine wöchentliche Reality-TV-Show, gegen die Jerry Springer wirken würde wie ein Kaffeekränzchen herzkranker Wöchnerinnen. Sei es drum, in jener kleinen Stadt in Alabama geht das als wenig kommentierter Alltag durch. Der Film klotzt sleazemäßig gewaltig ran. Die Kastrationsszene ist nicht schön. (Nach DIE VALACHI-PAPIERE schon die zweite unerquickliche Entmannung in einem Film von Terence Young.) Es gibt eine sehr eklige Vergewaltigung, die Cameron Mitchell (der hier den Deputy-Sheriff und übelsten Schmierlappen des Ortes spielt) der armen Lola Falana antut. (Die Sängerin Lola Falana durfte einmal sogar als Italowesternstar auftreten, in LOLA COLT.) Und was das Kluxerklatschen am Ende des Filmes angeht, da ist dann wirklich ganz Feierabend – jeder darf mal. Lee Marvin hält da mit der Uzi in das Kapuzengewürm, daß sich der humanistisch gesonnene Zuschauer am liebsten selber eine Kapuze aufsetzen möchte, und zwar eine ohne Augenschlitze.

Vermutlich ist es auf Regisseur Youngs Betreiben zurückzuführen, daß auch Luciana Paluzzi mitspielt – sie war einst in Youngs FEUERBALL und fungiert hier als Burtons Freundin. Der ehemalige Fellini- und Rossellini-Kameramann Aldo Tonti hatte bereits DIE VALACHI-PAPIERE für Young abgelichtet. Es ist leider nicht überliefert, was William Bradford Huie zu dieser Verfilmung gesagt hat. Der Kassenerfolg von MANDINGO blieb aus. Den meisten Beteiligten scheint der Film irgendwie peinlich gewesen zu sein. In der IMDb steht eine Anekdote, derzufolge Burton und Marvin einander noch einmal auf einer Party begegnet sein

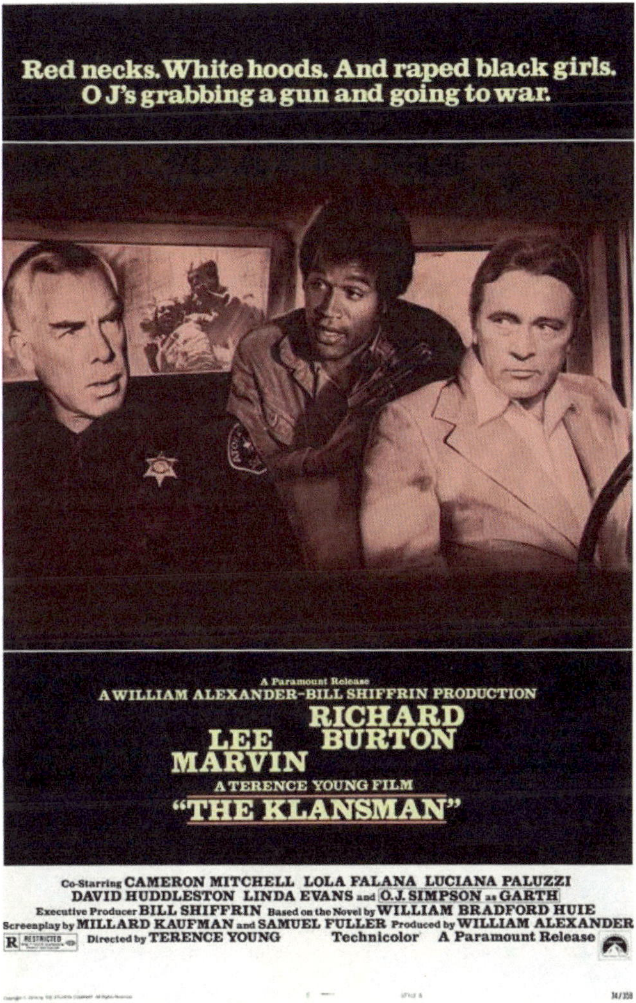
Red necks. White hoods. And raped black girls.
O J's grabbing a gun and going to war.
A Paramount Release
A WILLIAM ALEXANDER-BILL SHIFFRIN PRODUCTION
RICHARD BURTON
LEE MARVIN
A TERENCE YOUNG FILM
"THE KLANSMAN"
Co-Starring CAMERON MITCHELL LOLA FALANA LUCIANA PALUZZI
DAVID HUDDLESTON LINDA EVANS and O.J. SIMPSON as GARTH
Executive Producer BILL SHIFFRIN Based on the Novel by WILLIAM BRADFORD HUIE
Screenplay by MILLARD KAUFMAN and SAMUEL FULLER Produced by WILLIAM ALEXANDER
R RESTRICTED Directed by TERENCE YOUNG Technicolor A Paramount Release

sollen. Auf die Frage, ob sie schon einmal miteinander gearbeitet hätten, antworteten beide wie aus der Pistole geschossen: „Nein!" Daraus schließe ich, daß sie diesen Film schnell wieder vergessen wollten. Vielleicht waren sie auch einfach nur zu blau. Um einen berühmten Ausspruch zu verwenden: „Wer sich noch an die 70er erinnern kann, war nicht dabei."

Viele Lichtjahre von der Ehre entfernt

Grundsätzlich bin ich ja der Meinung, daß William Shatner in allen Filmen hätte mitspielen sollen, die jemals in Hollywood hergestellt worden sind, und zwar alle Rollen. Seinen frühen Auftritt in Roger Cormans Anti-Rassismus-Drama WEISSER TERROR (THE INTRUDER, 1962) halte ich für eine seiner besten schauspielerischen Leistungen überhaupt, wie ich den Film auch für einen ebenso unerwarteten wie erfolgreichen Kracher in der Karriere seines Regisseurs halte. Nicht für einen finanziell erfolgreichen, versteht sich. Corman erwähnte häufig, daß THE INTRUDER der einzige seiner Filme gewesen sei, mit dem er Geld verloren habe. Vielleicht war er für einen flächendeckenden Erfolg einfach zu gut.

Im Zuge der immer populärer werdenden Bürgerrechtsbewegung hatte auch Hollywood die Zeichen der Zeit erkannt und dem schwarzen Bevölkerungssegment einen Stellenwert zugestanden, der eine Darstellung schwarzer Charaktere zuließ, die über die Stereotypen von ONKEL REMUS´ WUNDERLAND (SONG OF THE SOUTH, 1946) hinausging. Mit Otto Premingers 1954 entstandenem CARMEN JONES gab es den ersten Mainstreamfilm nur mit schwarzen Schauspielern, darunter Harry Belafonte.

Es waren aber niedrig budgetierte Klabautermänner und Unruhestifter jenseits des Systems wie THE INTRUDER, denen es überlassen blieb, den Finger direkt auf die nässende Wunde zu packen. In gewisser Weise waren diese Filme der Lackmustest für die großen Studios, wie weit man gehen konnte, ohne das Publikum zu vergrellen. Filme wie Stanley Kramers RAT MAL, WER ZUM ESSEN KOMMT oder Norman Jewisons IN DER HITZE DER NACHT (beide 1967) wurden so erst möglich. Als Roger Corman und sein Bruder Gene ihre Filmcrew nach Missouri brachten, gab es de facto kaum vergleichbare Filme. THE INTRUDER handelt von einem geheimnisvollen Fremden, der eines schönen Tages in einer Kleinstadt im Süden aufkreuzt. Er heißt Adam Cramer und bezeichnet sich selbst als „eine Art Sozialarbeiter", der sich mit der Integration der Schwarzen befaßt. (Damals waren in den USA gerade Integrationsgesetze erlassen worden, die es schwarzen Kindern erstmals ermöglichten, mit weißen Kindern zusammen zur Schule zu gehen, was vielen Rassisten natürlich ein Dorn im Auge war.) Mit öligem Charme bemüht er sich um das Vertrauen der braven Kleinstädter. So richtig punkten kann er aber erst, als er eine flammende Rede auf den Stufen des Gerichtsgebäudes hält, in der er die Apokalypse einer schwarzen Sintflut heraufbeschwört, die über den gottesfürchtigen weißen Amerikaner hereinbrechen wird. Auf einmal ist Adam einer der beliebtesten Bürger der Stadt. Lediglich ein liberaler Zeitungsmann, der sich bislang noch nicht zu einer klaren Positionierung hatte durchringen können, und wenige andere sehen in ihm das, was er tatsächlich ist: ein mieser, kleiner Opportunist, der sein Fähnchen nach dem Wind hängt und politisch in der Nähe jeder Kamera steht. Sie warnen Cramer, daß seine Selbstüberschätzung ihn nicht dazu treiben soll, sich einzubilden, er könne das kontrollieren, was er losgetreten hat. Doch dazu ist es bereits zu spät ...

Was mich an THE INTRUDER vielleicht am meisten beeindruckt – abgesehen von seiner erstaunlichen Anwendbarkeit auf die heutigen Rechtspopulisten –, ist der Umstand, daß Bill Shatners Charakter eigentlich eine Erweiterung des klassischen Schlangenölverkäufers darstellt, einen Nachfahren von Verkaufsgenie P.T. Barnum, der schon Ende des 19. Jahrhunderts feststellte, daß jede Minute ein Narr geboren werde (=den man dann ausnehmen kann wie eine Weihnachtsgans). In den USA hatte man schon seit jeher

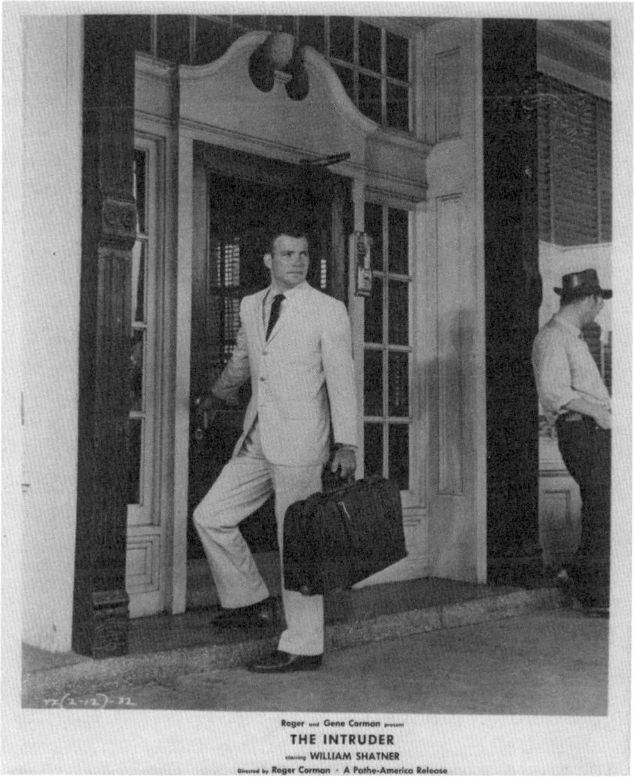
Roger and Gene Corman present
THE INTRUDER
starring WILLIAM SHATNER
Directed by Roger Corman · A Pathe-America Release

sehr ambivalente Gefühle gehegt gegenüber „Con Men", geschickten Betrügern, die rosafarbenes Wasser als Wundertinktur an den Mann brachten und sich damit eine goldene Nase verdienten. Adam Cramer ist eigentlich nichts anderes als ein gewiefter Verkäufer, nur daß er eben mit Gift handelt. Er liebt es, im Mittelpunkt zu stehen und die Menschenmengen zu manipulieren. Intuitiv erspürt er die Schwächen seines Gegenübers und nützt sie dann weidlich aus. Er ist ein geborener Zyniker, dessen Leitsatz lautet: Wenn ich es nicht tue, tut es ein anderer. Der Zweck, der die Mittel heiligt, ist sein eigenes Fortkommen. In einer besonders starken Szene wird er von einem Handelsreisenden konfrontiert, mit dessen Ehefrau er geschlafen hat. Der Gehörnte ist tief getroffen, kann aber keinen Haß für Cramer empfinden, nur Verachtung, denn er sieht den Fremden als das, was er ist – einen cleveren Verkäufer, der aber aufgrund seiner Egozentrik keine Ahnung hat von den Mächten, mit denen er spielt. Er weiß, daß Cramer ohne die aufgewiegelten Massen gar nichts ist, ein Schwächling, und er weiß, daß auch Cramer das weiß, tief in sich.

Während die meisten Filme, die das Thema in den 60ern und 70ern angingen, in der relativen Sicherheit von Kalifornien abgedreht wurden – schon aus Kostengründen –, entschieden sich Roger Corman und sein Bruder Gene dazu, den Film vor Ort zu machen, mitten in Missouri. Da fast alle Nebendarsteller von Einwohnern gespielt wurden, war es nötig, zu gewissen Tricks zu greifen, um Störungen zu vermeiden. So erhielten die Einheimischen nur heruntergetönte Versionen des Drehbuchs. Auch diese Light-Fassungen waren immer noch kontrovers genug, um den Filmemachern Morddrohungen einzuhandeln. Die Szene mit dem Klan und dem brennenden Kreuz wurde dann auch schön auf den letzten Drehtag gelegt, damit man notfalls „in der Hitze der Nacht" verschwinden konnte. Auch dem Darsteller des Schwarzen, der fälschlich einer versuchten Vergewaltigung bezichtigt wird (=ein Nicht-Profi, der in der Stadt gecastet wurde), schärfte Corman ein, einfach nur das wiederzugeben, was er aus seinem wirklichen Leben kannte. Und was Bill Shatner angeht, der damals am Anfang seiner Karriere stand – er ist einfach glänzend, ein charmanter Verführer, der in seinen Ansprachen an das Volk lichterloh brennt. Speziell die Szene vor dem Gerichtsgebäude ist absolut brillant, Shatner aus Untersicht, damit er wirkt wie Demagogen aus alten Propagandafilmen, Feuer in den Augen, mit sich überschlagender Stimme. In der alten deutschen Kinosynchro wurde übrigens interessanterweise die Erwähnung von Juden vermieden, gegen die Cramer im Original natürlich auch sattsam wettert. Aus der damaligen Sicht war diese spezielle Zurückhaltung wohl nachzuvollziehen, weil es falsch hätte aufgefaßt werden können, aber heute müßte das einfach mit rein, um den besonderen Charakter solcher Verschwörungsclowns aufzuzeigen – der Feind lauert überall!

Das Drehbuch von Charles Beaumont muß ungewöhnlich präzise gewesen sein, gerade wenn man die Guerilla-Taktiken der Dreharbeiten bedenkt. Er sollte einige Male mit Corman zusammenarbeiten, bevor er dann leider mit gerade mal 38 Jahren verstarb. Als liberaler Schulrektor hat er auch eine kleine Schauspielerrolle. Zwei der übelsten Rednecks werden übrigens von den Science-Fiction-Autoren William F. Nolan und George Clayton Johnson gespielt, die später zusammen die Vorlage zu FLUCHT INS 23. JAHRHUNDERT (LOGAN´S RUN, 1976) verfassen sollten.

Am Ende der Dreharbeiten wurden Corman & Co. vom Sheriff als Kommunisten tituliert und aus der Stadt geworfen. Da für den Film aber noch eine Totale von der Schule benötigt wurde, schlichen er und ein Assistent sich noch einmal in die Ortschaft und machten die Aufnahme. Als dann der Sheriff – den wohl jemand verständigt hatte – aufkreuzte, gelang es ihnen gerade noch, die Kamera ins Auto zu schmeißen und sich dünne zu machen. Roger Corman gilt als einer der größten Exploitationfilm-Helden des amerikanischen Kinos. Sein Geschick beim Arbeiten auf niedrigsten Budgets ist legendär. An „ernsthaften" Themen versuchte er sich nur selten und erzielte damit auch bestenfalls mittelprächtige Resultate. Sein einziger richtiger Gnadenhammer jenseits von Pappmachémonstern und Vincent Price bleibt THE INTRUDER – ein kleines Meisterwerk des politischen Unterhaltungskinos, dessen Kraft und Vitalität bis zum heutigen Tage erhalten geblieben ist. Und leider ist der Film immer noch sehr aktuell, auch bei uns.

Augsburger Hippiekiste

Irgendwann muß jeder mal die Hosen runterlassen. Wahrscheinlich wird es niemand für möglich halten, aber der Verfasser dieser Zeilen ist in Wirklichkeit ein schwarzer Mann. Ehrlich – die Farbe meiner Haut ist so pechschwarz wie die Seele von Waffenhändlern! Der hellhäutige Kollege, der in meinem Namen in den letzten Jahren durch die Bundesrepublik getingelt ist, um die Bücher zu promoten, ist in Wirklichkeit ein arbeitsloser Schauspieler, der überglücklich war, einen lukrativen Gig verschafft zu bekommen. Da die Bücher ja Welterfolge wurden, konnte ich mir das auch leisten. Der komische Zausel hat seinen Zweck erfüllt. Also, ich bin ein „Soul Brother"! Das Schauspiel von minderjährigen Weißen aus Bürgerfamilien, die sich gegenseitig anbrudern und anschwestern, finde ich natürlich auch lustig. Voll phat, Mann! Voll Gheddo! Aber – ist Dr. King wirklich dafür gestorben? Auf jede gute Band wie Public Enemy oder Bodycount kommen soundsoviele Vollidioten, die entweder verkehrserzieherische Texte rappen oder einen auf dicker Max machen, während lauter dickbusige Frauen, die den Eindruck von höchster moralischer Unbedenklichkeit vermitteln, um sie herumtanzen. Ja klar, Erich hat den Längsten, und der Slum hat so viel Seele ...

Mein Kapitel über „Black Movies" möchte ich mit einem wenig bekannten Werk beschließen, das von einem weißen Regisseur stammt und weitgehend von Weißen bevölkert ist. Und trotzdem ist der Film schwärzer als SHAFT. Wie kann das sein? Die Rede – damit das erst einmal vom Tisch ist – ist von ALABAMA´S GHOST (1973), der Regisseur ein durchaus namhafter Bildhauer namens Fredric Hobbs, der zu jener Zeit den Einfall hatte, eine Handvoll Filme zu drehen, die den Geist ihrer Zeit widerspiegeln, in diesem Fall auch den Geist von Alabama. Alabama ist ein schwarzer Hausmeister in San Francisco, der in einer Jazzkneipe arbeitet. Eines Tages bekommt er den Auftrag, den Keller aufzuklaren. Durch einen Unfall entdeckt er hinter einer Mauer die Habseligkeiten des Zauberers Carter The Great. Ein Sprecher hat den Zuschauer bereits darüber aufgeklärt, daß Carter hinter das Geheimnis einer Wundersubstanz auf Haschischbasis namens „Raw Zeta" gekommen war. (Das verwendete Spezialhasch trägt sogar den Namen „Cartoon Khaki"!) Die Nazis schickten ihre berühmte Wissenschaftlerin Dr. Kirsten Caligula nach Kalkutta, um dem Magier das Geheimnis abzuluchsen, aber Carter entzog sich durch Tod. Nun feiert er seine Wiederauferstehung in Gestalt des Hausmeisters. Alabama weiß gar nicht, wie ihm geschieht. Seine Zaubereien erregen schon bald die Aufmerksamkeit des Impresarios Otto Max, der wiederumdidumdidum für den Medienzar Jerry Gault arbeitet. Alabama kommt ganz groß raus als „König des Kosmos". Doch warnt ihn der Geist von Carter The Great vor den schlimmen Folgen. Und tatsächlich, Jerry Gault ist in Wirklichkeit ein Vampir, und mit Hilfe eines Alabama-Roboters, der die Menschheit mit Raw Zeta willenlos machen soll, strebt er nach Weltherrschaft. Können sich Alabama, seine Mutter Mama-bama und der Voodoopriester Doc gegen die medialen Vampirhorden durchsetzen?

Häh? Als ich den Film zum ersten Mal sah, war ich schon etwas weiß um die Nase, denn ich erwartete eher so etwas wie einen Geisterfilm. Zwar hätte ich schon gewarnt sein müssen, denn Hobbs´ GODMONSTER OF INDIAN FLATS (1972) war nicht nur eine Verbeugung vor den Monsterfilmen der 50er gewesen, sondern ebenfalls reichlich päng-tüdelütü. Fand ich jenen Film aber letztlich eher anstrengend als unterhaltsam, brennt ALABAMA´S GHOST ein ziemliches Feuerwerk ab. Keine Ahnung, wie solche Zelluloid-

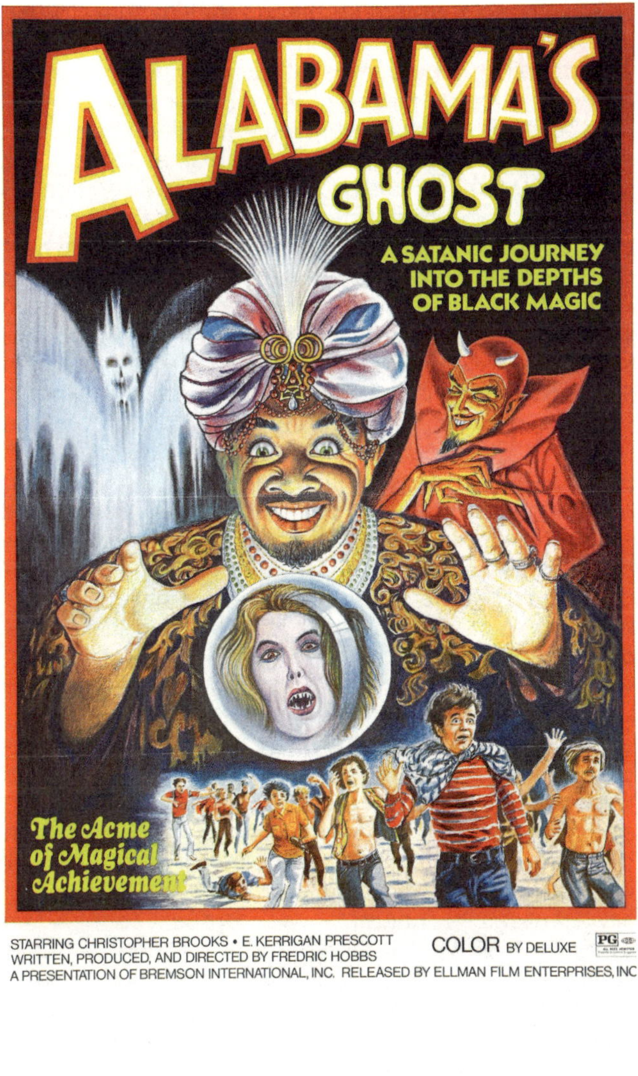
ALABAMA'S
GHOST
A SATANIC JOURNEY
INTO THE DEPTHS
OF BLACK MAGIC
The Acme
of Magical
Achievement
STARRING CHRISTOPHER BROOKS • E. KERRIGAN PRESCOTT
WRITTEN, PRODUCED, AND DIRECTED BY FREDRIC HOBBS
COLOR BY DELUXE
PG
A PRESENTATION OF BREMSON INTERNATIONAL, INC. RELEASED BY ELLMAN FILM ENTERPRISES, INC

belichtungen zustandekommen, aber die Einwirkung von weichen Rauschdrogen halte ich für zumindest wahrscheinlich. Zu den bekanntesten Leistungen von Fredric Hobbs gehörte eine Kunstbewegung namens „Art Eco", die Umwelttechnologie, bildende Kunst und Architektur zusammenführte. Wer eine Solaranlage auf dem Dach hat, besitzt einen der Nachkommen jener Installationen, mit denen Hobbs Anfang der 70er herumgebastelt hatte. Bereits in den 60ern entwarf er eine Kunstform namens „Parade Sculpture", in deren Rahmen Automobile zu merkwürdigen Wesen umgeformt wurden. Einige Beispiele dieser Exponate kann man in ALABAMA´S GHOST besichtigen, denn Alabama und seine Groupies fahren solche Dinger. Ich weiß es nicht mit Bestimmtheit, aber ich schätze mal, daß die meisten Leute, die im Film zu sehen sind, keine professionellen Schauspieler gewesen sein werden, sondern eher aus Hobbs´ Entourage stammten. Der ganze Film atmet eine „handgemachte" Qualität, die unter anderen Umständen vielleicht dilettantisch erscheinen würde, im Kontext dieses filmgewordenen Knallbonbons aber ziemlich unwiderstehlich wirkt. ALABAMA´S GHOST ist das Werk von Leuten, die sich die Filmemacherei während der Dreharbeiten angeeignet haben. Konkrete Vorbilder gab es keine, erlaubt war, was Spaß macht. Hauptdarsteller Christopher Brooks ist ziemlich brillant. Als Hausmeister wirkt er wie ein typischer „Jive-Talker" aus SHAFT und Konsorten, aber sobald er seinen Umhang umwirft und den Turban aufsetzt, kann er in punkto Bühnenpräsenz eindeutig mit Screaming Jay Hawkins mithalten – ganz großes Tennis! Die Story bewegt sich natürlich auf den Linien der üblichen Faust-Epigonen. Brian de Palma sollte ein Jahr später mit PHANTOM IM PARADIES eine Edelversion dieses Themas hinlegen. Bei Hobbs ist das alles sehr viel preisgünstiger und eben völlig durchgeknallt.

Es gibt neben den ganzen zeittypischen Schangel-Showwerten auch einige Auftritte der Band „Loading Zone" zu erleben, die schon ziemlich gerockt haben, dazu grasig lächelnde Groupies mit wildem Makeup, Dreadlocks und haste nicht gesehen. Eigentlich schade, daß den Film so gut wie niemand kennt. Man braucht schon etwas Glück, wenn man eine Videokassette von ihm auftreiben möchte. In guter Qualität habe ich den Film niemals zu Gesicht bekommen. Dabei hat er so viel zu bieten: Er könnte mit Leichtigkeit als Kultfilm gelten, zumindest für Leute, die ihren „Kult" nicht zwingend mit Hochglanzfotografie und Ballermann-6-Niveau verbinden. Auch die etwas gekünstelte Coolness der Jim-Jarmusch- bzw. 20 Jahre später der Quentin-Tarantino-Epigonen geht dem Film völlig ab. Er planscht unbeschwert im Badewasser und hat eine Menge Spaß dabei. Und was Hippiefilme angeht, so ist er mit Leichtigkeit zehnmal so unterhaltsam wie ZABRISKIE POINT!

Ich kann mir nicht helfen, aber ich habe den Verdacht, daß dieser Film – wäre er angemessen herausgebracht worden – zu einem richtigen Undergrounderfolg hätte werden können. Und ja, natürlich hätte er auch gut in die beiden Trash-Bücher hineingepaßt, aber wer meine grundsätzliche Hochachtung vor diesen kleinen Filmen kennt, der weiß, daß die Grenzen da ohnehin immer fließend verlaufen. In jedem Falle gilt: Schönheit kann niemals Trash sein! ALABAMA´S GHOST wird damals als kleiner Horrorfilm verwurstet worden und damit auf weitgehendes Unverständnis gestoßen sein, aber großformatige Rockmusicals wie TOMMY kann man gegen ihn für mein Empfinden in die Tonne kloppen. ALABAMA besitzt den Charme einer gelungenen und überaus drogengeschwängerten Gartenparty, bei der man auch als Zaungast große Augen macht, und er funktioniert darüber hinaus wie eine Zeitmaschine, die einen für 90 Minuten in die Freak-Szene San Franciscos zurückbefördert. Ein ausgelassener Spaß, ein Zeitdokument. Ich hoffe mal, daß den Film irgendwann mal jemand wiederentdeckt. Man könnte ihn als Sonderedition in Form einer riesigen Marihuanazigarette herausbringen!

Null Toleranz im großen Apfel
(New York)

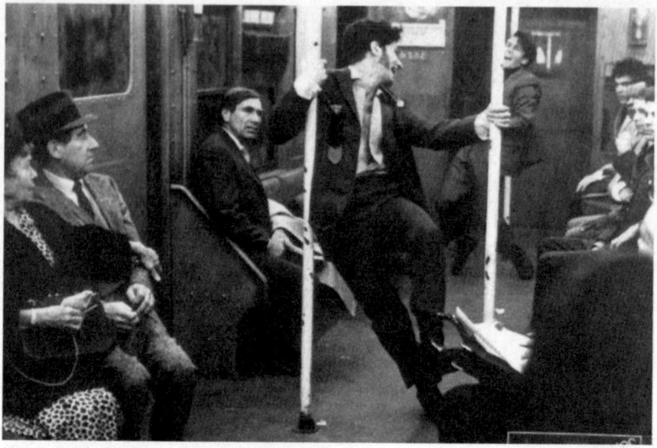

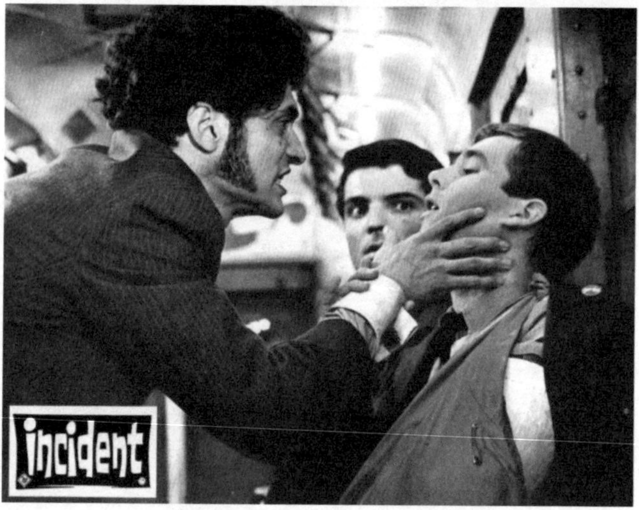
incident

Der öffentliche Nahtodverkehr

Für gewöhnlich geht man davon aus, daß die Stadt New York ihren Namen erhielt, als sie 1664 von den Briten erobert wurde. Zuvor wurde die Siedlung von niederländischen Kaufleuten bewohnt, die sie „Nieuw Amsterdam" genannt hatten. Die ersten Siedler hatten sich in der Gegend der Halbinsel Manhattan niedergelassen, deren Name übrigens einem Begriff aus der Sprache der Algonquin-Indianer entlehnt ist: „Manna-hatta" bedeutet ungefähr „Land der vielen Hügel". Zu einer echten Großstadt wurde New York in der zweiten Hälfte des 19. Jahrhunderts, als die Bevölkerungszahl mittlerweile auf siebenstellige Dimensionen angewachsen war. Um die Jahrhundertwende schlossen sich Manhattan, Brooklyn, die Bronx, Queens und Richmond (später: Staten Island) zusammen. Als das „Waldorf Astoria"-Hotel den berühmten Waldorf-Salat entwickelte, war New York endlich fertig. So sagt man. So steht das in den Geschichtsbüchern.

In Wirklichkeit trug sich das aber ganz anders zu. Das einzige, was an diesem ganzen Zinnober stimmt, ist die Sache mit den Holländern in Manhattan. Auch daß die Stadt ihren Namen von den dort ansässigen Indianern übernommen hatte, ist wahr, denn in Wirklichkeit lebten dort überhaupt keine Niederländer, sondern nur Stulpenstiefel tragende Algonquin-Indianer, die den ganzen mittelalterlichen Modeplunder der „Neuen Welt" benutzten, um die Piraten aus Übersee zu verwirren. Außerdem schafften sie sich diverse Sprachfetzen drauf, die sie im Laufe der Jahre vervollkommneten. Dieser Trick funktioniert bis zum heutigen Tag. Wobei sich „Manna-hatta" etymologisch nur im übertragenen Sinne auf Hügel bezieht. Die Algonquins hatten zu jenem Zeitpunkt nämlich zu wenig weibliche Stammesmitglieder, weswegen sie sich von den Überseebesuchern eine Anreicherung des Genpools und einigen Spaß erhofften. (Der alte Sinnspruch „Manna-hatta oda manna-hatta nich" lautet übersetzt etwa: „Hügel, der von schlafendem Bison träumt, ist kein Hügel." Was immer das auch bedeuten soll.) Ein genialer Erfinder namens Harvey Finkelstein erfand zur Zeit der Weltwirtschaftskrise eine Zeitmaschine, mit der er ins Reich des Dschingis-Khan reiste, weil er dort das Goldene Vlies vermutete. Leider traf er dort nur auf den Bergführer Luis, oder eigentlich waren es sogar zwei, der eine Luis und der andere Luis. Beide Bergführer. Gemeinsam gründeten sie eine Musikkapelle, die „Soup Caspers", was auf mongolisch leider „Ihr seid alle komplette Vollpfosten und müßt jetzt sterben" heißt.

Der Kapelle war somit kein großer Erfolg beschieden. Frustriert begab sich Finkelstein zurück nach New York und nahm die beiden Bergführer gleich mit. Der Punkrock war geboren. Zusammen mit dem einen Luis nahm Harvey noch mehrere Schallplatten auf, als „Total Verkrachting", was aber auch nicht gut ankam, denn – wir erinnern uns – die New Yorker waren zum überwiegenden Teil Algonquin-Indianer, die fast nur noch niederländisch sprachen. Der andere Luis arbeitete derweil als Luis Armstrong weiter und wurde weltberühmt. Er gilt zudem als erster Mann auf dem Mond. Harvey und der eine Luis kamen hingegen auf den Hund und starben engumschlungen auf dem Bahnhofsklo. Die Stadt nahm von alledem nichts wahr, denn sie hatte sich zu einem wahren Schmelztiegel entwickelt. Überall rumorte und pulsierte es, und das kulturelle Angebot war wirklich herausragend. Toll, eine echte Weltstadt!

Filme, die in New York City spielen, hatten bei mir schon immer einen Stein im Brett. Die hatten was extra. Es gab natürlich viele Filme, die sich an den

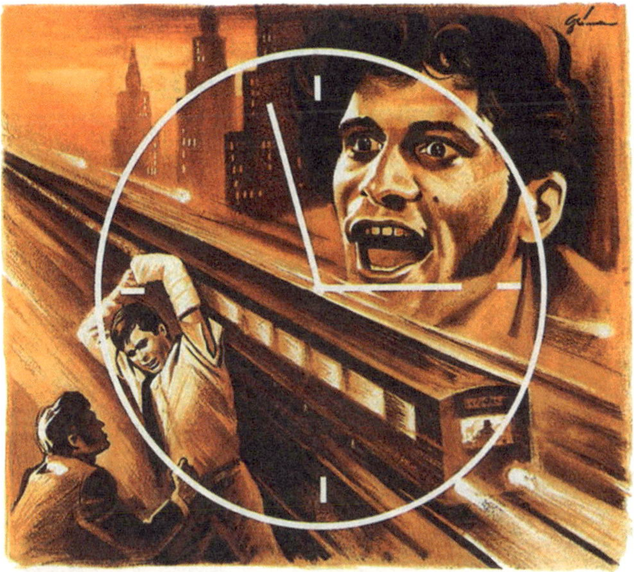

New-York
3 heures du matin
dans une rame du métro...

L'INCIDENT

(The Incident)

avec

MARTIN SHEEN · TONY MUSANTE · BROCK PETERS · BEAU BRIDGES
THELMA RITTER · DONNA MILLS · GARY MERRILL

Scénario Nicholas E. Baehr d'après son histoire Directeur de la photographie Gerald Hirschfeld Musique Charles Fox, Terry Knight
Production Edward Meadow, Monroe Sachson (20th Century-Fox)

Swashbuckler Films

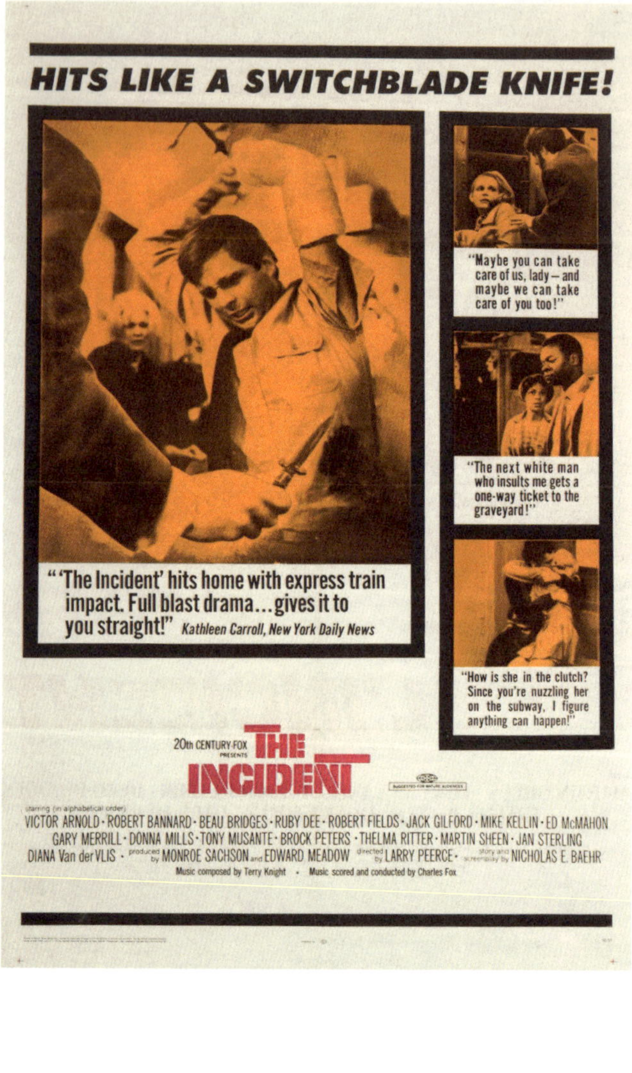
HITS LIKE A SWITCHBLADE KNIFE!
"'The Incident' hits home with express train impact. Full blast drama... gives it to you straight!" Kathleen Carroll, New York Daily News
"Maybe you can take care of us, lady – and maybe we can take care of you too!"
"The next white man who insults me gets a one-way ticket to the graveyard!"
"How is she in the clutch? Since you're nuzzling her on the subway, I figure anything can happen!"
20th CENTURY-FOX PRESENTS
THE INCIDENT
SUGGESTED FOR MATURE AUDIENCES
starring (in alphabetical order)
VICTOR ARNOLD · ROBERT BANNARD · BEAU BRIDGES · RUBY DEE · ROBERT FIELDS · JACK GILFORD · MIKE KELLIN · ED McMAHON
GARY MERRILL · DONNA MILLS · TONY MUSANTE · BROCK PETERS · THELMA RITTER · MARTIN SHEEN · JAN STERLING
DIANA Van der VLIS · produced by MONROE SACHSON and EDWARD MEADOW directed by LARRY PEERCE · story and screenplay by NICHOLAS E. BAEHR
Music composed by Terry Knight · Music scored and conducted by Charles Fox

nicht unwesentlichen Kollektivproblemen abarbeiten, denen man sich in einer Metropole mit über 8 Millionen Einwohnern ausgesetzt sieht. Bevor sich Bürgermeister Giuliani mit seiner „Zero Tolerance"-Politik durchsetzte und die schlimmen Elemente vor die Tore der Stadt verbannte, sah es im Schmelztiegel nämlich aus wie in einer Lasterhöhle. Sünde und Schurkereien feierten fröhlich Urständ in einem modernen Sodom. Auch weitab von der berüchtigten 42. Straße konnte man kaum mehr über die Straße gehen, ohne von Unholden mit einem handgeschnitzten Eichenknüppel die Fontanelle perforiert zu bekommen. Heute ist das zum Glück ganz anders, da kann man nackend durch den Central Park tanzen, ohne sich auf grimmige Konsequenzen gefaßt machen zu müssen. (Außer natürlich, man wird wegen Erregung öffentlichen Ärgernisses verhaftet. Aber auch dann kann man sich von den Ordnungskräften zumindest wünschen, zu welchem Rhythmus man verdroschen werden möchte.)

In solch einem modernen Gomorrah zu wohnen, fördert natürlich auch die Entwicklung unbekömmlicher Angstfantasien. Ein besonderes Lieblingsthema der Ostküstenparanoiker war der öffentliche Nahverkehr. Nachts in einer U-Bahn zu fahren, war wohl kaum der Stoff, aus dem friedliche Träume gemacht waren. Immer konnte etwas passieren. Wenn man als Frau auf einem schlecht beleuchteten Bahnsteig stand (oder als besonders dünner Mann), war das Anlaß für mulmige Gefühle im Bauch. Hatte man wider Erwarten die Wartephase lebend überstanden, mußte man dann eine ganze Fahrt lang ausharren, ob nicht doch irgendein Finsterling es zu seinem Plaisir machte, einen zu triezen oder zu schikanieren. Wut auf die unangepaßten, sozial schlecht abgefederten Irrläufer der Gesellschaft machte sich breit. Wo war Charles Bronson, wenn man ihn brauchte?

Einer der beeindruckendsten Filme, die sich dieses Themas annahmen, ist der hierzulande fast unbekannte THE INCIDENT (INCIDENT – UND SIE KANNTEN KEIN ERBARMEN, 1967), in dem man Joe und Artie kennenlernt, zwei Taugenichtse, die die Nacht in New York verbummeln und vertrödeln. Gelegentlich schlagen sie auch ein paar Leute brutal zu Klump, bevorzugt solche, die sich nicht wehren können. Am Ende steigen sie in eine U-Bahn, in der sich etwa zehn weitere Menschen auf dem Nachhauseweg befinden. Allein auf Grundlage ihrer scheinbar grenzenlosen Hundsgemeinheit schaffen sie es, sich zu den Alphatierchen der Gruppe aufzuschwingen und alle Anwesenden zu terrorisieren und zu demütigen bis aufs Blut. Wird einer der nächtlichen Reisenden Zivilcourage beweisen und den beiden zeigen, wo der Ohrfeigenbaum steht?

THE INCIDENT hat einen kurzen Prolog, der in der deutschen Fassung aus unerfindlichen Gründen teilweise fehlt. In ihm werden Joe und Artie vorgestellt, die von Tony Musante und Martin Sheen gespielt werden. Für beide Schauspieler war dies die erste größere Filmrolle, und beide brennen ein Feuerwerk ab, das kann man nicht anders ausdrücken. Auch der Rest des Ensembles ist glänzend. In der ersten Hälfte des Filmes werden die einzelnen Charaktere eingeführt, ein wenig wie in den späteren AIRPORT-Filmen, bevor sich die Handlung dann zu einem Kammerspiel entwickelt, Hochspannung auf engstem Raum. Anders als in den AIRPORT-Filmen sind die Charakterisierungen aber nicht nur melodramatisches Handgepäck, sondern von zentraler Bedeutung für die Geschichte, da die Besatzung des Terror-Abteils einen repäsentativen Querschnitt durch die amerikanische Gesellschaft anbietet. So gibt es etwa zwei Soldaten auf Heimaturlaub, der eine (=Beau Bridges, Jeffs Bruder) mit Gipsarm; es gibt einen alten Meckergreis, der gerade

Zoff mit seinem Sohn hat und auf die jüngere Generation eh nicht gut zu sprechen ist; es gibt einen brillentragenden Lehrer, dessen etepetetige Frau ihn insgeheim verachtet; dann ist da noch ein Schwarzer mit seiner Frau, der es eine ganze Zeit lang genießt, wie die Asis mit den Weißbroten umspringen, bis er selber an die Reihe kommt; und schließlich gibt es noch einen schüchternen Homosexuellen, der sich als ideales erstes Opfer für den soziologischen Rundumschlag anbietet. Allen gemeinsam ist, daß sie feige sind und die beiden Strauchdiebe machen lassen, nur keinen Ärger bekommen, jeder hat seine eigenen Probleme. Die Spannung, die der Film erzeugt, ist streckenweise bedrückend und schwer erträglich. Tatsächlich erinnert die Drangsalierung und Demütigung der Leute an Ruggero Deodatos berüchtigten DER SCHLITZER. Während jener Film aber die sexualisierte Gewalt im besten Exploitationstil ausmelkt wie eine preisgekrönte Kuh, behandelt THE INCIDENT die Story als naturalistisches Theaterstück, in strenger Schwarzweißfotografie, musikalisch sparsam - aber sehr wirkungsvoll - kommentiert. Körperliche Gewalt gibt es in dem Film fast überhaupt nicht zu sehen, und trotzdem fährt man beim Betrachten fast aus der Haut. Es wäre für Regisseur Larry Peerce ein Leichtes gewesen, das Ganze mit einem Selbstjustiz-Paukenschlag aufzulösen und die aufgebaute Spannung wieder zu einer gesitteten Ordnung zurückzuführen. Tatsächlich aber gelingt dem Film die Kaiserdisziplin - er stellt sein Publikum zufrieden, ohne es mit der leichten Lösung abzuspeisen. Der Klumpen, den man am Schluß im Hals hat, ist so groß wie der Times Square.

Oberflächlich betrachtet sind Joe und Artie die nominellen Hauptrollen, die Jungs, die die Party so richtig in Schwung bringen. Tatsächlich fungieren sie allerdings nur als Katalysatoren, als Kastenteufel, die

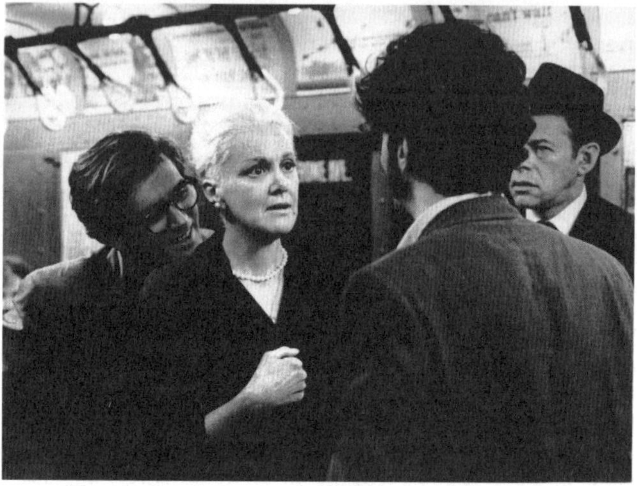

den Mitreisenden durch ihre kurze Schreckensherrschaft einen Spiegel vorhalten, in welchem jene ihre Erbärmlichkeit und Selbstbezogenheit erkennen müssen. Das Inkonsequente an herkömmlichen Selbstjustizfilmen ist ja, daß es die Norm, die solche Filme uns vorgaukeln, in der Regel einfach nicht gibt. Die Bösewichte, die sich von Anfang an auf der anderen Seite des Gesetzes befinden, faszinieren das Publikum nicht ohne Grund, denn sie sind die unterdrückte Kehrseite der Medaille. In THE INCIDENT sind sie eine ganze Menge, aber sie sind nicht feige wie alle anderen. Sie leben ihr Leben im Exzeß aus, und wenn sie sich dabei einen Dreck um die Belange der anderen Menschen kümmern – das können die anderen Menschen aber auch ganz gut! Der Saubermann in uns allen findet hier keine Bestätigung, eher der Mr. Hyde in uns allen. Umso ernüchternder ist es da, wenn der Zug schließlich in den Bahnhof einläuft und sich die Leute – á la DIE ZWÖLF GESCHWORENEN – nach erhaltener Lek-

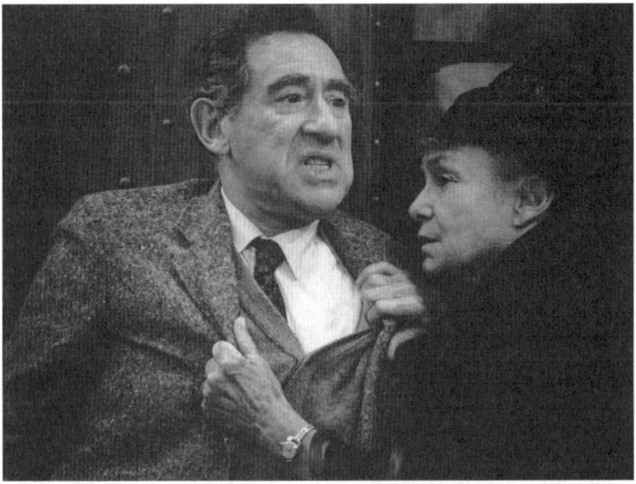

tion wieder in die Anonymität verdrücken. Vielleicht zieht der eine oder die andere ja Konsequenzen aus dem Erlebten, aber man fühlt, daß es wahrscheinlicher ist, daß sie alle wieder in den normalen Trott zurückfallen werden. Nur keine Scherereien haben.

THE INCIDENT ist ein Brett von Film, einer der besten Filme, die man niemals gesehen hat. Wenn man Glück hat, kann man den Film bei einer seiner wenigen Fernsehausstrahlungen erhaschen. In Großbritannien ist eine akzeptable DVD veröffentlicht worden. Regisseur Larry Peerce machte vorher das Anti-Rassismus-Drama RUF NICHT ZU LAUT (1964), danach den ziemlich erfolgreichen ZUM TEUFEL MIT DER UNSCHULD (1969), um dann irgendwann beim offiziellen Rick-Springfield-Film HARD TO HOLD (1984) zu landen. Ansonsten machte er größtenteils Fernsehen. THE INCIDENT bleibt aber der eine große Kracher, den er hinterlassen hat. Und das ist mal wirklich eine U-Bahn, in der man nicht sitzen möchte!

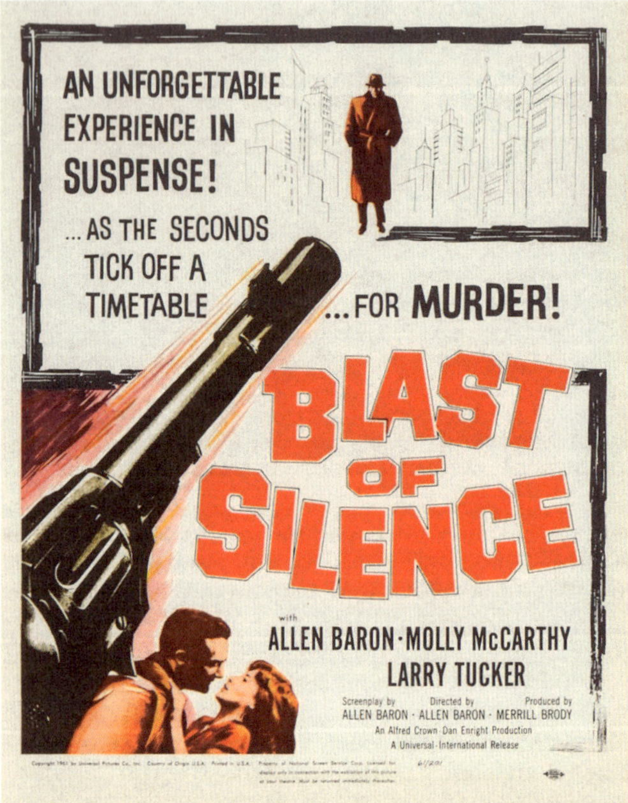
AN UNFORGETTABLE EXPERIENCE IN SUSPENSE!
...AS THE SECONDS TICK OFF A TIMETABLE
...FOR MURDER!
BLAST OF SILENCE
with
ALLEN BARON · MOLLY McCARTHY
LARRY TUCKER
Screenplay by ALLEN BARON · Directed by ALLEN BARON · Produced by MERRILL BRODY
An Alfred Crown · Dan Enright Production
A Universal · International Release

Explosion des Schwagers

Kennt Ihr Frankie? Frankie Bono? Das ist ´n echt guter Kumpel von mir, ´ne wahre Stimmungskanone! Wenn man den mit auf eine Party nimmt, dann boxt der Papst im Kettenhemd, das kann ich Euch flüstern! Keine Feier ohne Frankie. Ist allerdings nicht der Frankie Bono, um den es hier geht. Der Frankie Bono, um den es hier geht, kommt aus Cleveland, und den kenne ich nicht persönlich. Das ist auch gut so, denn wer Frankie Bono kennenlernt, der hat nur noch ganz kurze Zeit zu leben. Frankie Bono war irgendwann einmal ein Mensch gewesen, vielleicht im Waisenhaus, in dem er aufwuchs. Doch dann nahm er einen Beruf an, der jeden verändert, der jeden ins gesellschaftliche Aus befördert. Und nein, ich rede nicht von Filmjournalisten oder Moderatoren bescheuerter Daily-Talk-Sendungen. Ich rede vom Sensenmann. Frankie ist der Fährmann, der einen über den Styx trägt. Wer zu Frankies Job wird, der hat ganz schlechte Karten. Denn Frankie ist Profikiller.

Die Darstellung von Mördern im Kino war schon immer eine reichlich zwiespältige Angelegenheit. Ich vermute, daß das eine Menge damit zu tun hat, daß die wenigsten Menschen keine charakterlichen Untiefen aufzuweisen haben, es sei denn vielleicht, sie stehen dauerhaft unter Drogen. Die meisten unterlagen schon einmal der Versuchung, dem Mitmenschen zum Unwohl zu sein. Manchmal winkte eine Möglichkeit, das eigene Dasein zu optimieren, etwa in Form einer Beförderung, eines lukrativen Angebots oder einer Liebesnacht mit einer hinreißenden Frau. Es gibt relativ viele Leute, die sich sogar dauerhaft für einen Verbleib in dieser „Twilight Zone" der moralischen Fragwürdigkeit entschieden. Man rationalisiert sich eine ganze Menge zurecht, wenn es sein muß. Beim ersten Mal fällt das noch relativ schwer. Man ist vielleicht Politiker und sagt sich dann, daß die vielen guten Dinge, die man bewirken möchte, eben auch ein gewisses Modikum an Macht erfordern, und um jenes zu erlangen, muß man sich schon einmal die Finger schmutzig machen. Wenn man nach erfolgter Tat zum „Bewirker 2.0" geworden ist, kann man sich immer sagen, daß es ja für einen guten Zweck gewesen ist. Oder man bemüht den Lieblingssatz aller Zyniker: Wenn ich es nicht tue, tut es ein anderer. Die Wahrheit ist natürlich immer, daß es nicht ein anderer tut, sondern man selbst, aber die dunkle Seite der Macht ist eben manchmal verdammt verlockend. Realpolitik, Alter! Mir selber tut es am meisten weh! Und bevor man es sich versieht, ist man ein Arschloch geworden und merkt es nicht einmal. Oh je.

Frankie Bono hat diesen langsamen Gang in die Selbstverleugnung niemals gehen müssen. Er hat irgendwann seinen ersten Menschen umgebracht, er hat den Fuß ins Niemandsland gesetzt. Ab da ging es wie auf Schienen. Frankie stellt sich keine moralischen Fragen mehr, denn er befindet sich unwiderruflich „ex gregis", außerhalb der Herde. Für ihn sind Menschen nur noch Zielpersonen und solche, die der professionellen Abwicklung seines Auftrags im Wege stehen. In EXPLOSION DES SCHWEIGENS (BLAST OF SILENCE, 1961) – dem Film, in dem er die Hauptfigur ist – führt ihn sein neuester Auftrag nach New York. Frankie haßt Großstädte. New York befindet sich gerade im Weihnachtstaumel. Die Menschen feiern mit ihren Liebsten, wenn sie nicht gerade durch die Straßen der festlich geschmückten Stadt taumeln. Frankie verachtet diese Menschen, denn er hat niemals zu ihnen gehört. Er hat gelernt, kein Mensch zu sein. Die Stadt – das sagenumwobene, von vielen Liedern und Filmen verherrlichte New York – ist für ihn lediglich die „Location" für sein nächstes „Shooting", nicht realer als ein von begabten Designern entwickelter

Hintergrund für ein Computerspiel. Er schraubt sich durch die Stadt mit all den Statisten, die dort drapiert sind wie menschlicher Tannenbaumschmuck. Er geht von A nach B. Da er keine Bezugspersonen hat, ist dies sein Leben – immer von A nach B, ohne Pause, ohne Rast. Da läuft ihm ein alter Kumpel aus dem Waisenhaus über den Weg und dessen Schwester, die immer gut zu Frankie gewesen war, als er noch unter den Lebenden weilte. Und zum ersten Mal in seiner Karriere als Mörder macht es Frankie etwas aus, daß er der einsamste Mann auf dem Planeten ist ...

Für gewöhnlich präsentieren Filme Mörder, die im Zentrum der Handlung stehen – also nicht einfach nur narbengesichtige Dekorationselemente sind –, als Antihelden, als gebrochene Charaktere, die von einem schweren Schicksal auf die schiefe Bahn getrieben worden sind. Am Ende erfahren sie entweder eine Läuterung oder bezahlen für ihre Sünden. Immer aber erfahren sie dabei eine Art von Schönheit, von Aufwertung. In den Filmen der Post-Tarantino-Generation läuft das manchmal auf unappetitlichen Zynismus hinaus, auf diese spezielle „Coolness" des Killens, die natürlich sehr wohl an die dunkleren Seiten unseres Wesens appelliert. EXPLOSION DES SCHWEIGENS ist so weit davon entfernt, wie es eben geht. Regisseur und Hauptdarsteller Allen Baron läßt den Film mit einer Fahrt aus einem Eisenbahntunnel beginnen. Der Erzähler spricht mit Frankie wie ein rächendes Gewissen, sagt ihm, daß sein Haß damals begann, als er auf die Welt geworfen wurde, einsam und nackt. „Remembering out of the black silence, you were born in pain", verkündet der Erzähler wie eine lebenslange Haftstrafe. Zu Anfang klingt er noch wie ein Spießgeselle Frankies, wie ein kommentierendes Alter Ego, aber er entwickelt sich immer mehr zu einem Ankläger, der Frankie auf all die Unzuläng-

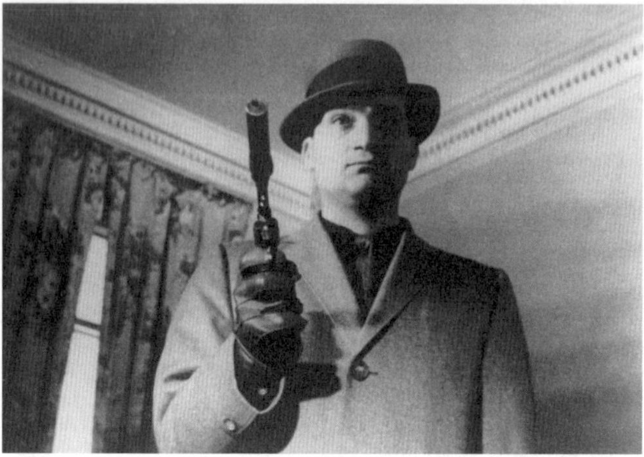

lichkeiten seiner trostlosen Lebenskonzeption stößt. Wer hierin Glamour entdeckt, der verbringt seine Sommerferien in einer kaschubischen Mietskaserne aus den 30er Jahren, in der es nach Klo-Desinfektionssteinen riecht. Für seinen einen großen Film griff Allen Baron auf die Gegend zurück, in der er seine Kindheit und Jugend verbrachte – Manhattan, Long Island. Wer auch nur eine Sekunde daran zweifelt, daß es sich bei diesem Film um eine grundmoralische Geschichte handelt, kann sich diesen Kontrast vor Augen führen zwischen dem von Baron dargestellten Frankie, für den die Großstadt nur eine Stadtkarte ist, und dem Regisseur selbst, der den Orten seiner Vergangenheit und all den tollen Geschichten nachspürt, die er damit verbindet. So war das Feld, in dem Frankie gegen Ende des Filmes herumstromert, tatsächlich ein Ort, wo die New Yorker Mafia ihre Leichen verschwinden ließ. Manchmal auch etwas schlampig, denn ansonsten wüßte man das ja nicht. Inhaltlich ist der Film in seinem Bezug auf alte

Gangsterfilme und die verwendeten Noir-Motive ein Blick in die Vergangenheit, ästhetisch aber blickt der Film eindeutig in die Zukunft – lange Einstellungen, bizarre Kameraperspektiven, wilde Jazzmusik. Der extrem dialogarme Film wird zudem weitgehend visuell erzählt. „Erklärt" wird er von einem prachtvoll markanten Erzählertext, der übrigens von Waldo Salt stammt, der aufgrund seiner Zugehörigkeit zu den von den Filmstudios boykottierten „Hollywood Ten" unter Pseudonym arbeitete. Er sollte später Meisterwerke schreiben wie ASPHALT-COWBOY oder DER TAG DER HEUSCHRECKE. Gesprochen wird der Text vom altbewährten und aus ähnlichen Gründen wie Salt ungenannt bleibenden Hollywood-Toughie Lionel Stander, der dem Land den Rücken kehrte und nach Europa ging, weil er dem „Haus für Unamerikanische Umtriebe" gesagt hatte, wo sie sich ihre kommunistenfeindlichen Denunziationswünsche hinstecken konnten. Die Musik von Meyer Kupferman ist ebenfalls etwas fürs Schatzkästchen.

EXPLOSION DES SCHWEIGENS ging damals an der Kinokasse komplett ein und wurde erst viele Jahre später „entdeckt", als er bei Wiederaufführungen für staunende Augen sorgte. Allen Baron war zu diesem Zeitpunkt bereits an der Westküste gelandet, wo er für zahlreiche populäre TV-Serien gedreht hatte. Daß sein so persönlich geratenes Frühwerk doch noch zu spätem Ruhm kommen sollte, hätte er sich vermutlich nicht träumen lassen. Als der Film bei uns im WDR lief, geschah das im Verbund mit einer feinen Dokumentation, in der Baron einiges über die Entstehung des Filmes zu berichten wußte. Unter anderem erwähnte er eine meiner Lieblingsszenen, in der Frankie aus einem Hotelzimmer auf den Pausenhof eines Waisenhauses blickt, wo die Kinder gerade von Nonnen auf den Weg gebracht werden. Von oben betrachtet bilden die trabenden Kinder ein fast perfek-

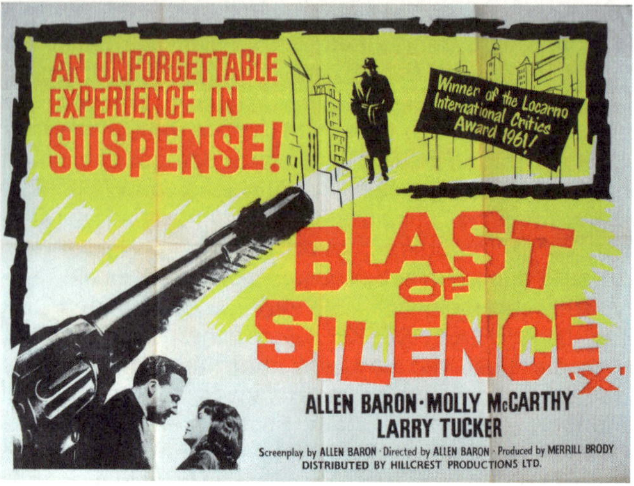

tes Hakenkreuz. Dieser unglaubliche Effekt war natürlich nicht inszeniert, sondern ergab sich, als Baron gerade aus seinem eigenen Hotelzimmer filmte – ein reiner Zufall, wie er sich manchmal eben ergibt, wenn man als Low-Budget-Filmer unterwegs ist. Tatsächlich haperte es mit dem Geld an allen Ecken und Enden. Manchmal war der Hahn auch komplett zu, und Baron mußte sehen, wo er das Geld herbekam. Das Resultat dieser Bemühungen ist einer der unglaublichsten Low-Budget-Thriller, die ich jemals gesehen habe. Wer den Film im Kino erleben durfte, sollte sich glücklich schätzen, denn dort gehört er hin.

Die Geburt der Großstadt aus dem Geist der Musik

Jimmy Angelini alias „Fingers" (Harvey Keitel) ist ein typischer Großstadtjunge – lebt in den Tag hinein, hat keine feste Anstellung, keine Konstanten in seinem Leben, aber jede Menge Freiheit. Außerdem hat er seine Musik. Als Pianist drischt er den Bach in die Tasten, daß einem vom Zuhören schwindelig wird. Nicht schlecht für einen kleinen Gauner, denn gelegentlich führt er für seinen Papa – eine ehemals mittelgroße Nummer im organisierten Verbrechen New Yorks – Aufträge aus. Wenn es darum geht, Geld einzutreiben, das ein Pizzeriabesitzer seinem Vater schuldet, donnert er auch schon mal jemandem seinen .38er in die Fresse. Das alles geht einigermaßen gut, bis sein Vater mehr abbeißt, als er schlucken kann. Auf einmal will Papa, daß Jimmy für ihn einen Mord begeht ...

Dieser düstere, fabelhafte Film heißt FINGERS (1978) und lief bei uns einst als FINGER – ZÄRTLICH UND BRUTAL im Kino. Danach kam die komplette Spinatmaske. Videoveröffentlichung: Fehlanzeige. DVD-Veröffentlichung: Fehlanzeige. Nur im Fernsehen lief er mal als BLUTIGER ZAHLTAG unter „Ferner liefen", mit einer ordentlichen Synchro, aber gekürzt. Schon faszinierend: Martin Scorseses TAXI DRIVER – ebenfalls fotografiert von Michael Chapman und mit Keitel – ging zwei Jahre vorher durch die Decke, jeder kennt ihn, jeder liebt ihn. FINGERS hingegen: Finger im Po. Der Film, der kam und ging. Woran das liegt? Da kann man wirklich nur mutmaßen. TAXI DRIVER traf damals den Nerv der Zeit. Er verfügte über ein erstklassiges Drehbuch, das sowohl feinnervige Großstadtbeobachtung aufwies wie auch knallige Action, den ganzen Rummel des Jahrmarktes. Das bluttriefende Finale etwa versah den Amoklauf des

Travis Bickle mit einem äußerst ambivalenten Glanz, der den Film als solchen zwar nicht fragwürdig machte, aber eben auch für solche Zuschauer genießbar, die das „Hier ist einer, der sich wehrt!" womöglich ernster nahmen, als die Schraders und Scorsese das getan hatten. Der Film war – bei aller Intelligenz und formalen Brillanz – einigermaßen bequem integrierbar in jenen glorreichen Hollywood-Bullshit, der auch Sprüche hervorbringt wie „Klappern gehört zum Handwerk" und den Mythos des einsamen Westerners, der mit der Wumme in der Hand Konstanten schafft, wo vorher keine waren.

Ja, Konstanten. Regisseur James Toback hatte 1974 den stark autobiographisch geprägten SPIELER OHNE SKRUPEL (THE GAMBLER) geschrieben, den Karel Reisz exzellent inszenierte. Am Schluß jenes Filmes blickt ein Spielsüchtiger in einen Spiegel. Kurz vorher hat ihm jemand ein Messer durch das Gesicht gezogen und ihm eine unauslöschliche und zutiefst entstellende Narbe verpaßt. Der Spieler kuckt sowohl entsetzt als auch auf sehr verunsichernde Weise bewundernd, erfüllt. Jetzt gibt es kein Zurück mehr, sein ganzes Mißgeschick, seine ganze Minderwertigkeit steht ihm auf ewig ins Gesicht geschrieben. Aus dem Taumel entsteht die Konstante. Ein wenig findet man das auch in FINGERS wieder: Jimmy ist ein ebenso inkonsequenter wie flatterhafter Geselle. Er scheut bleibende persönliche Beziehungen. Seine offenbar schwer depressive Mutter hat bei seinem Vater bereits Schiffbruch erlitten und will jetzt nur noch, daß ihr nicht mehr wehgetan wird. Eine hübsche Blondine, Carol (Tisa Farrow, Mias Schwester, die im selben Jahr auch Lucio Fulcis WOODOO – DIE SCHRECKENSINSEL DER ZOMBIES machte), zieht ihn mit ihrer abweisenden Art magisch an, aber als sie schließlich in den Armen eines muskelbepackten Ex-Boxers (Jim Brown) landet, ist sie bei dessen primiti-

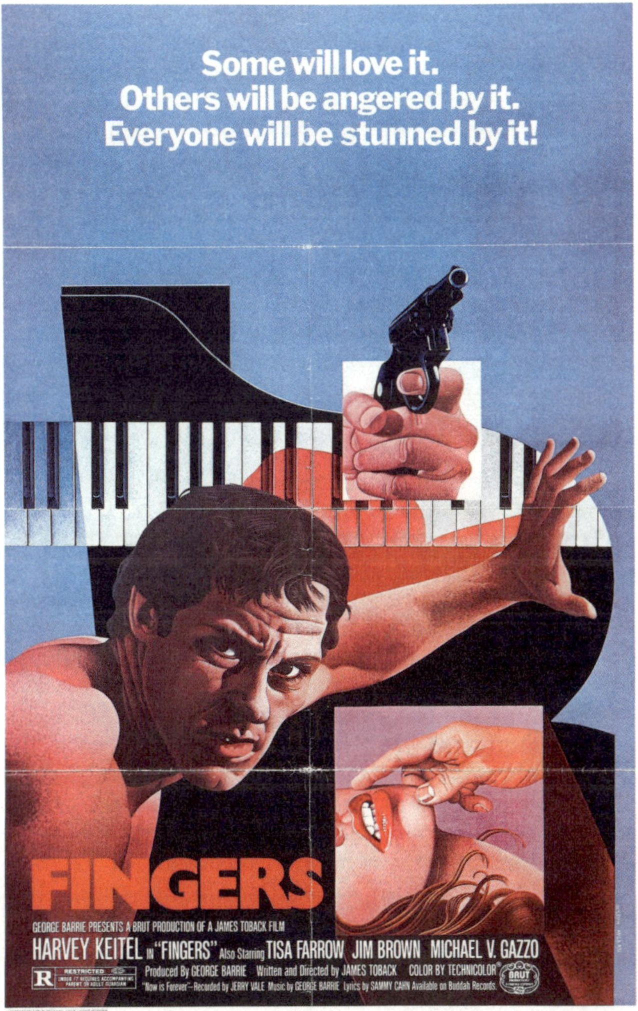

Some will love it.
Others will be angered by it.
Everyone will be stunned by it!
FINGERS
GEORGE BARRIE PRESENTS A BRUT PRODUCTION OF A JAMES TOBACK FILM
HARVEY KEITEL IN "FINGERS" Also Starring TISA FARROW JIM BROWN MICHAEL V. GAZZO
R RESTRICTED
Produced By GEORGE BARRIE Written and Directed by JAMES TOBACK COLOR BY TECHNICOLOR®
"Now is Forever"–Recorded by JERRY VALE Music by GEORGE BARRIE Lyrics by SAMMY CAHN Available on Buddah Records.
BRUT

ven Machtspielen besser aufgehoben als bei Jimmy, der mit etwas herumhantiert, was er nicht versteht – Liebe. An der Öffentlichkeit läuft er ständig mit einem Kassettenrecorder herum, aus dem Doo-Wop-Musik der 50er und 60er nudelt. Zu Hause hingegen befaßt er sich mit einer Toccata von Bach, die er mustergültig spielt. Man merkt, daß er hier wirklich die einzige echte Konstante seines Lebens erfährt. Er spielt die Musik nicht nur herunter, sie fließt richtig durch ihn hindurch – er lebt sie. Leider schafft er es nicht, diese Form von Schönheit auch in seinem Leben zu verwirklichen, das ständig zwischen Kleingangstern und bedeutungslosen Bumsereien hin und her springt. Als sein Vater ihm schließlich nahelegt, einen Mord für ihn zu begehen, zwingt er Jimmy dazu, Farbe zu bekennen – ist er ein richtiger Killer? Ist er bereit, diese Grenze zu übertreten, um komplett in das gesellschaftliche Abseits hinüberzuwechseln?

Trotz einiger gewalttätiger Ausbrüche ist FINGERS eigentlich ein Plauderfilm. Die Hauptfigur unterhält sich mit Nebenfiguren, das meiste davon ist im Grunde Geschwätz, seinem Charakter entsprechend. Man plaudert sich so durch den Tag. Die unheildräuende Qualität, die Travis Bickle in TAXI DRIVER von Anfang an umgibt und seine Verwandlung in einen „True American Hero" ankündigt, ist bei Jimmy Angelini dramatisch abwesend. Solche Dialogszenen, in denen keine wesentlichen Handlungselemente transportiert werden, sind für mich immer so etwas wie die Nagelprobe. Wenn sie den falschen Ton treffen, sind sie bodenlos langweilig. Man kann Atmosphäre nicht herbeiquatschen, wenn der Zuschauer sich genau null für die Figuren des Dramas interessiert. Toback macht das aber genau richtig – man spürt, daß die Spökskes, die Jimmy & Co. da abziehen, kein Verlegenheitsgequatsche sind, um den Film zu strecken. Man interessiert sich für die Figuren. Ist es in den Little-Italy-Filmen von Scorsese häufig der großspurige und tendenziell lächerliche Machismo, über den sich die Bewohner der Filme definieren, erfährt Jimmy seine Eignung als Hauptfigur durch seine lebenslange Erfahrung mit der Straße. Er baut eine Menge Mist, aber als er beispielsweise eine weinende, verzweifelte Frau am Straßenrand passiert, latscht er eben nicht an ihr vorbei, wie das die meisten machen würden, sondern er verwickelt sie in ein lustiges Gespräch, bis es ihr wieder etwas besser geht. Er schafft Magie im Vorübergehen. Gleichzeitig erweist er sich als komplett unfähig, in seinem eigenen Leben Bleibendes zu schaffen. Er sinkt gelegentlich tief in die Magie der Musik hinein, aber wenn es hart auf hart kommt, versagt er. Er bleibt da wirklich der Sohn seines Vaters, ohne Hoffnung auf Läuterung oder auf Vergebung.

Für die Besetzung hat Toback halb Little Italy versammelt. Papa wird gespielt von Michael V. Gazzo, einem der bekanntesten Charakterdarsteller, wenn es um Ostküsten-Italoamerikaner geht. Ein noch sehr junger Danny Aiello ist mit dabei. Auch Frank Pesce, Dominic Chianese und Tom Signorelli kennt man aus solchen Filmen. Tanya Roberts taucht auf, hier noch nicht erblondet. Ein Wahnsinn, daß dieser Film so untergegangen ist. Harvey Keitel ist natürlich Harvey Keitel, hier noch jung und wild, ohne den wettergegerbten Altherrenlook, der ihn später auszeichnete und der immer eine Erfahrungsdichte und Lebensschläue andeutet, die bestimmt auch zwanzigjährige Backfische zum Schnurren bringt. (Bei Robert de Niro verhält es sich ähnlich. Der Mann ist – wie alt ist er, 90? –, und er hat trotzdem das gewisse Etwas, das cool und attraktiv wirkt. Das macht uns allen Mut für ein Leben jenseits des Altenstiftes!) Höhepunkt seiner Performance sind natürlich die Szenen, in denen er Klavier spielt und im besten Glenn-Gould-Stil die

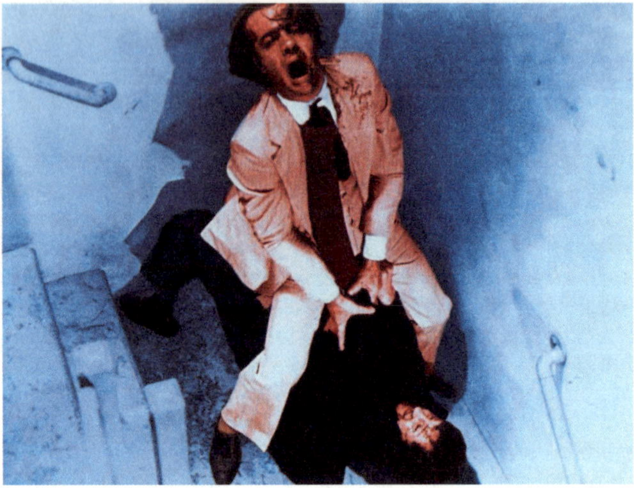

Musik förmlich lebt. Da bekommt man einen kleinen Eindruck von der unendlichen Welt im Inneren des Jimmy Angelini. Die Rolle ist wie für Keitel gemacht, ein schauspielerischer Maßanzug der Sonderklasse.

Also, falls das aus dem Text noch nicht ausreichend hervorgegangen sein sollte: Ich möchte eine DVD von dem Film! Ich möchte eine Blu-Ray von dem Film – ob in 2K oder in 4K, ist mir wurscht, aber det Dingen muß her, und zwar pronto!

Ohne Eier kein Omelette

Als letzten Film des Kapitels habe ich mir ein Exemplar ausgesucht, bei dem ich lange überlegt habe, ob ich ihn ins Buch nehmen soll, ist er doch so alles andere als obskur. Es ist ein Film, bei dessen Nennung viele Leute automatisch ein begeistertes „Yeah!" ausrufen werden. Er ist seinerzeit im Kino recht ordentlich gelaufen, er gilt ohne Frage als Kultfilm, und er ist sowohl der Anfangspunkt der überaus eklektischen Karriere seines Regisseurs wie auch repräsentativ für sie. Er ist allerdings auch einer der verdammt eindrucksvollsten New-York-Filme überhaupt, wie auch das Gesamtwerk des Filmemachers ohne diese Stadt kaum vorstellbar wäre. Der Regisseur ist Abel Ferrara, der Film DIE FRAU MIT DER 45ER MAGNUM (MS. 45, 1980).

Die stumme Thana ist Näherin in New York. Auf dem Rückweg von der Arbeit wird sie von einem maskierten Unhold (=Gastauftritt von Regisseur Ferrara) vergewaltigt. Kaum hat sie sich nach Hause geschleppt, steht ihr dieselbe Tortur noch einmal bevor. Der Einbrecher wird von ihr aber mit dem Bügeleisen erschlagen. Anstatt die Polizei zu rufen und sich der demütigenden Befragungsprozedur auszusetzen, zerteilt sie den Leichnam und verstaut ihn in ihrem Kühlschrank, um ihn Stück für Stück im Stadtgebiet zu entsorgen. Die vormals friedliche und schüchterne Thana stellt fest, daß sie die an ihr begangenen Verbrechen nicht vergessen kann. Da sie nicht ewig das Opfer bleiben will, greift sie zur Waffe des Einbrechers und sucht sich Sausäcke in der Umgebung und ermordet sie. Und je mehr Leute ihr vor die Kimme kommen, umso mehr läßt ihr Verstand Federn ...

Nachdem er einen Porno namens THE NINE LIVES OF A WET PUSSY (1977) gedreht hatte, um Geld für seinen ersten „richtigen" Film zu verdienen, machte

Abel Ferrara THE DRILLER KILLER (1979), ein Low-Budget-Vehikel, in dem er selbst den Bewohner eines schäbigen Apartments spielt, der von den Fährnissen der Schattenseite New Yorks dazu getrieben wird, mit einem Drillbohrer Obdachlose zu ermorden. Obwohl der Film als Horrorschocker verkauft wurde, findet sich in ihm eine grenzenlos deprimierende Studie des unteren Endes des Laternenpfahls – ein New York, in dem Frank Sinatra ganz weit weg ist.

Da sich mit grenzenlos Deprimierendem kein flotter Reibach machen läßt, hielt sich Ferrara in seinem nächsten „Urban Nightmare" an das Format der Selbstjustizfilme, die im Gefolge von EIN MANN SIEHT ROT gute Kasse versprachen. Die Idee, eine Frau zur Rächerin für eine sexuelle Gewalttat werden zu lassen, hatte schon Lamont Johnsons EINE FRAU SIEHT ROT (LIPSTICK, 1976) durchexerziert, der aber nicht viel mehr erzählte als ein Vergewaltigungsmelodram mit Rachepackung, nur eben mit einer weiblichen Protagonistin statt eines Mannes. Der Umstand, daß es sich bei der Frau um eine selbstbestimmte Fotografin handelte (gespielt vom Model Margaux Hemingway), die zur Fixierung eines männlichen Soziopathen wird (gespielt vom hübschen Chris Sarandon), ändert nichts daran, daß es sich um eine ziemlich konventionelle Hollywood-Geschichte handelte, noch weit entfernt vom sehr viel besseren EXTREMITIES (1986).

Ich erinnere mich noch an die Kritiken, als DIE FRAU MIT DER 45ER MAGNUM damals im Kino lief. Von der deutschen Presse wurde der Film lediglich als ein weiterer Selbstjustizfilm abgefertigt. Der Umstand, daß das Vergewaltigungsopfer hier selbst zur Waffe greift und nicht ein halbgreiser Charles Bronson, wurde eher gegen den Film ausgelegt. Eine Rezension argumentierte angewidert, daß der Film nahelege, in jeder Frau stecke eine Mörderin, ein Monster, und es bedürfe lediglich eines „Kavalierde-

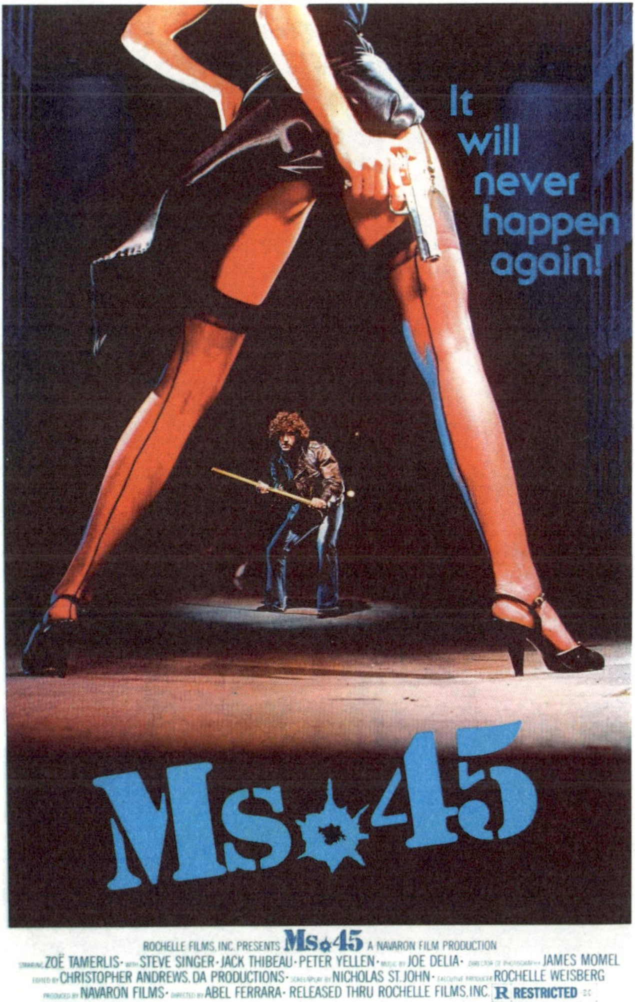
It will never happen again!
Ms 45
ROCHELLE FILMS, INC. PRESENTS Ms 45 A NAVARON FILM PRODUCTION
ZOË TAMERLIS · STEVE SINGER · JACK THIBEAU · PETER YELLEN · JOE DELIA · JAMES MOMEL
CHRISTOPHER ANDREWS, DA PRODUCTIONS · NICHOLAS ST. JOHN · ROCHELLE WEISBERG
NAVARON FILMS · ABEL FERRARA · RELEASED THRU ROCHELLE FILMS, INC.
R RESTRICTED

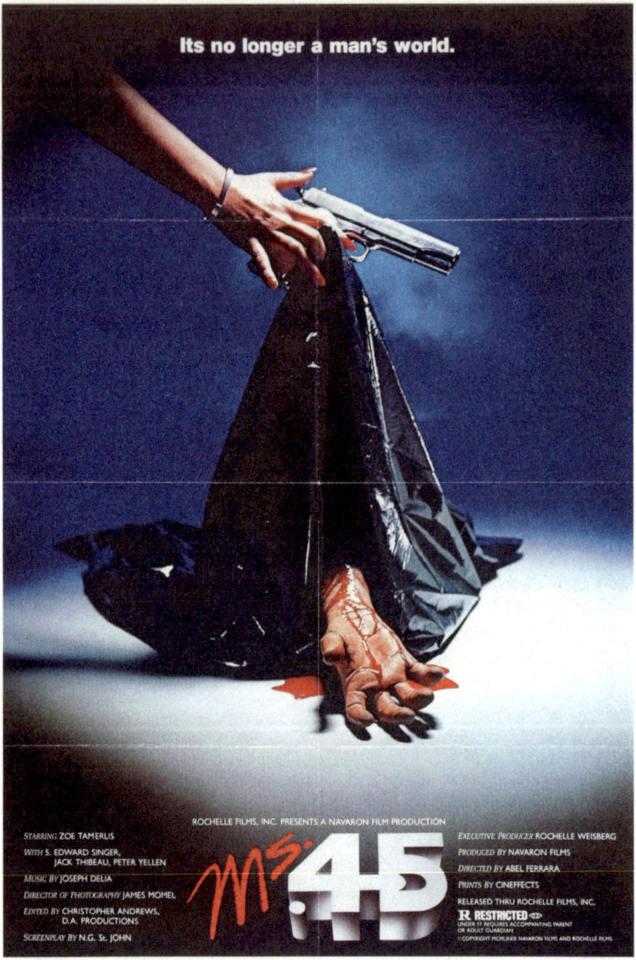
Its no longer a man's world.
ROCHELLE FILMS, INC. PRESENTS A NAVARON FILM PRODUCTION
Ms. .45
STARRING ZOE TAMERLIS
WITH S. EDWARD SINGER, JACK THIBEAU, PETER YELLEN
MUSIC BY JOSEPH DELIA
DIRECTOR OF PHOTOGRAPHY JAMES MOMEL
EDITED BY CHRISTOPHER ANDREWS, D.A. PRODUCTIONS
SCREENPLAY BY N.G. St. JOHN
EXECUTIVE PRODUCER ROCHELLE WEISBERG
PRODUCED BY NAVARON FILMS
DIRECTED BY ABEL FERRARA
PRINTS BY CINEFFECTS
RELEASED THRU ROCHELLE FILMS, INC.
R RESTRICTED
UNDER 17 REQUIRES ACCOMPANYING PARENT OR ADULT GUARDIAN
©COPYRIGHT MCMLXXX NAVARON FILMS AND ROCHELLE FILMS

liktes" wie einer Vergewaltigung (Zitat Rezension), um die wahre Natur der Frau freizulegen. Ich habe das schon damals für völligen Kokolores gehalten. Fakt ist, daß MS. 45 die Männerwelt darstellt als eine einzige Ansammlung sexistischer Ekelpakete, völlig unfähig zur Empathie. Alle Männer, denen Thana über den Weg läuft, betrachten Frauen als Fleischpuppen, als Penisummantelung, an denen sie ihre Vorstellungen von Männlichkeit ausleben können, mehr nicht. Es gibt nur einen einzigen männlichen Charakter, der nicht ganz so schlimm ist, und der ist eine armes Schwein, das so sehr von Todessehnsucht (DEATH WISH, haha!) getrieben wird, daß es sich mit Thanas Waffe umbringt.

Diese extrem düstere Konzeption ist natürlich nicht realistisch, und sie ist auch nicht so beabsichtigt. Das Drehbuch von Ferraras häufigem Mitstreiter aus frühen Tagen, Nicholas St. John, zieht den Film auf als den Alptraum einer mißbrauchten Frau, deren Seele von den Gewalttaten zerstört wurde. Sie sieht natürlich nur noch Angreifer, potentielle Schurken. Das verwundete New York von Ferraras Film ist völlig frei von den verklärenden Urlaubsprospekt-Ansichten, die man normalerweise im Zusammenhang mit der Stadt präsentiert bekommt. Wie in den meisten Filmen, die in New York spielen, hat man in jenen Szenen, die in Wohnhauskorridoren, Altbauwohnungen etc. gedreht wurden, immer das Gefühl von bedrückender Enge, von schlecht ausgeleuchteten Korridoren, in denen sich unsagbar schmutzige Dinge zugetragen haben. Während diese Enge in anderen Filmen etwas durchaus Heimeliges und Intimes bekommen kann, ist sie im Zusammenhang mit einer Vergewaltigungsthematik natürlich nahezu unerträglich. Und ständig fummeln Leute an Thana herum, da es ihr scheinbar nicht gut geht und sie ja so ein hilfloser Krüppel ist, der sich nicht mitteilen kann. Daß die Leute häufig nicht wirklich an ihr herumfummeln, weil sie ihr helfen wollen, sondern weil sie eben sehr hübsch ist und in ihrer mißlichen Lage für einen auf devote Frauen geeichten „Frauenversteher" der Hauptgewinn sein muß, macht die Sache noch ekliger. Auch von ihren Arbeitskolleginnen winkt keine Hilfe, denn die kümmern sich gackernd um ihren eigenen New Yorker Alltag, muß ja jeder selbst sehen, wo er bleibt. Thana (=sprechender Name, übrigens!) ist komplett allein, isoliert und den Drangsalierungen ihrer überkandidelten Vermieterin ausgesetzt. Es gibt keine Rettung. Der Ausweg in die Psychose, in den Alptraum, erscheint da fast als konsequente Entwicklung. Nahezu der gesamte Film spielt in Thanas hilfloser, stummer Welt. Man sieht zwischendurch Schlagzeilen, daß da wohl ein Serienmörder gesucht wird, aber nur in einer einzigen Szene tauchen mal kurz Polizisten auf (einer davon Nick St. John, der Drehbuchautor).

Das Finale des Filmes ist ein Amoklauf auf einer Halloween-Party, für die sich Thana als Nonne verkleidet hat. Die Verfremdungen von Ferraras Regie, die das New York des Filmes sorgfältig zu einer Kulisse des Alptraumes und der versteckten, verstörenden Botschaften machen, rutschen da endgültig in einen stroboskoplichtgesäumten Taumel des Verderbens. Alles kaputt. Da ist nichts, aber auch gar nichts Glorioses oder Verherrlichendes an diesem Verfall. Selbst Roman Polanskis meisterhafter EKEL (REPULSION, 1965) besaß mehr Potential, um seine Verwendung des „Femme Castratrice"-Motivs als tendenziell sexistisch mißzuverstehen. Alles, was DIE FRAU MIT DER 45ER MAGNUM leistet, ist, den grundsätzlich machistischen Potenzprotzereien der gewohnten Selbstjustizfilme (=die Schändung der Geliebten muß vom echten Mann blutig gerächt werden, damit zumindest eine Illusion von Gerechtigkeit entsteht) ein denkbar andersgeartetes Beispiel entgegenzusetzen.

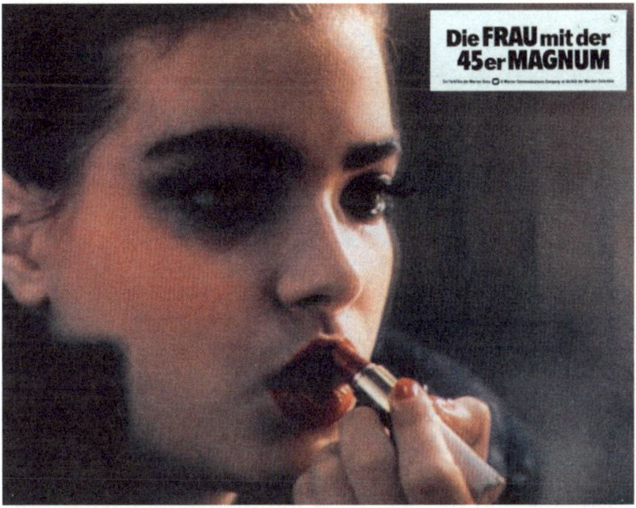

Während sich männliche Zuschauer über die verletzte Frau selbst bestätigen, wenn Charles Bronson die Wumme rausholt, zieht sie Ferrara in den Alptraum einer zerstörten Frau, ohne Verklärung, ohne Zurück. Der Film ist hervorragend gemacht und zählt für mich bis zum heutigen Tage zu Ferraras besten. Und ja, was New York angeht, jenen Schmelztiegel der unterschiedlichen Kulturen, den man verklären oder dämonisieren kann, wie es einem beliebt - hier wird gezeigt, wie subjektiv die Mythen sind, die den Alltag besternen. Wenn man in der Gosse liegt, dann ist es völlig egal, ob man dies in Manhattan tut oder in Cleveland oder Pittsburgh. DIE FRAU MIT DER 45ER MAGNUM ist ein Film über die Sinnlosigkeit von Mythen, sowohl scheinbar hilfreichen als auch zerstörerischen. Er zeigt, daß unser Leben nur so viel Schönheit besitzt, wie wir in es zu investieren bereit sind. Wenn wir uns damit zufriedengeben, professionelle,

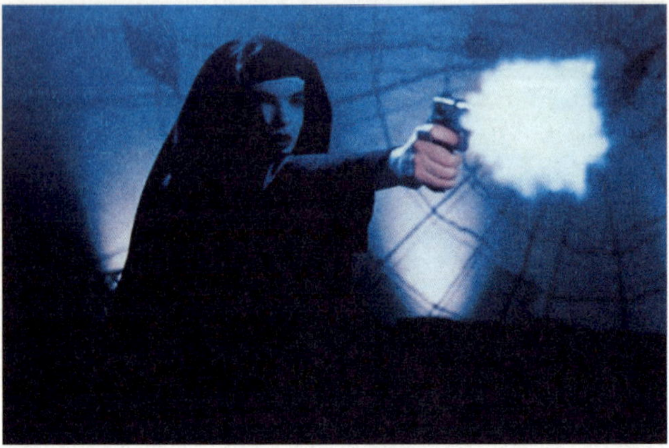

egozentrische Menschendarsteller zu werden, die den Mitmenschen nur als Nutzvieh und als identitätsstiftendes Element begreifen, dann heißt die letzte Ausfahrt nicht Brooklyn, sondern Alptraum.

Vor dem Gesetz ist jede Leiche gleich (Verbrechensbekämpfung)

Die Polizisten in der Zirkuskuppel: ratlos

Die meisten Menschen haben ein dumpfes Gefühl der Schuld in ihrem Busen, wenn ein Polizeiwagen hinter ihnen auftaucht. Das Ausmaß dieses Gefühls wächst, je dunkler es um einen herum wird. Am heikelsten ist es, wenn man gerade in den Niederlanden war, die nächtlichen Grenzkontrollen heil überstanden hat und jetzt gemütlich nach Hause tuckert. Plötzlich taucht ein Polizeiwagen auf, der sich auf der ansonsten leeren Autobahn direkt hinter einem einordnet. Man hat zwar keine rechtswidrigen Güter bei sich, aber auch keine Lust auf die übliche Routinekontrollen-Kasperei. Man fährt „brav", also maximal zehn Tacho-Kilometer mehr, als das Tempolimit anbietet. Zu langsam wäre verdächtig, zu schnell leichtsinnig. Der Polizeiwagen überholt nicht. Er checkt ganz offensichtlich ab, wer da vor ihm fährt. Jetzt nur keinen Fehler machen, nervös herumhampel ...

Auch ich habe immer widersprüchliche Gefühle im Busen, wenn mir ein Uniformierter über den Weg läuft. Ich weiß zwar, daß er einen ebenso undankbaren wie notwendigen Job verrichtet, aber ich weiß eben auch, daß er Macht über mich besitzt, die er theoretisch mißbrauchen könnte. Ich bekämpfe diese Busengefühle in der Regel damit, daß ich besagten Uniformierten freundlich grüße oder ihn etwas frage. Meistens stellt sich dann heraus, daß der Uniformierte nett ist und mitnichten ein Grobian.

In Filmen standen Polizisten nicht immer für die Ordnung. Wir hatten das Thema bereits im Zusammenhang mit dem „Film Noir". Während der allkönnende Meisterdetektiv die Ordnung wiederherstellt, in der wir alle kraftvoll durchatmen können, ist der Polizist – gerade der Großstadtcop – in der Regel ein wagemutiger Streiter im Kampf um eine Ordnung, die ein Ideal darstellt, dem man sich bes-

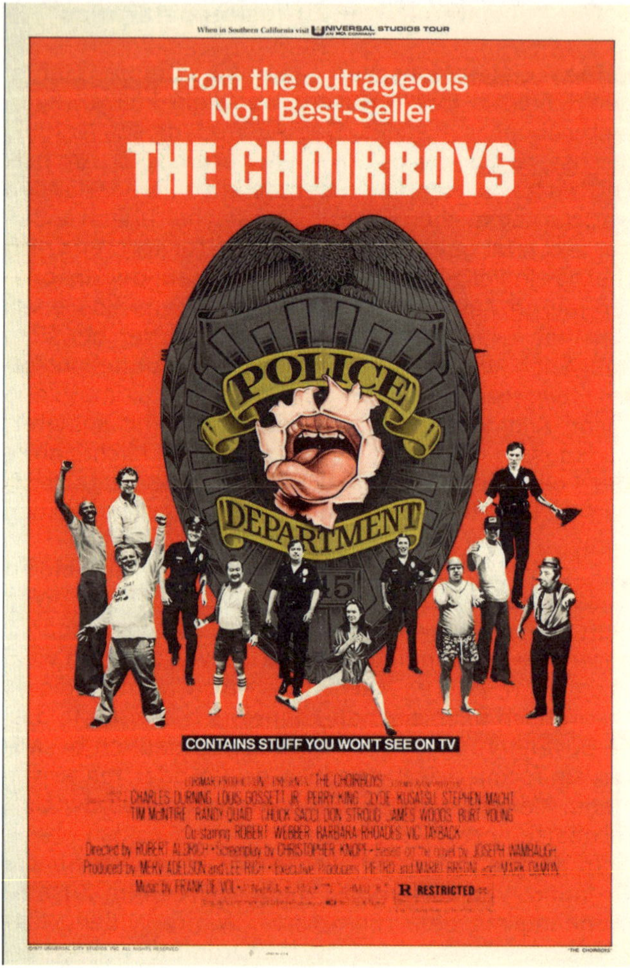
When in Southern California visit UNIVERSAL STUDIOS TOUR
From the outrageous
No.1 Best-Seller
THE CHOIRBOYS
POLICE
DEPARTMENT
CONTAINS STUFF YOU WON'T SEE ON TV
R RESTRICTED

tenfalls annähern kann. Der mehr oder weniger realistisch dargestellte Alltag von Polizisten fand im Hollywoodkino erst nach dem Zweiten Weltkrieg statt. Einer der großen Klassiker ist William Wylers POLIZEIREVIER 21 (DETECTIVE STORY, 1951). In ihm trifft sich ein Querschnitt der weniger begüterten Bevölkerungsanteile von Los Angeles im Zentrum der Polizeiarbeit, dem titelgebenden Revier, wo zahllose Polizisten als Don Quichottes tätig sind, die mit immer neuen Windmühlenflügeln zu kämpfen haben. Der Film schildert eine heillose Unordnung, eine Ordnung, die nur noch als Ahnung vorhanden ist, zersplittert, zerfranst, aus lauter Minigeschichten bestehend, die sich alle ineinanderschieben wie rebellische Gletscher. Die Polizisten sind meistens überfordert und müssen auch ihren privaten Dämonen Tribut zollen. Das Resultat ist ein andauernder Kampf, der auch in den Folgejahrzehnten fortdauerte. Obwohl es Vorzeige-Cops wie Joe Friday in der immens populären TV-Serie „Dragnet" gab, lud die ernsthafte Inspektion des Polizeialltages nicht zu Illusionen ein. Selbst in den 70ern verfuhren Filme wie AUF LEISEN SOHLEN KOMMT DER TOD (FUZZ, 1970) – eine Art schwarzkomödiantische Bearbeitung von Ed McBains Romanen um das 87. Polizeirevier – nicht anders. Mit Don Siegels DIRTY HARRY (1971) zersplitterte die Ordnung endgültig und bereitete den Weg vor für die paranoiden Selbstjustizfilme á la EIN MANN SIEHT ROT. Harry Callahan sieht sich einer Umwelt ausgesetzt, in der die Ordnung de facto nicht mehr existiert. Lauter Delikte säumen seinen Weg, die er mehr oder weniger erfolgreich löst. Selbst der „Hauptfall" des Filmes – der Psychokiller Scorpio – beginnt seine Karriere als Heckenschütze, der willkürlich Leute umballert, betätigt sich dann als Entführer eines kleinen Mädchens, um schließlich einen ganzen Schulbus hoppzunehmen. Ein von Vernunftgründen abgelöstes Inferno des Verbrechens, eine Glocke der Angst!

Kommen wir nun zu DIE CHORKNABEN (THE CHOIRBOYS, 1978), einem der wohl unpopulärsten Filme des großartigen Robert Aldrich! Bis heute gibt es den Film bei uns nicht einmal als DVD. Nur eine alte Videofassung liegt vor, gräßlich verunstaltet vom Pan & Scan-Wahnsinn der 80er Jahre und gruseligen Bonbonfarben, wie sie die Fox damals ihren Videokassetten aufdrückte. Ein reizvoller und zu Unrecht vergessener Film! Aldrich gehörte zu den großen Männerfilmproduzenten Hollywoods. Während Sam Peckinpah seine „Wild Bunches" und Alfredo Garcias hatte, die durch eine denkbar unromantische Film-Gegenwart strolchten und sie erforschten, waren die Filme von Aldrich ebenfalls bevölkert von Männern unter widrigen Umständen, die nicht selten Probleme mit ihrer Identität hatten. Ob nun im Krieg (ARDENNEN 1944, DAS DRECKIGE DUTZEND), im Gangsterdschungel (RATTENNEST), im Gefängnis (DIE KAMPFMASCHINE), im Landstreichermilieu (EIN ZUG FÜR ZWEI HALUNKEN) oder gar in Hollywood (THE BIG KNIFE) – stets ging es um Männer, die sich als Männer erweisen wollten und dabei nicht selten auf die Nase fielen. Anders als Peckinpah überraschte Aldrich im späteren Verlauf seiner Karriere – als er aufgrund des riesigen Erfolges von DAS DRECKIGE DUTZEND auf einmal in die Lage geriet, selber Filme produzieren zu können – dadurch, daß er auf einmal Filme über Frauen machte. Dies hatte sich bereits angekündigt in seinen „Gothic Horror"-Meisterstücken WAS GESCHAH WIRKLICH MIT BABY JANE? (1962) und WIEGENLIED FÜR EINE LEICHE (1964) und ging dann in die Vollen mit dem ungeheuer beißfreudigen Hollywood-Drama GROSSE LÜGE LYLAH CLARE (THE LEGEND OF LYLAH CLARE, 1967) und der Lesbentragödie THE KILLING OF SISTER GEORGE (1968). In den beiden letzteren

Filmen, aber auch in Sachen wie dem blutrünstigen Gangsterdrama DIE GRISSOM-GANG (1971), zeigte sich eine Neigung des Regisseurs zu grotesken Elementen. Diese kam vollends zum Vorschein, als es darum ging, Joseph Wambaughs erfolgreichen Polizistenroman „The Choirboys" zu verfilmen. Vergleicht man Film und Buch, muß man feststellen, daß Aldrich und sein Drehbuchautor Christopher Knopf sich inhaltlich weitgehend an der Vorlage orientierten, abgesehen vom Schluß, der doch etwas abgemildert erscheint und dem überaus ernüchternden Epilog des Buches so gar nicht mehr gerecht wird. Wambaugh selbst war auf jeden Fall stocksauer, als das fertige Produkt herauskam. So erzürnt war er, daß er sich selbst daran machte, seinem MORD IM ZWIEBELFELD (THE ONION FIELD, 1979) eine angemessene Kinobearbeitung zu bereiten. Ist jener ein geradliniger und nüchterner Kriminalfilm geworden, so stellt DIE CHORKNABEN so etwas wie die große Arschbombe des Polizeikinos dar, einen bösen Kindergeburtstag ab 18, in dem die Dämonen am Boden der Polizistenseele als räudige Clowns die Manege unsicher machen. In den Programmkinos meiner Heimatstadt lief der Film damals rauf und runter, zusammen mit Polanskis MACBETH (1971) und ICH HABE DIR NIEMALS EINEN ROSENGARTEN VERSPROCHEN (1977). Sehen durfte ich ihn natürlich nicht, denn ich war noch zu jung. Wer bei dem Film eine Art Vorläufer von POLICE ACADEMY (1984) erwartet, wird mit Stockhieben belohnt. Nach heutigen Maßstäben der politischen Korrektheit ist DIE CHORKNABEN eine harte Nuß. Okay, daß Polizisten Mitbürger schwarzer Hautfarbe gerne mal mit dem N-Wort bedenken, sollte spätestens seit James Ellroy darstellbar sein und dürfte wohl auch der Realität entsprechen. Die Polizisten der Wilshire Division (neben Charles Durning sind noch Louis Gossett jr., James Woods, Don Stroud, Perry King

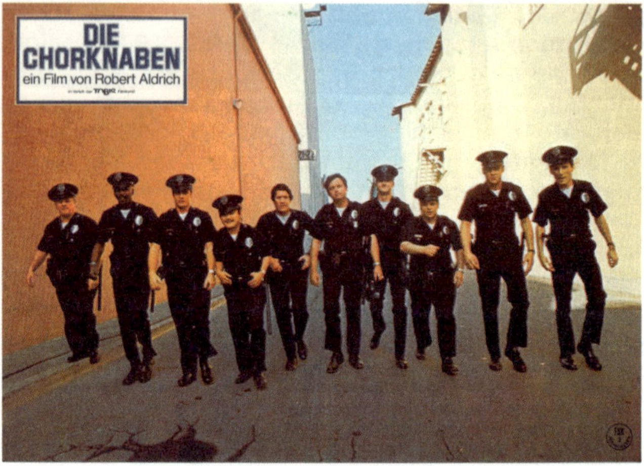

und Randy Quaid dabei) treffen sich regelmäßig zu After-Work-Besäufnissen, die sie „Chorproben" nennen. Dabei dominieren sexistische Späße, die auch gerne von rüden, spätpubertären Aktionen begleitet werden. (Einem besonders unsympathischen Polizisten irischer Abstammung wird etwa der Kopf einer lebenden Gans in den Hosenlatz gesteckt, als er seinen Rausch ausschläft.) Man muß nicht extra betonen, daß die Berliner Synchro natürlich Vollgas gibt, zumal der Film ohnehin für Jugendliche nicht freigegeben war. Während man sich im Anfangsteil des Filmes fast wie in einer jener grenzdebilen Klamotten à la BACHELOR PARTY (1984) wähnt, kippt die Sache im zweiten Teil auf eine interessante Weise um. So sind die Ausfälle des rassistischen Cops Roscoe irgendwann gar nicht mehr komisch, wenn er etwa einen potentiellen Selbstmörder mit seinem Dicker-Max-Getue in den Tod treibt oder einem Chicano bei einem Einsatz in den Slums den Schnurrbart abreißt und damit eine Art Mini-Watts auslöst. So richtig ans

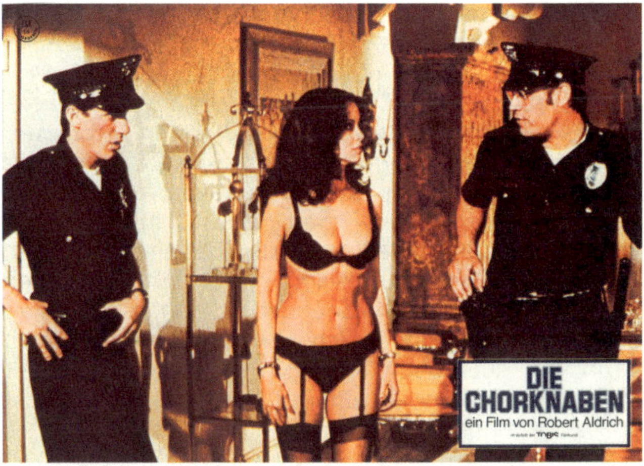

Eingemachte geht es dann, wenn sich ausgerechnet der hübsche Perry King (der später den Lehrer in DIE KLASSE VON 1984 spielen und in der TV-Serie „Trio mit vier Fäusten" landen sollte) als masochistisches Domina-Mündel entpuppt. Es gibt Totschlag, es gibt Selbstmord, es gibt gemeingefährlichen Wahnsinn – am Schluß ist wirklich alles im Eimer. Was eine zotige Späßchen-Revue zu werden versprach, kippt um in die tiefste Gosse, in zerstörte Existenzen, und zwar in einer dermaßen radikalen Weise, wie ich das in einem Hollywoodfilm selten erlebt habe. Es leuchtet ein, daß Autor Wambaugh speziell vom Ende der Verfilmung seines Romans entäuscht war. Mit der Wirkung jedoch hätte er gar nicht so unzufrieden sein müssen, denn DIE CHORKNABEN entwickelt gerade durch seine formale Überrumpelungsstrategie einen ganz eigenen Charme, der letztlich zum selben Ziel führt wie die Romane Wambaughs, die ja auch gerne Themen wie Selbstmord von Polizisten aufgreifen. (Siehe z.B. sein sehr schönes Debüt „The New

Centurions" von 1970.) Robert Aldrichs Film gehört sicherlich nicht zu seinen besten. Er ist uneben, er strolcht undiszipliniert in der Gegend herum, er nervt teilweise hemmungslos und ist insgesamt ein ziemlicher Sausack von Film, der manch einen Zuschauer ratlos zurücklassen wird. Seine Wirkung ist aber eine ganz einzigartige, und sie unterstreicht, auf zugegebenermaßen ungewöhnlichen Wegen, jenen alten Polizeifilmstandard - daß die alltägliche Beschäftigung mit Brutalität, mit Aggression, mit Extremsituationen in den Psychen der Ordnungshüter eben auch ihre Spuren hinterläßt. Wer sich an Konstanten festhalten kann, hat gute Chancen, seine geistige Gesundheit zu bewahren. Wer im Chaos, wer im Krieg lebt, ist absturzgefährdet. Das ist die trübe Botschaft dieses weitgehend vergessenen Filmes. Ob man besser mit der Wahrheit oder mit einer glückseligmachenden Lüge lebt, muß jeder für sich selbst entscheiden.

Einsamkeit in blau

Ein Thema, das immer wieder in amerikanischen Polizeifilmen gestreift wird, ist die Belastung, die der Polizistenberuf für zwischenmenschliche Beziehungen darstellt. Zum einen liegt das an der wenigen Zeit, die Cops für ihre Familien haben. Das Verbrechen schläft nicht, und wenn man ran muß, muß man ran. Die andere Sache ist die andauernde Beschäftigung mit Gewalt und mit Unerfreulichem, die man dann nach Hause trägt, ob man will oder nicht. Ein mehr oder weniger geschickt geschnürtes Paket von Frust und Aggression, das nicht zuträglich ist für einen dauerhaft anhaltenden Familienfrieden. Eng damit verbunden ist auch das berufsbedingte Rollenverhalten. Ist, sagen wir mal, ein Studienrat es gewohnt, daß ihm die ganze Woche über Kinder vor der Nase sitzen, denen er unwidersprochen erklären darf, wie der Hase läuft, so zeichnet sich der Beruf des Polizisten dadurch aus, daß er gegenüber seinen Mitmenschen eine Machtposition innehat, die er im Idealfall verantwortungsvoll verwaltet. In seinem Privatleben ist er aber Erwin Mumpe, nur ein weiterer freundlicher Fucker, den man nur dann gut leiden kann, wenn er nett ist und Rücksicht auf andere nimmt. Man muß umschalten können, denn sonst entwickelt man in seinem Privatleben vermutlich eine ähnliche Beziehungsfähigkeit wie Iwan der Schreckliche. Macht verdirbt den Charakter. Macht macht einsam.

Womit wir bei der Einsamkeit wären. Ein Film, der sich zentral mit dieser Einsamkeit befaßt, ist James William Guercios Western HARLEY DAVIDSON 344 (ELECTRA GLIDE IN BLUE, 1973). Guercio kommt eigentlich von der Musik. Als Musiker spielte er zusammen mit Leuten wie Gene Pitney, Del Shannon, Chuck Berry und den Mothers Of Invention. Auf seiner Caribou Ranch produzierte er zahllose Platten

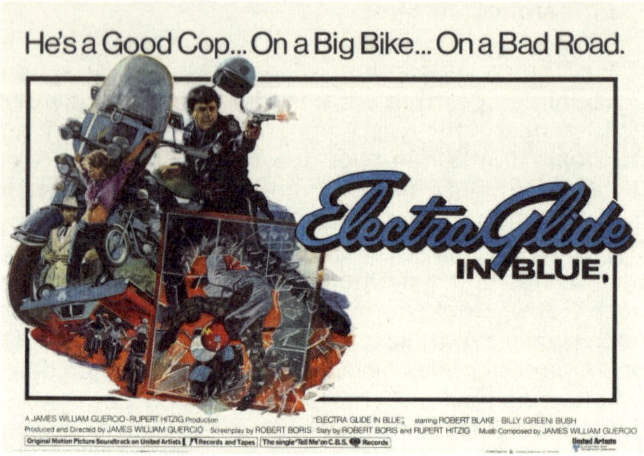

anderer Musiker und gewann auch mehrere Grammys. Obwohl er aus einer Familie von Filmvorführern stammt, kam er zu seinem einzigen Regiejob wie die Jungfrau zum Kinde. Was er daraus machte, ist ein Film, der mich komplett weggeblasen hat. Es gibt ja auch durchaus moderne Beispiele von Musikern, die sich an der Filmemacherei versucht haben, aber ELECTRA GLIDE spielt in einer anderen Liga.

John Wintergreen ist ein Verkehrspolizist mitten in der Wüste von Arizona. Er träumt davon, zur Mordkommission versetzt zu werden. Statt seiner blauen Uniform und des röhrenden Zweirades unter dem Po möchte er lieber schmuckes Braun und einen Stetson auf dem Kopf. Die Wirklichkeit sieht aber anders aus: Zusammen mit seinem tendenziell unerfreulichen Partner Zipper muß er seine Zeit damit verbringen, Strafmandate auszustellen und in der Sonne zu braten. Seine Träume geraten in greifbare Nähe, als er einen scheinbaren Selbstmord entdeckt: Ein Raststättenbesitzer hat sich in seiner Hütte eine Ladung

Schrot in den Leib gejagt. John kommt der Fall spanisch vor, er wittert Mord. Tatsächlich bestätigt sich sein Verdacht, und so findet er sich auf einmal wieder als rechte Hand von Harve Poole, Mordkommission. Gemeinsam machen sie sich daran, das Verbrechen aufzuklären. Doch am Schluß stellt sich heraus, daß sie auf der völlig falschen Spur sind. Am Ende gewinnt die Wüste ...

Tja, auch hier ist das mit der Wiederherstellung der Ordnung so eine Sache! Was John Wintergreen auszeichnet, ist sein unbedingter Glaube an das System. Gleich zu Anfang sieht man ihn, wie er einem großmäuligen Großstadtcop mit blonder Tusse an der Seite ungerührt ein Ticket verpaßt, obwohl dieser Zeter und Mordio schreit. Auch ein eigentlich sympathischer Lastwagenfahrer mit einer traurigen Geschichte am Start wird kostenpflichtig verwarnt, obwohl ihn das seinen Job kosten wird. John ist ein Mann von Prinzipien, von der Wiege bis zur Bahre. Obwohl er einigen Mist baut während des Filmes, funktioniert er doch als Held, denn er bleibt seinen Prinzipien treu. Sein Kumpel Zipper hingegen genießt es, langhaarige Hippies mal schön zu schikanieren und ihnen sogar Drogen unterzujubeln. John weiß, daß Zipper alles andere als ein vorbildlicher Kämpfer für Recht und Ordnung ist, aber man spürt, daß er dessen Kapriolen für das kleinere Übel hält. Nichts tun, was das System zu Fall bringen könnte. Als Harve Poole auftaucht, hängt sich John an dessen Schürzenzipfel, um dort zu lernen, wie echte Profis arbeiten. Harve genießt es, den dicken Max zu markieren. Wenn er seine Weisheiten kundtut, so hat man immer das Gefühl, den großen Zen-Meister der Kriminalistik vor sich zu haben. Daß auch Harve nur mit Wasser kocht, ist eine der Lektionen, die John bei diesem Auftrag lernt.

ELECTRA GLIDE IN BLUE habe ich immer – ohne ihn zu kennen – für einen Hippiefilm gehalten. Tatsächlich wurde dem Film bei seinem Auftritt in Cannes vorgeworfen, faschistisch orientiert zu sein. Was völliger Blödsinn ist. Er ist nur wüstenbodentrocken und folgt keinen ideologischen Pfaden. ELECTRA GLIDE ist ein Männerfilm, der in einer Männerwelt spielt, in der es heiß und einsam ist. Die einzige richtige Frauenrolle ist die Barbesitzerin Jolene (exzellenter Auftritt von Jeannine Riley!), die mal nach Hollywood wollte, dort Schiffbruch erlitt und dann nach unglücklicher Ehe am Arsch der Welt strandete. Sowohl John als auch Harve haben sexuell mit ihr zu tun, aber beide haben im Grunde keine Ahnung von ihr. Sie definieren sich nur über sie, in ihren jeweiligen Vorstellungen von Männlichkeit. Während Harve in seiner Furcht vor Impotenz wie versteinert ist, wenn es ans Eingemachte geht, ahnt John zumindest, daß Jolene bei allen Männergeschichten, die sie hat, so einsam ist wie er. Und ja, John hat seine Träume, John hat seinen Kumpel Zipper, aber vieles beruht auf falschen Annahmen. Träume haben die unschöne Eigenschaft, zu zerplatzen. Was wirklich da ist, ist die Wüste. Der Rest – Ideale, Ordnung, Männlichkeit –, das ist gut und schön, aber es befindet sich letztlich im Kopf. Etwas Greifbares zu schaffen und zu hinterlassen, das kriegt keiner der Männer hin. Der Film ist exzellent besetzt. John wird gespielt von Robert Blake, der so ähnlich aussieht wie Robert Forster, nur einen Kopf kleiner. Er bekam wenig später die sehr populäre TV-Serie "Baretta". Als John Wintergreen ist er perfekt. John ist grundsätzlich freundlich und nicht bedrohlich. In seinem Bemühen darum, das Richtige zu tun, wirkt er fast tapsig, aber wenn man ihn reizt, kann er auch losgehen wie ein richtiger Kampfhund. Seine körperlich größeren Partner Billy Green Bush und Mitchell Ryan sind keine Suchenden wie er, stehen aber in ihren jeweiligen Verblendungen auf verlorenem Posten. In Nebenrollen gibt es mit Elisha Cook und Royal Dano zwei echte Hollywood-Urgesteine zu bewundern. Ein besonders schmieriger Drogendealer wird gespielt von Peter Cetera, den man vielleicht von der Musikgruppe Chicago her kennt. (Er schrieb u.a. den Schmachtklassiker "If You Leave Me Now".) Und wer in der Szene, in der Harve eine Hippiekommune aufmischt, ganz genau hinsieht, kann unter den Langhaarigen Nick Nolte entdecken, am Anfang seiner Karriere.

Ich weiß nicht, wie James William Guercio es hinbekommen hat, einen so perfekten Film zu drehen. Es wird nicht ganz unwichtig gewesen sein, daß er mit Conrad Hall einen begnadeten Kameramann an der Seite hatte, der mehr großartige Filme fotografiert hat, als ich Unterhosen im Schrank habe. Auf Guercios Wunsch orientierte er sich bei den Außenaufnahmen an John Ford, DER SCHWARZE FALKE (THE SEARCHERS, 1956) und so. Hall war da nicht ganz mit einverstanden, da er sich nach eigenem Bekunden immer von dieser Widescreen-Technicolor-Fotografie hatte abheben wollen, aber Guercio besänftigte ihn damit, daß er sich dann bei den Innenaufnahmen richtig austoben dürfe. Drinnen wie draußen sieht der Film aus wie zehn Sack Gold. Man spürt die Hitze der Wüste förmlich, man sieht, wie die Luft steht. Es gibt sehr lange Einstellungen, die eher an "Road Movies" erinnern als an Actionkrimis. Die Schlußeinstellung gehört zu den großartigsten, die ich jemals gesehen habe. Ein absolutes Brett von Film. Ich weiß nicht, ob George Miller den Film kennt, aber ich könnte mir vorstellen, daß er ihn liebt. Der erste MAD MAX und ELECTRA GLIDE IN BLUE könnten gute Freunde werden. ELECTRA GLIDE wurde natürlich niemals ein großer Kassenerfolg, wie auch viele ähnlich gelagerte "Kultfilme", etwa Monte Hellmans ebenfalls schöner TWO-LANE BLACKTOP, aber wer mit ihm gut Freund werden möchte, muß ihn mal bei

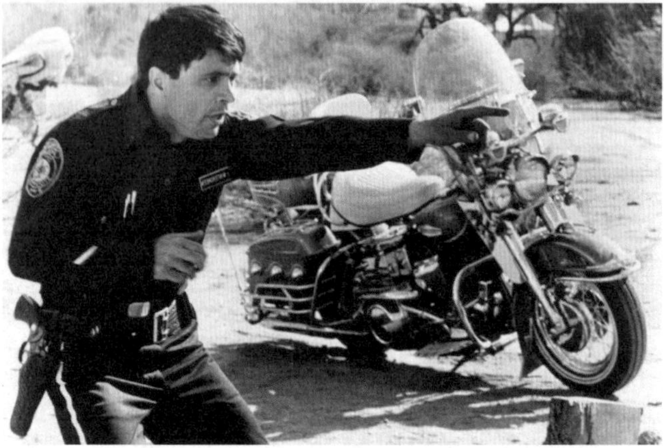

einer Ausstrahlung auf einem der Dritten abpassen, sich die DVD zulegen oder am besten gleich die australische Blu-Ray, die ich zu meinen Schätzen zähle. Da fallen die Augen raus!

Spillanehammer im Kampf gegen den Rest der Welt

Mit der Demokratie ist es ein wenig so wie mit dem Schwangersein: Ein bißchen schwanger geht nicht. Ganz oder gar nicht. Judikative und Exekutive oder das Recht des Stärkeren, unverfälscht und unverwässert. Wer mir die Segnungen der Selbstjustiz nahezubringen versucht, tut dies vergeblich. Anders verhält es sich, wenn die große Leinwand mir eine Möglichkeit verspricht, die erbarmungslosen Zügel zu lockern, die mir die Gesellschaft angelegt hat. Wenn man durch die Stadt reiten kann wie Clint Eastwood in EIN FREMDER OHNE NAMEN. Nackter Wahnsinn, reiner Porno. Der klassische Krimi geht immer von einer objektiven Gerechtigkeit aus, die wiederhergestellt werden muß. Manchmal geschieht dies auf dem Wege des intellektuellen Nachvollziehens einer Untat. Manchmal gibt es auch nur schwer etwas auf die Schnauze. Zum Beispiel, wenn der Protagonist Mike Hammer heißt.

Mike Hammer war Privatdetektiv. Er war kein realer Privatdetektiv, sondern existierte im Kopf von Mickey Spillane, der ihn 1948 zum ersten Mal auf die Reise schickte, in „I, The Jury". Der letzte Satz des Romans lautet: „Es war ganz leicht." Er bezieht sich auf einen Tötungsakt, der von eben jener Kaltschnäuzigkeit ist, die dazu geführt hat, daß die Romane Spillanes in Deutschland sehr schnell auf dem Index landeten, jenem für jugendgefährdende Schriften. Fast alle seine Romane kamen bei uns in massiv gekürzten Fassungen heraus, da niemand in Deutschland wissen wollte, wie sich ein Nasenbein fühlt, das dem Tritt eines übelgesonnenen Zeitgenossen ausgeliefert ist. Erst viele Jahre später erschienen einige der Romane neu, komplettiert und in den verdienstvollen Übersetzungen von Lisa Kuppler. Erst jetzt konnte sich das ganze Ausmaß der Paranoia würdigen lassen, das in den

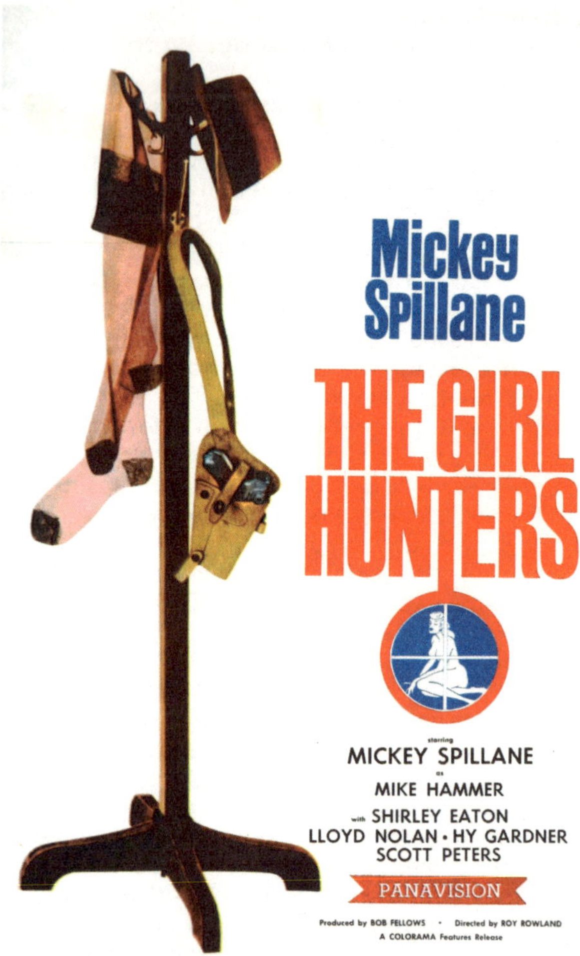
Mickey
Spillane
THE GIRL
HUNTERS
starring
MICKEY SPILLANE
as
MIKE HAMMER
with SHIRLEY EATON
LLOYD NOLAN • HY GARDNER
SCOTT PETERS
PANAVISION
Produced by BOB FELLOWS • Directed by ROY ROWLAND
A COLORAMA Features Release

Büchern wohnt. Kommunisten konnten weder Spillane noch Hammer leiden. In dem Roman „One Lonely Night" gibt es eine nahezu psychotische Episode, in der Hammer Dutzenden von Kommie-Bastarden die Scheißbirnen wegpustet. Ein deliriöses Gemetzel, gegen das sich der Höhepunkt von Sam Peckinpahs THE WILD BUNCH ausnimmt wie ein Betriebsausflug von Kindergärtnern. Frau Kuppler hat der deutschen Ausgabe des Buches - erschienen im mir sehr sympathischen rotbuch-Verlag - eine geschichtliche Einordnung beigefügt, die es dem gegenwärtigen Leser ermöglicht, auch nur ansatzweise zu verstehen, was da überhaupt vorgeht. Mike Hammer war Mickey Spillanes Alter Ego - klein, gedrungen, mit militärischer Bürste, nicht direkt gutaussehend, aber die Weiber fliegen auf ihn, denn er ist hart, er ist direkt, er ist echt. Er frißt Kommunisten, und er spuckt Blei. Der Spillanehammer war ein Stellvertreter für seinen Schöpfer, der es jenem ermöglichte, aus dem Morast der Nachkriegszeit herauszutreten, als zerbombte Krieger aus dem großen Zweiten zurückkehrten und kaum jemand ihre Geschichten wirklich hören wollte, zumindest nicht die echten. Spillanehammer hatte keinen Bock auf Nazis und keinen Bock auf Kommunisten. Er hatte Bock auf Red, White & Blue. Er wollte, daß es den Bösewichten an den Kragen ging, wo er sie sah. Und wenn er sie sah, dann ging er durch Wände. Dann wurde er zur fleischgewordenen Abrißbirne.

Die Verfilmungen der immens erfolgreichen Romane waren wechselhaft. I THE JURY wurde bereits 1953 auf die Leinwand gebracht, sogar in 3-D. Der Hauptdarsteller ist komplett unbekannt und spielt wie ein hölzerner Indianer. Macht aber nichts, da er ohnehin eine Chiffre darstellt, einen namenlosen, charakterlosen Haudrauf im Dienste des Guten. Hammer pflügt sich durch den Film von A nach Z, und wer sich ihm in den Weg stellt, ist dem Tode geweiht. „Es war ganz leicht." Der Film verändert Einzelheiten, die damals nicht wirklich ins Bild der frühen 50er gepaßt hätten. Aus einem Hurenhaus wird eine Tanzschule, statt Drogenhandels befaßt man sich mit schnöder Hehlerei. Ansonsten ist der Film recht okay. In Robert Aldrichs Big-Budget-Verfilmung RATTENNEST (KISS ME DEADLY, 1955) geht Hammer in Gestalt des bulligen und damals noch recht feschen Ralph Meeker frischauf ans Werk. Verändert wurde lediglich der Schluß, an den Aldrich eine atomare Pandora-Büchse gestellt hatte, die zwar verblüffend phantastisch anmutete, aber den Ängsten der Nach-Hiroshima-Zeit entsprach. MY GUN IS QUICK (1957) war etwa bis zur Hälfte eine adäquate Verfilmung des Romans, verwandelte sich dann aber in einen Eimer Gülle. Eine Neuverfilmung von I THE JURY kam 1982 heraus, mit einer Neuinterpretation von Mike Hammer als Armani-Proll, exzellent verkörpert von Armand Assante, der selbst in den freizügigen 80ern alte Moral ins Feld führte, wenn auch mit neuer Brutalität. Von der Tralala-TV-Serie mit Stacy Keach möchte ich nicht reden. Die vielleicht stimmigste Mike-Hammer-Bearbeitung war aber ein kleiner, brutaler Knallfrosch von 1963, DIE MÄDCHENJÄGER (THE GIRL HUNTERS), in dem Mickey Spillane höchstselbst seinen Detektiv spielen durfte – ein völliger Gnadenhammer!

Mike Hammer ist am Anfang von THE GIRL HUNTERS komplett am Ende. Seit seine Sekretärin Velda bei einem Auftrag ihr Leben ließ, hat sich Mike fallen lassen. Zwei Cops finden ihn als zusammengedroschene Schnapsleiche in der Gosse. Sie bringen ihn zu seinem ehemaligen Kumpel, Captain Pat Chambers. Dessen Freundschaft zu Mike hat sich in Haß verwandelt, weil er Velda ebenfalls liebte. Nun braucht er Mike aber noch einmal, denn ein Sterbender will den Privatdetektiv sehen, nur mit ihm will er sprechen. Und jener äußert dann ein Wort, das den herunter-

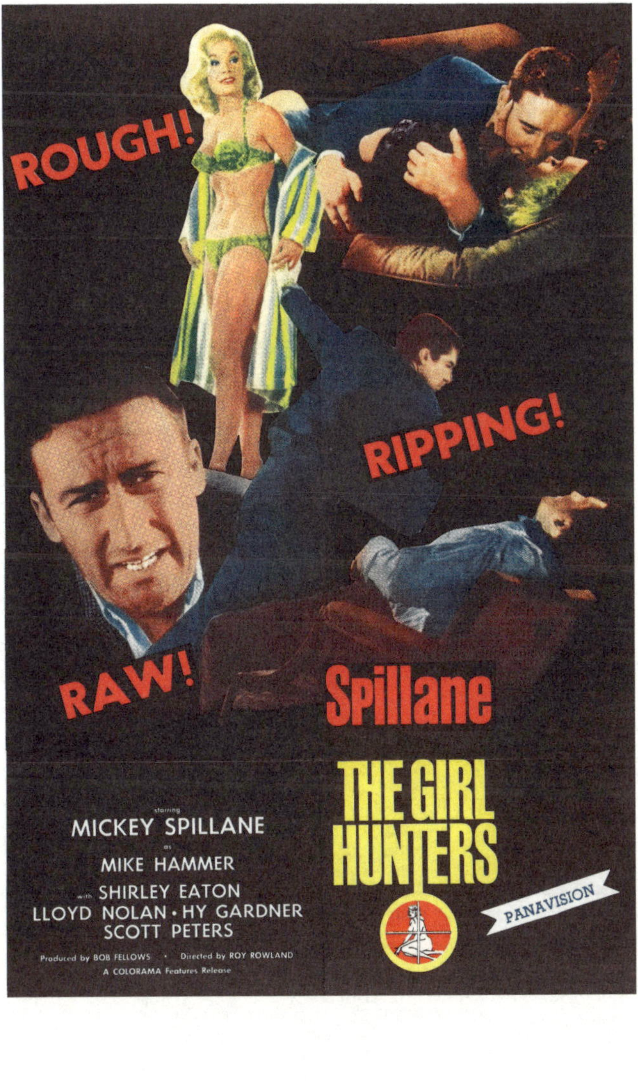
ROUGH!
RIPPING!
RAW!
Spillane
THE GIRL HUNTERS
starring
MICKEY SPILLANE
as
MIKE HAMMER
with SHIRLEY EATON
LLOYD NOLAN • HY GARDNER
SCOTT PETERS
Produced by BOB FELLOWS • Directed by ROY ROWLAND
A COLORAMA Features Release
PANAVISION

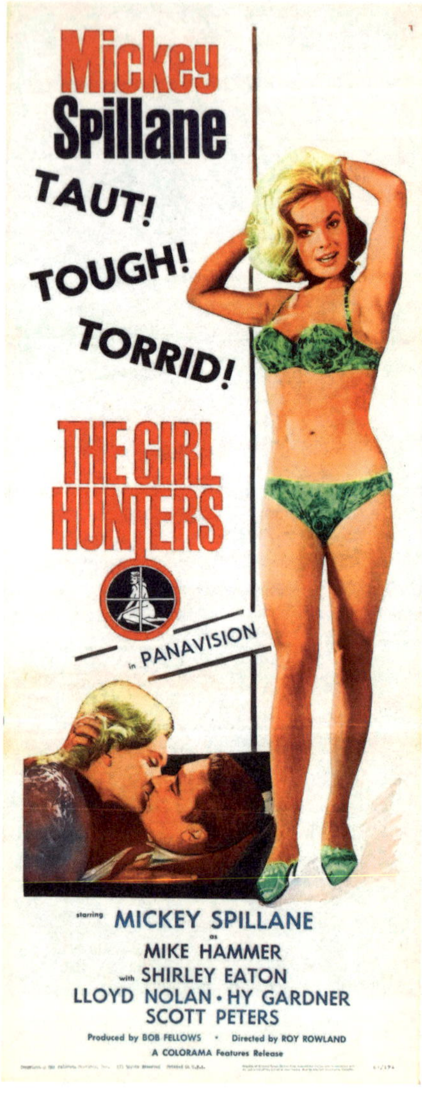
Mickey Spillane
TAUT!
TOUGH!
TORRID!
THE GIRL HUNTERS
in PANAVISION
starring MICKEY SPILLANE
as
MIKE HAMMER
with SHIRLEY EATON
LLOYD NOLAN • HY GARDNER
SCOTT PETERS
Produced by BOB FELLOWS • Directed by ROY ROWLAND
A COLORAMA Features Release

gekommenen Schnüffler vom einen Moment auf den anderen wieder zu seinem früheren Selbst macht. Das Wort heißt Velda – die Angebetete lebt! Ein ehemaliger Nazispion, der jetzt für die verdammten Kommunistenschweine arbeitet, hat sie auf dem Kieker und ihr seinen schlimmsten Killer, den „Drachen", auf den Pelz geschickt. Nun stellt sich die große Frage: Wird Mike die Angebetete zuerst finden, oder schafft es der Killer?

Wer Mike Hammer kennt, der weiß, daß das nicht die eigentliche Frage ist. Stattdessen geht es eher darum, wie groß die Schnipsel sind, die Mike von den Bösen übrig lassen wird. Normalerweise wäre es für einen Film tödlich, einen Schauspielamateur in der Hauptrolle zu besetzen. Daß Spillanehammer aber auch jenseits des Gimmickfaktors punktet, liegt einfach daran, daß es bei Hammer komplett egal ist, ob ihn Paul Newman spielt oder Hugo Wurst. Genaugenommen ist es vielleicht sogar besser, wenn ihn Hugo Wurst spielt, denn Mike Hammer ist ein Rohdiamant, ein unbehauener Fels in einer stürmischen See. Exzellent bemessene Method-Acting-Kinkerlitzchen wären bei diesem Mann irgendwie völlig unpassend. Der Mann braucht keine grandiosen Auf- und Abgänge – der Mann ist Bühne und Publikum in einem. Man merkt Spillanes Diktion an, daß er es ähnlich sieht – er ranzt seine Zeilen cool und fast beiläufig herunter, Stanislawski würde sich im Grabe umdrehen, aber genauso ist es richtig. Mike Hammer ist, Punkt. Die einzige andere schauspielerische Darbietung, die ich von Spillane kenne, ist sein Mordopfer in einer Folge von „Columbo", in der er einen Kriminalschriftsteller spielt, also sich selbst. THE GIRL HUNTERS wurde als kleiner, schnoddriger Noirthriller konzipiert und bewegt sich im wesentlichen auf den Spuren der Buchvorlage. Hier und da wurde die Brutalität etwas herabgetönt, wobei Szenen wie jene, in der Spillane einen besiegten Gegner mit riesigen Eisennägeln am Boden festschmiedet, nicht gerade typisch waren für die frühen 60er Jahre. Der Mann macht eben keine halben Sachen. Daß Schriftsteller sich in ihren Büchern ausleben, ist nichts Ungewöhnliches. Genaugenommen funktioniert Schreiben so ähnlich wie Traumweberei: Das Unterbewußtsein bastelt einen in jede Traumfigur hinein. Jede fiktive Gestalt ist ein geheimer Stellvertreter. Im Fall von Spillane ist es wohl mehr als offensichtlich, daß sein Privatdetektiv dieselben Grundüberzeugungen teilt wie er, nur eben befreit von den gesellschaftlichen Fesseln. Lustig, daß dies (nach DIE 5000 FINGER DES DR. T) sogar der zweite Film von Roy Rowland ist, den ich in diesem Buch bespreche. Rowland war ein Auftragsregisseur, ein begabter Handwerker, der als Hans Dampf in allen Gassen Hollywoods unterwegs war. Später drehte er auch einige Filme in Europa, z.B. mit Götz George (SIE NANNTEN IHN GRINGO). THE GIRL HUNTERS sieht für sein niedriges Budget extrem schniek aus, sehr sauber, Noir ohne Faxen. Ein großer Erfolg war dem Regisseur auch mit diesem Film nicht beschieden. In Deutschland lief er irgendwann einmal im WDR, im Original mit Untertiteln, begleitet von einem hübschen Interview mit Spillane. (Damals gaben sich die dritten Programme noch richtig Mühe – man erinnere sich an die Jack-Arnold-Reihe des WDR, die ebenfalls von extra geführten Interviews begleitet wurde.) Freund Markus berichtet obendrein von einer Videokassette, die es mal gegeben hat. Die war allerdings verflucht selten. Wer sich heute mit dem Film bekannt machen möchte, der halte sich an die britische Blu-Ray, die genauso aussieht, wie ich mir alte Filme in HD wünsche: scharfe Kontraste, sauberes Bild, kein Flackern oder Pulsieren, astreiner Ton. THE GIRL HUNTERS – ein kleines Cinema-Verité-Kabinettstückchen im Reich der wilden Tiere.

Straffer Humanvollzug

Wenn die Bemühungen der ermittelnden Detektive von Erfolg gekrönt waren und der Bösewicht dingfest gemacht werden konnte, beginnt Justitias Triumphzug. Am Ende steht die Einkerkerung des Grobians, der Schlimme landet im finsteren Verließ. Das hast du nun davon, elender Hundsfott! Ein weiterer Regelverstoß wurde rigoros bestraft, die Gesellschaft kann wieder ein wenig besser schlafen. Wer Schlechtes tut, muß dafür bezahlen, Strafe muß sein! Ich selber bin überraschenderweise noch nicht im Gefängnis gewesen, aber glaubt man den Hollywoodfilmen, dann beginnt jetzt für den Delinquenten eine unruhige Zeit, in der man sich in einer gnadenlosen Hackordnung bewähren muß. Dann ist es in der Tat besser, man besitzt die Physis eines Preisboxers. Als mickriger Schlaks ist man natürlich Freiwild und wird sofort von einem von Kopf bis Fuß tätowierten Seebären geheiratet. Speziell dieser Aspekt wird natürlich aus Gründen der Dezenz von Klassikern des Filmgenres – etwa John Frankenheimers DER GEFANGENE VON ALCATRAZ – nicht überstrapaziert, aber in neueren Filmen gibt man sich keinen romantischen Verklärungen mehr hin, was die Triebabfuhr von Strafgefangenen angeht. Man kam als Fremder und geht als Freund. Nebenbei wird gebüßt und resozialisiert, daß die Schwarte kracht.

Da nahezu jeder Hollywoodfilm, der vom Knastleben handelt, selbst bei allergroßzügigster Definition nicht mehr als Geheimtip gewertet werden kann, habe ich mich dazu durchgerungen, an dieser Stelle ernsthaft zu schummeln und einen australischen Film ins Buch zu nehmen. Die Rede ist von GHOSTS OF THE CIVIL DEAD (1988), einem Frühwerk des mittlerweile zu Ruhm und Ehren gekommenen John Hillcoat. Als der Film herauskam, nahm ich von ihm

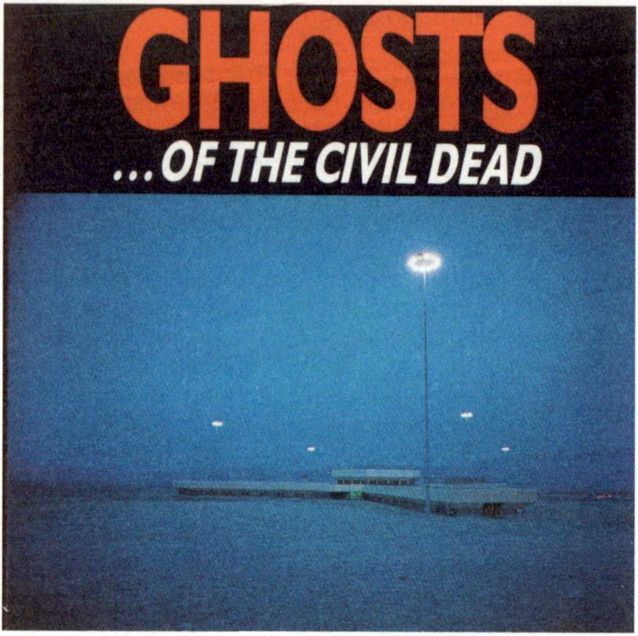

nur Notiz, weil der Soundtrack von Nick Cave, Mick Harvey und Blixa Bargeld stammte, drei Herren also, deren musikalische Hervorbringungen mir damals so manche Stunde versüßten. Um was es in dem Film ging, war mir nicht bekannt. Dem Titel nach schien es sich um einen Horrorfilm zu handeln. Vielleicht was mit Bürgerkriegszombies, keine Ahnung. CURSE OF THE CANNIBAL CONFEDERATES, GHOSTS OF THE CIVIL DEAD, alles eine Familie. Eines Tages lief der Film dann im Fernsehen, als sich die dritten Programme noch durch kreative Programmgestaltung hervortaten und nicht nur eine Tatort-Wiederholung nach der nächsten sendeten. Die hatten noch nicht aufgegeben. Um es vorsichtig auszudrücken: Der

Film erstaunte mich baß, denn er entsprach so ganz und gar nicht meinen Erwartungen. Trotzdem war ich hochgradig beeindruckt, denn was der vorherige Videoclip-Regisseur Hillcoat (z.B. „Nick The Stripper" von Birthday Party) da abgeliefert hatte, ist einer der besten Gefängnisfilme, die ich jemals gesehen habe.

Es geht um ein fiktives Hochsicherheitsgefängnis irgendwo im Outback. Hier wird der letzte Rest der Menschheit abgeladen, der äußerste Rand der Gesellschaft. Unresozialisierbare Härtefälle ohne Aussicht auf Läuterung oder Vergebung. Zu Beginn des Filmes sind die Wohnbedingungen noch einigermaßen komfortabel. Das Gefängnis wird von einer Firma betrieben, die es als eine Art Vorzeigeknast konzipiert hat. Die Häftlinge können ihren privaten Obsessionen nachgehen. Hobbys werden unterstützt. Beim schwunghaften Drogenhandel drückt man ein Auge zu, weil es sich offenbar bewährt hat, den Knackis dieses Ventil zu lassen. Bedröhnte Gefangene sind fügsam und begehren nicht auf. Die weiche Welle hört aber auf, als es zu immer neuen Ausbrüchen von Gewalt kommt, die auch durch eine zweifelhafte Unterbringungspolitik gefördert werden. Man versucht, das Problem zu bekämpfen, indem man den Häftlingen die Vergünstigungen streicht. Das heißt aber, dem Dampfkochtopf einen Deckel aufzuzwingen, in der Erwartung, daß der Dampf verschwinde. Je härter der Streß wird, umso gravierender ist auch der Verfall der Ordnung. Am Schluß steht das Chaos, der Notstand. Es setzt Tote.

Als Langfilmdebüt ist GHOSTS OF THE CIVIL DEAD Zauberwerk. Unter Ignorierung sämtlicher melodramatischer Mätzchen, die man aus Knastfilmen gewohnt ist, konzentriert sich die dokumentarisch geprägte Erzählung auf schlichte Bilder, die von inneren Monologfetzen begleitet werden, teilweise von

Insassen, teilweise vom Wachpersonal. Es gibt keine Spannungsdramaturgie, die auf die Erzeugung von spektakulären Situationen setzt, nur das Gefühl eines fortschreitenden Verfalls, der unvermeidlich zur Explosion führen muß, zur Auflösung der Ordnung. In gewisser Weise funktioniert der Film auch als Allegorie auf eine Gesellschaft, die sich bei der Bewältigung ihrer Probleme auf den kleinsten gemeinsamen Nenner geeinigt hat. Störfälle bekommen einen Stempel aufgedrückt, sie werden ihrer Menschlichkeit beraubt und von der restlichen Gesellschaft separiert und vergessen. Daß diese Strategie nicht aufgehen kann, merkt man bereits daran, daß auch das Wachpersonal – bei aller Brutalisierung, die die Arbeit unter diesen Bedingungen eben mit sich bringt – eigentlich nicht viel besser dran ist als die Knackis. Auch sie sind eingeschlossen in diesen Mikrokosmos einsamer, aggressiver Männer. Sie können zwar nach Dienstschluß nach Hause gehen, aber sie können den Job nicht einfach hinschmeißen. Allen Wächtern ist klar, was die zunehmenden Drangsalierungen zur Folge haben müssen, daß auch sie die Zeche für die verfehlte Politik werden zahlen müssen, aber sie sind wirtschaftlich an den Job gebunden. Sie stecken mit drin, like it or not. Sie sind nur unwesentlich besser dran als ihre Schützlinge.

Visuell läßt Hillcoat das Gefängnis als eine Art Bad Cronenberg erscheinen, simple Formen, rein zweckorientiert, fern allen Lebens. Das wird spätestens dann offensichtlich, wenn den Häftlingen ihre Privatsachen weggenommen werden und sie in ihren nackten Zellen hocken müssen, allein mit den Bakterien, die in ihnen wuchern. Am Schluß des Filmes gibt es eine exzellente Szene, in der jemand einen ähnlich kargen Gang entlanggeht. Auf einmal düst am Ende des Ganges eine U-Bahn vorbei. Erst jetzt merkt man, daß der Häftling in Freiheit ist. Die Botschaft ist klar:

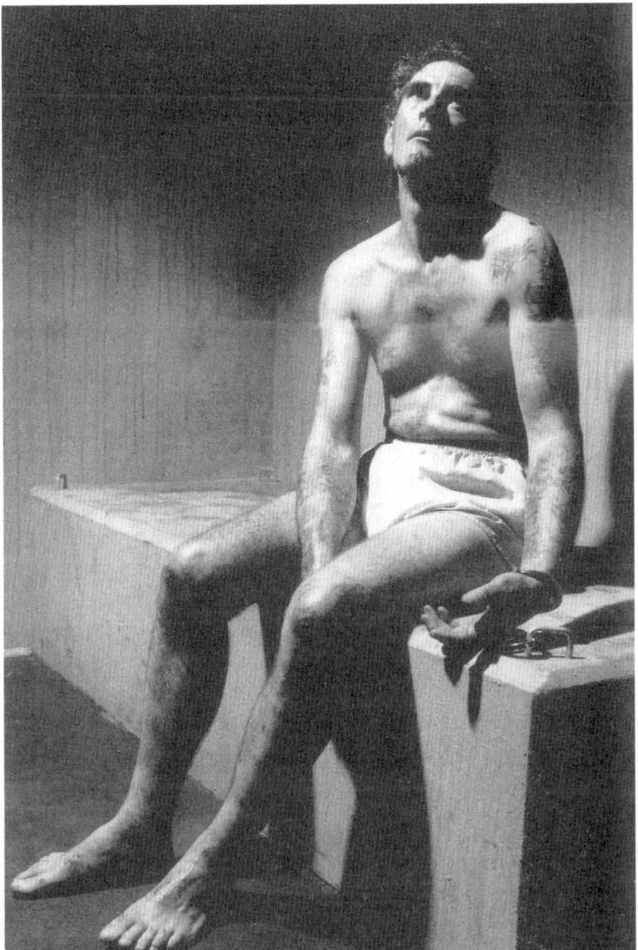

Das Gefängnis ist eigentlich überall. Was unter anderen Umständen (etwa im klassischen Hollywood-Knastkino) ein befreiender Effekt sein könnte, wird hier zu einer deprimierenden Bestätigung der Aussichtslosigkeit der Lage.

Die Schauspieler, die Hillcoat zur Verfügung hatte, leisten hervorragende Arbeit. Die Gesichter sind zumindest hier in Deutschland komplett unbekannt, abgesehen natürlich von Nick Cave, der einen glänzenden Gastauftritt absolviert, als psychopathischer Neuzugang. („There goes the neighborhood!") Die Musik der Herren Cave, Harvey und Bargeld besteht im wesentlichen aus einem schönen, aber bedrückenden Hauptthema. Weite Teile des Filmes werden von einem niederfrequenten Klangteppich begleitet. Auch schabende und sonstwie enervierende Geräusche finden Verwendung. Es handelt sich um das genaue Gegenteil eines Partyfilmes. Auch Hillcoats spätere Arbeiten handeln von Männern unter extremen Bedingungen. Ganz exzellent fand ich etwa den Western THE PROPOSITION (2005), an dem erneut Nick Cave mitarbeitete. Es wäre ausgesprochen wünschenswert, wenn auch GHOSTS OF THE CIVIL DEAD wieder einmal zugänglich gemacht werden würde. Die britische DVD von anno dunnemals kostet heute um die 100 Euro. Da muß man es schon sehr ernst meinen. Der Film würde es lohnen, denn er ist zwar überaus plättend, aber inszenatorisch ein großer Wurf. Kein Film auf jeden Fall, der es verdient, daß man ihn wegsperrt in einem Hochsicherheitsgefängnis. Das gibt dann auch irgendwann Ärger.

Was Männer so machen, wenn sie zuviel Zeit haben (Krieg)

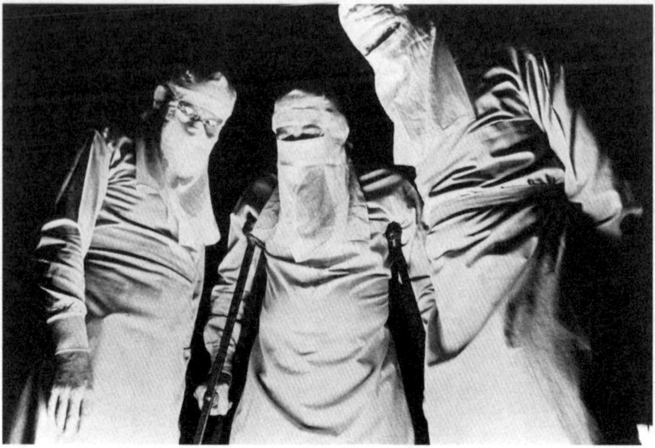

Mehr als die Summe seiner Teile

Eines der Grundprobleme, denen sich der sogenannte Antikriegsfilm ausgesetzt sieht, ist der Umstand, daß es ihn eigentlich nicht gibt. Klar, man redet gerne von ihm, wenn man gemeinsam in der Pinte sitzt und über Filme quasselt, die man gerade gesehen hat. Auch wird man die Bezeichnung in Fernsehzeitschriften finden, wenn ein ausgestrahltes Produkt mit einem Wort charakterisiert werden soll. Selten findet man bei einem „Antikriegsfilm" einen nach unten zeigenden Daumen als Bewertung, denn Filme, die gegen den Krieg sind, müssen das Herz auf dem rechten Fleck haben. Trotzdem wird man in seriösen wissenschaftlichen Zirkeln kaum auf Diskussionen stoßen, die sich mit dem Antikriegskino befassen. Und das ist auch gut so. Denn:

Gegen Krieg zu sein, ist eigentlich eine Selbstverständlichkeit. Nur völlig Umnachtete oder ideologisch Verblendete werden dem Krieg das Wort reden. Selbst Leute, die Kriege anzetteln, sind eigentlich für den Frieden, nur eben durch den Krieg. Selbst Leute, deren Menschlichkeit bereits so heruntergekommen ist, daß sie ihr Geld damit verdienen, Waffen in andere Länder zu exportieren, wünschen sich den Frieden, wenn sie ihre Liebsten zur Gutenacht küssen. Das Anliegen, ein Plädoyer für den Frieden zu schaffen, wird sich somit eines breiten Zuspruches erfreuen können und ist ganz sicher ehrenhaft. Der Film eignet sich für die Verbreitung solch eines noblen Ansinnens allein schon aufgrund seiner Popularität. Wenn man es richtig anstellt, kann man die Friedenstaube in den Herzen von ganz vielen Menschen ansiedeln. Doch wie stellt man es richtig an?

Die Schrecken des Krieges aufzuzeigen, ist immer eine zwiespältige Angelegenheit. Im Kino geschieht das meistens dadurch, daß man erst einmal auf die

Pauke haut und den Krieg in seiner ganzen Grausamkeit aufzeigt: D-Day, Soldaten nehmen den Strand ein, Kanonen donnern, Körperteile fliegen durch die Gegend – whazam! Um ein Gefühl von menschlichem Verlust zu erzeugen, verwendet man meistens intensive Musikuntermalung (es muß nicht immer Samuel Barber sein!), und es ist wirklich immer besser, wenn Johnny Depp schließlich im Streckverband landet, als wenn dies Erwin Mumpe passiert. (Daß es in Wirklichkeit meistens Erwin Mumpe passiert, ist völlig nebensächlich.) Die Möglichkeiten, die Schrecken des Krieges als naturalistisches Spektakel darzustellen, sind zudem endlich. Man kann nicht immer neue Schrecknisse aus dem Ärmel zaubern, die die vorangegangenen noch übertrumpfen. Irgendwann ist der Gipfelpunkt des Grauens erreicht, das gebietet die Logik. Irgendwann wird Krieg immer zu schlechtem Showgeschäft. Und Film ist nun einmal in erster Linie Spektakel, es lebt vom Wumm und Päng, von „panem et circenses". Das mußte schon Norman Jewisons wohlmeinender Science-Fiction-Schocker ROLLERBALL (1975) einst feststellen: Auch in einer grundsätzlich pazifistisch orientierten Gewaltorgie interessieren sich die Zuschauer vor allem für die Szenen, in denen es richtig etwas auf die Mütze gibt. Ein Kriegsfilm/Antikriegsfilm, der seinen Zuschauern die Exzesse vorenthält, ist somit schwer vorstellbar. In jüngerer Zeit fällt mir da nur Sam Mendes´ hervorragender JARHEAD (2005) ein, der die Erlebnisse einiger amerikanischer Soldaten während des Golfkrieges schildert. Während die meisten Hollywood-Schoten natürlich ganz doll lieb gegen Krieg sind, den menschlichen Ausnahmezustand aber trotzdem nach besten Kräften ausmelken im Hinblick auf mehr oder weniger effektives Melodrama und Leute, die mit ihren eigenen Eingeweiden um den Hals durch die Gegend torkeln, betätigt sich jener Film als Orgas-

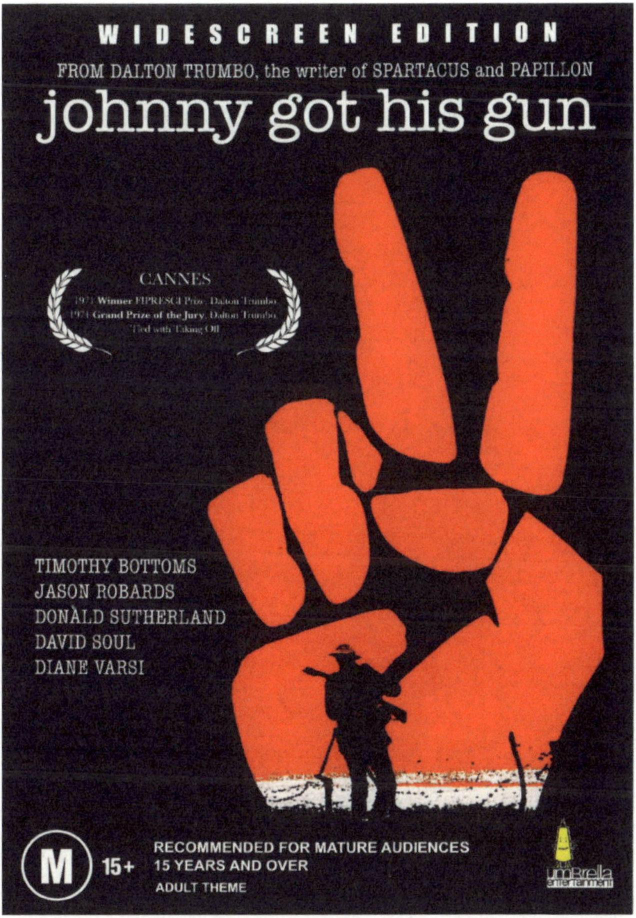
WIDESCREEN EDITION
FROM DALTON TRUMBO, the writer of SPARTACUS and PAPILLON
johnny got his gun
CANNES
TIMOTHY BOTTOMS
JASON ROBARDS
DONALD SUTHERLAND
DAVID SOUL
DIANE VARSI
M
15+
RECOMMENDED FOR MATURE AUDIENCES
15 YEARS AND OVER
ADULT THEME

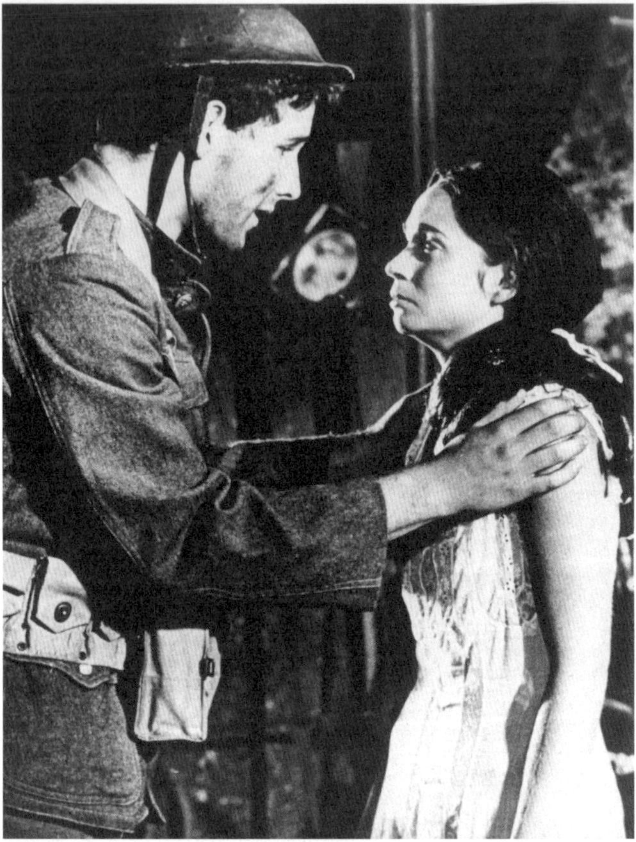

musverweigerer. Er schildert den Alltag der jungen Männer fern von der Heimat, der im wesentlichen aus pubertärem Herumgezote und Latrinenreinigen besteht, und dann, wenn es wirklich ans Eingemachte gehen soll, wird der Einsatz auf einmal abgebrochen, der Krieg ist aus, ätschbätsch, sie werden zu Hause als Helden gefeiert und wissen gar nicht, wie ihnen geschieht. Krieg wird da zu einem absurden Theater, das von Vorstellungen zehrt, die eigentlich nur in der Behauptung existieren. Romantik gibt es keine in den Schützengräben, nur Dreck und Knochensplitter. Helden werden nicht im Panzerfeuer geboren, sondern dort, wo man nach besten Kräften verhindert, daß junge Menschen verheizt werden.

Kommen wir nun zu Dalton Trumbos JOHNNY ZIEHT IN DEN KRIEG (JOHNNY GOT HIS GUN, 1971), einem pazifistischen Meisterwerk, das völlig ohne Wumm und Päng auskommt, aber niemanden, der es sieht, ungerührt lassen wird. Es geht um den 20-jährigen Johnny (Timothy Bottoms), der während des Ersten Weltkriegs eingezogen wird, um in Europa für die Demokratie zu kämpfen. Bei einer Leichenräumaktion in den Schützengräben wird er von einem Explosivgeschoß erwischt und zerfetzt. Nun hat er keine Arme mehr, keine Beine mehr, und wo sein Gesicht war, befindet sich nur noch ein Krater. Er kann nicht mehr reden, nicht mehr sehen, nicht mehr hören. Und doch ist er am Leben und wünscht sich nichts sehnlicher, als Kontakt zur Außenwelt aufzunehmen ...

Für gewöhnlich werden Geschichten wie diese als Tränendrüsendrücker mit Schockpotential aufgezogen – junger Mann zieht in den Krieg, geht durch die Hölle, kommt wieder nach Hause, aua aua, war schlimm gewesen, aber man muß immer auf die positiven Aspekte achten, denn es gibt immer ein Licht am Ende des Tunnels. So funktioniert Kino: Spannende Situationen werden aufgebaut, die sich an einer Moral orientieren, die jener des Zuschauers entsprechen muß, denn ansonsten fiebert man nicht richtig mit, wenn es in den Schützengräben kracht und zischt. Im Extremfall sieht das so aus wie in Steven Spielbergs DER SOLDAT JAMES RYAN (1998), der mit den blutrünstigsten Kriegsszenen beginnt, die ich jemals in einem Film gesehen habe, und dann wird der Zuschauer durch das übliche professionelle Emotionsbad geschickt, und am Schluß sind alle irgendwie geläutert und erlöst. Nie wieder Krieg. Im Falle von Johnny hat jemand das Licht am Ende des Tunnels ausgeknipst. Sobald man weiß, wie es um ihn steht, ist eigentlich klar, daß Licht hier keine große Hilfe wäre. Was dem Film – der im übrigen völlig ohne Ekelbilder und körperliche Gewalt auskommt – seine verheerende Wirkung beschert, ist seine völlige Verweigerung, den erzählerischen Konventionen zu entsprechen. Kein auktorialer Erzähler bietet uns eine Bewertung der Vorgänge an. Stattdessen schlüpfen wir in die Rolle von Johnny, dessen Sicht wir teilen, das reduzierteste Kammerspiel der Welt. Genaugenommen haben wir Johnny eines voraus: Wir bekommen mit, was die Militärärzte sagen, die sich um seinen Leib kümmern und konstatieren, daß aufgrund der schweren Hirnschäden keine zerebrale Tätigkeit mehr angenommen werden kann, daß kein Gefühl mehr in dem Fleischklumpen wohnt, der vor ihnen liegt. Nun, die Ärzte raten falsch, denn Johnny versucht mit beachtlicher Willensstärke, seine Gedanken zu ordnen, seine Situation zu erfassen. Er hat keinen Anfangspunkt, an dem er sich orientieren kann. Als eine Krankenschwester ihm mit dem Finger ein „Merry Christmas" auf die Brust malt, platzt er fast vor Freude, denn er hat jetzt wieder einen Orientierungspunkt, einen Halt in der ansonsten endlos einsamen Welt in seinem Inneren. Die Frage ist nun, ob es ihm gelingen wird, trotz der unüberwindlich scheinenden Hindernisse Kontakt zur Außenwelt herzustellen, und dann wäre da noch zu klären, ob der Außenwelt überhaupt daran gelegen ist, daß dieser identitätslose Soldat mit ihr Kontakt aufnimmt.

Man hätte diese Geschichte ohne weiteres als menschelndes und simplifizierendes Melodram aufziehen können. Solche Filme werden meistens aus der Sicht der Gesunden erzählt, deren Schwierigkeiten und seelischen Prüfungen aufgelistet, und in der Summe kommt man dann zum Schluß, daß es eine Gnade wäre, das geliebte Wesen „gehen zu lassen". Eine abschließende Bewertung findet in JOHNNY GOT HIS GUN nicht statt, denn es geht zentral eben nicht um die Frage, ab wo Leben nicht mehr lebenswert ist, sondern darum, was Leben überhaupt ausmacht und was wir mit ihm anstellen. Johnnys Existenz ist die schlimmstmögliche Extremsituation, völlig abgekapselt, von außen als Mensch kaum mehr zu erkennen. Und doch steckt er voller Leben und einem fast unheimlichen Willen, aus seinem Gefängnis auszubrechen. Daß es ihm so schwer gemacht wird, liegt an der Borniertheit der Ärzte, an der Unfähigkeit bedrückend vieler Menschen zur Empathie, die letztlich auch dafür verantwortlich ist, daß so viele junge Menschen als „Kampfeinheiten" in den Krieg geschickt werden von schmutzigen alten Männern, die es wirklich besser wissen sollten.

Für Vorlage (1939!), Drehbuch und Regie zeichnete Dalton Trumbo verantwortlich, der wegen seiner Nähe zur kommunistischen Partei (CPUSA) vom „Haus für Unamerikanische Umtriebe" auf die schwarze Liste gesetzt wurde, obwohl er zu jener Zeit als einer der angesehensten und höchstbezahlten Drehbuchautoren Hollywoods galt. Als einer der „Hollywood Ten" war er jahrelang nicht in der Lage, unter seinem echten Namen Drehbücher zu schreiben. Man nimmt an, daß in dieser Periode ungefähr 30 Drehbücher entstanden, die stets anderen zugeschrieben wurden. Zwei davon gewannen den Oscar. Für die Verfilmung seines berühmten Romans wählte er eine denkbar unglamouröse Gewandung und alterniert die (schwarzweißen) Hospitalszenen mit Erinnerungen Johnnys an die Zeit vor dem Krieg, die zunächst noch einigermaßen verläßlich und glaubhaft erscheinen, im weiteren Verlauf seines Martyriums aber immer grotesker und bizarrer werden. So unterhält er sich mit Jesus (Donald Sutherland), der einige gefallene Soldaten zur letzten Zugfahrt geleitet. Während die toten Soldaten fröhlich herumflachsen, ist Johnny desorientiert, denn er ist ja noch nicht tot und somit weder Fisch noch Fleisch. (Diese Szene wurde übrigens von Luis Bunuel geschrieben, der das Buch in den frühen 60ern schon einmal bearbeiten wollte.) Später dann imaginiert er seinen Vater (Jason Robards) als Jahrmarktsmann, der seinen Sohn quasi als Sideshow-Attraktion ausstellt, als Kirmesmonster.

Von allen Antikriegsfilmen ist JOHNNY ZIEHT IN DEN KRIEG eines jener Beispiele, die sich am wenigsten Mühe geben, den Zuschauer mit Taktiken und Sensationen zu manipulieren. Vielleicht ist es diesem eher ungewohnten Ansatz zu verdanken, daß er einer der plättendsten Filme ist, die ich jemals gesehen habe. Er ist zugleich ein Film, den man mindestens einmal gesehen haben sollte, denn er ist trotz seines deprimierenden Themas sehr lebensbejahend und unterstreicht, welch unglaubliche Schönheit in vielem zu finden ist, das wir als selbstverständlich annehmen. Und daß man mit dieser Schönheit nicht leichtfertig umgehen sollte.

Der Mensch unter der Haut

Als nächstes soll es um einen Film gehen, von dem genau noch niemand gehört haben wird, nicht einmal in seinem Entstehungsland. Ich erwähnte ihn einst in einem „Splatting Image"-Artikel, der sich mit Filmen über den Vietnamkrieg befaßte. Jedoch kam der Film bei uns nur auf Video heraus, und das in den 80er Jahren, weshalb ihn wohl die wenigsten je zu Gesicht bekommen haben werden. Von außen sieht die Videokassette aus wie ein typischer Söldnerstreifen: kräftige Männer mit dicken Wummen in der Hand und allen Anzeichen emotionaler Erregung im Gesicht. Der Krieg ist die Hölle bzw. Wir sind durch die Hölle gegangen. Wir haben das Tal der Tränen durchmessen und sind daraus gestärkt hervorgetreten. Typischer Male-Bonding-Quark mit Geballere also. Doch dieser Eindruck täuscht. HELDEN STERBEN JUNG (PRISONERS aka PHYSICAL ASSAULT, 1973) ist alles andere als das. Er ist eine faustdicke Überraschung.

Es gab bis Ende der 60er Jahre kaum Filme, die sich mit dem Vietnamkrieg befaßten, obwohl die USA bereits seit 1964 offiziell an ihm teilnahmen. Sieht man einmal von John Waynes berüchtigter Patriotismus-Gurke DIE GRÜNEN TEUFEL (THE GREEN BERETS, 1968) ab, war es vor allem das Low-Budget-Genrekino, das den Konflikt aufgriff, nicht selten in chiffrierter Form. So kehrt ein junger Vietnamveteran in Bob Clarks interessantem und durch und durch ernsthaftem Horrorfilm DEAD OF NIGHT (DEATHDREAM, 1972) als Vampir in die Heimat zurück. Die Feststellung, daß Heimkehrer aus dem immer unpopulärer werdenden Gemetzel als zutiefst geschädigte Menschen zurückkehren, die die erlebte Gewalt an andere weitergeben, wird an das zeitgenössische Publikum nicht verschwendet gewesen sein. Die Tore zur Hollywoodverwurstung des Vietnamkrieges wur-

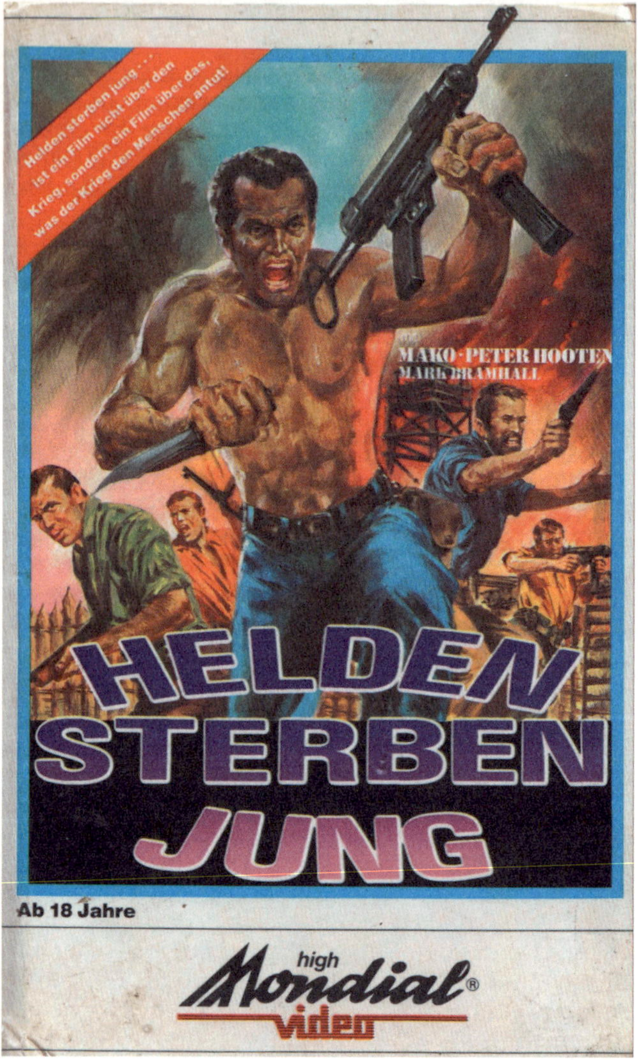
Helden sterben jung ...
ist ein Film nicht über den
Krieg, sondern ein Film über das,
was der Krieg den Menschen antut!
MAKO · PETER HOOTEN
MARK BRAMHALL
HELDEN
STERBEN
JUNG
Ab 18 Jahre
high
Mondial®
video

den erst 1978 weit aufgestoßen, mit dem Oscar-Reigen, der auf Michael Ciminos DIE DURCH DIE HÖLLE GEHEN (THE DEER HUNTER, 1978) niederging. Von diesem durchaus nobel intendierten Mammutepos zu den „Soldier Of Fortune"-Masturbationshilfen der 80er (RAMBO 2, MISSING IN ACTION et al) war es nur ein kleiner Schritt. Hollywood hatte die Lektion schnell gelernt, und fast 10 Jahre nach Streckung der Waffen konnte der Vietnamkrieg im Nachhinein gewonnen werden, wenn auch nur auf der Leinwand. Krieg war aber die Hölle, das darf man nicht vergessen.

Der Krieg in Südostasien war der bis zu jenem Zeitpunkt am besten dokumentierte Krieg, den die USA jemals miterlebt hatten. Es gab die offizielle Lesart, die im wesentlichen aus Zahlen bestand. Es gab die Verurteilung des Krieges, wie sie von den liberaleren Medien der Zeit und der zunehmend stärker werdenden Antikriegsbewegung betrieben wurde. Den echten Krieg, das seelenzertrümmernde Erlebnis, hatten nur die GIs in sich, die es vor Ort miterlebt hatten. Den Krieg vom positiven oder negativen Mythos zu einer nachvollziehbaren Alltagsgeschichte umzugestalten, war wohl das Anliegen von HELDEN STERBEN JUNG, der sich mit einer kurzen, sehr überschaubaren Episode befaßt, in der einige amerikanische Soldaten einen mutmaßlichen Vietcong festgesetzt haben. Dieser soll nun verhört werden. Daß dies nicht durch gutes Zureden und großzügige Versprechungen erreicht werden soll, sondern durch unmenschliche Folter, sollte klar sein. Der Film schildert die Ereignisse und die unterliegenden psychologischen Vorgänge örtlich wie handlungstechnisch sehr reduziert, fast wie ein Kammerspiel. Das Gedonnere bleibt draußen vor der Tür. Was zählt, ist der Krieg in den Menschen, das, was er mit ihnen angestellt hat.

Im Original heißt der verschollene Freund PRISONERS. Daß der Titel den Plural bemüht, obwohl er tatsächlich nur von einem einzelnen Gefangenen handelt, deutet an, daß er als modellhafter Fall verstanden werden möchte, der aufzeigt, was Menschen in Drucksituationen so alles anstellen. Eine kurze Pre-Credit-Sequenz zeigt einen Einsatz in Vietnam, der mit einer Granatenexplosion endet. Ab da findet alles in einem amerikanischen Militärlager statt. Ein Army-Lieutenant (Peter Hooten) wird dazu abkommandiert, einen Gefangenen zu verhören. Der junge Vietnamese wurde mit diversen Handgranaten aufgegriffen, die er einem gefallenen Vietcong abgenommen haben will. Er behauptet, auf dem Weg zu seiner Schwester gewesen zu sein. Natürlich glaubt ihm niemand ein Wort. Eine Attacke der NVA soll unmittelbar bevorstehen. Das Leben von amerikanischen Soldaten steht auf dem Spiel. Deshalb ist es so ungemein wichtig, Informationen aus dem Gefangenen herauszupressen. Für den Job verziehen sich der Lieutenant und einige handverlesene Soldaten in einen Schuppen. Zunächst obliegt es dem Verbündeten Nguyen (gespielt von Mako, einem der angesehensten japanischen Charakterdarsteller in Hollywood), den Willen des Häftlings zu brechen. Er setzt nicht auf körperliche Drangsalierungen, da er weiß, daß echte NVA-Soldaten eher sterben würden, als sich dem Feind zu beugen. Stattdessen verfolgt er eine Zermürbungsstrategie, die den Befragten dazu bringen soll, sich schließlich wider Willen zu verraten. Tatsächlich sind es zuerst die Amerikaner, die die Nerven verlieren. Ein muskulöser GI („Das bringt doch alles nichts!") wird handgreiflich. Ab da ist die Keine-Gewalt-Politik hinfällig. Der Samthandschuh wird eingepackt, die harten Bandagen kommen auf den Tisch. Lieutenant Krueger – vorher im Knast wegen Insubordination, jetzt mit so etwas wie einer letzten Chance, sich dem Kriegsgericht zu entziehen – soll dem Verhör beiwohnen, da er vietnamesisch spricht und als einziger beurteilen kann, was Nguyen macht. Entsetzt muß er beobachten, wie sich Menschen in Tiere verwandeln, wie die Grenzen zwischen Tätern und Opfern zunehmend verschwimmen ...

Das Bemerkenswerte an PRISONERS ist, daß er darauf verzichtet, klare Fronten zu beziehen. Zum Kriegseinsatz der Amerikaner äußert er sich nicht. Stattdessen zeigt er auf, wie Gruppenzwang im Verbund mit der Notwendigkeit, irgendeine Information zutage zu fördern, zu äußerst unschönen Resultaten führt. Niemand weiß, ob es sich bei dem Verhörten um einen völlig harmlosen Reisbauern handelt, einen, ahem, Verbündeten. Für alle ist er erst einmal der Feind, das namenlose Schlitzauge, und Schlitzaugen lügen wie gedruckt, das weiß man ja. Entstünde der Film heutzutage – und ja, er wäre nach wie vor hochaktuell! –, dann wäre die Gewaltdarstellung vermutlich naturalistischer, da das Publikum mittlerweile ganz andere Sachen gewohnt ist. Regisseur William H. Bushnell jr. baut auf einen streng theaterorientierten Ansatz und spart die expliziten Grausamkeiten weitgehend aus. Vermutlich hätte der Film es seinerzeit leichter gehabt, hätte er sich für einen Sadomaso-Zirkus entschieden. (Gedreht wurde der Film bereits 1973, kam aber erst zwei Jahre später ins Kino.) Daß er dennoch punktet, liegt an den ausgesprochen guten Schauspielern, die zumeist relativ unbekannt sind, abgesehen von Mako und Peter Hooten. Letzterer wurde aufgrund seines sehr markanten, aber auch intensiven Gesichtes gerne als Schurke eingesetzt. Man findet ihn auch in italienischen Filmen wie Enzo G. Castellaris EIN HAUFEN VERWEGENER HUNDE (1978) oder Aristide Massaccesis 2020 TEXAS GLADIATORS (1984). Sein Lieutenant in PRISONERS würde sich normalerweise als reinrassiger Bösewicht empfehlen, aber es wird schon bald relativ klar, daß er mehr abgebissen hat, als er schlucken kann. Trotz seiner Verrohung scheut er die Konsequenzen seines Handelns, und je mehr die Situation eskaliert und der Vietnamese auch körperlich gefoltert wird, desto mehr geht auch er aus dem Leim, bis er fast heult. Auch hier unterscheidet sich der Film wohltuend von der Schwarzweißzeichnung, die Polemiken für gewöhnlich ansteuern. Weinende Schurken sind gerade in Hollywoodfilmen recht selten. Der Film macht klar, daß die Verrohung, die der Krieg in den Menschen erzeugt, eben nicht natürlich ist, sondern ihrem eigentlichen Wesen zuwiderläuft. Selbst der muskelbepackte Sergeant – ein stupider Schläger – ist schließlich arg gezeichnet von den Strapazen des Verhörs und der moralischen Fragwürdigkeit ihres Tuns. Vielleicht ist es ja so, daß der Vietnamese kein Unschuldiger ist und den Schlüssel zur Rettung von unzähligen Menschenleben in seinem dahinschwindenden Leib trägt. Bei Jack Bauer in der Fernsehserie „24" ist das in der Regel recht eindeutig und legitimiert die zupackenden Methoden des Agenten, selbst wenn diese ruchlosen Mord einschließen. In PRISONERS ist das alles viel komplizierter und geht richtig an die Substanz. Ein erstklassiger Film, getragen von einem erstklassigen Ensemble, der aber weitgehend unterging und jetzt eigentlich nur noch als deutsche Videokassette ein Kaschemmendasein fristet. Wer diesen Film mal für eine DVD-Wiederveröffentlichung ausgräbt, bekommt von mir die goldene Filmkunst-Tapferkeitsmedaille am Bande! Die Wahrscheinlichkeit, daß der Film ausgegraben und endlich zur Kenntnis genommen wird, ist aber nicht besonders hoch. Schade – er wäre es wert.

Wehrsportgruppe Doofmann

Die Frage ist doch: Wie stellt man auf angemessene Weise einen Nazi dar? Macht man ihn rund oder eckig? Soll er häßlich sein oder gutaussehend? Betrachtet man die deutsche Filmproduktion jüngeren Datums, so fällt vor allem auf, daß Nazis glaubhaft sein müssen, sie müssen authentisch rüberkommen, zumindest dann, wenn sie nicht ausdrücklich als Karikaturen, als Satire gekennzeichnet sind. Für Sekundärnazis reicht es, wenn sie einfach uniformiert in der Gegend herumstehen und grimmig kucken. Buschige Augenbrauen sind okay, aber kein Muß. Nazis mit Sprechrollen sollten aber zumindest solide charakterisiert werden, man muß wissen oder zumindest spüren, wie sie zu Nazis geworden sind. Eine gute Schauspielausbildung sollte hier schon vorliegen. Man sollte vorher wenigstens eine tragende Rolle in einem „Tatort" gehabt haben, damit beim Publikum ein gewisser Wiedererkennungseffekt eintritt. Historische Nazis wie Hitler erfordern dann das Einfühlungsvermögen eines echten Burgschauspielers, vor dem alle Kritiker automatisch auf die Knie fallen. Der muß sich dann monatelang auf die Herausforderung vorbereitet haben, mit der ja eine große Verantwortung verbunden ist. Jede Geste muß sitzen. Schade, daß die Filme, die auf dieser Grundlage entstehen, so häufig langweilige Dokudramen mit Kreidegeschmack und verhängnisvoll vagen Standpunkten sind, wenn sie dann das Licht der Projektoren erblicken. Man wird der Zeit des Nationalsozialismus nicht gerecht, wenn man nur eine weitere Doppelstunde Geschichtsnachhilfe präsentiert, in der sich alle so gut abgesichert haben, wie es eben geht. Ein bißchen mehr Schlingensief täte dem deutschen Kino gut, wenn es um Nazis geht. Ich brauche nicht die Motivation von Menschen in all ihren Verästelungen zu verstehen, deren höchstes Lebensziel es ist, in Polen einzumarschieren oder eine arische Superrasse zu züchten, tut mir leid. Wenn ich einen Film über die NS-Zeit drehen würde, dann hätte Adolf Hitler seinen ersten Auftritt nackt auf einer Hüpfstelze. An einer psychologisch stimmigen Aufbereitung der Geschichte wäre mir nicht gelegen. Mir wäre hingegen wichtig, daß klar wird, daß Nazis – historische wie gegenwärtige – keine netten Menschen sind. Daß sie keine Lovecraft´schen Tentakelmonster aus dem Dunkel der Zeit sind, sondern unser aller Mr. Hyde, das, was aus uns werden kann, wenn wir nicht gut aufpassen. Wenn wir nicht verdammt gut aufpassen.

Chaplin hat es vorgemacht. In seinem DER GROSSE DIKTATOR (1940) stellte er noch vor dem offiziellen Kriegseintritt der USA unmißverständlich klar, was er von Hitler und seinen Schergen hielt. Die Ansprache von Adenoid Hynkel gehört zu den erhabensten Momenten des amerikanischen Kinos. In den folgenden Jahren gab es zahlreiche Hollywood-Filme zu sehen, in denen Nazis als eher konventionelle Schurken auftauchten, nur eben mit deutschem Akzent. Gelegentlich erschienen sie auch als uniformierte Kasper, als „Keystone Stormtroopers", die über ihre eigenen Beine stolpern. Dies war zum Beispiel der Fall in der populären 60er-Jahre-TV-Serie „Ein Käfig voller Helden" („Hogan´s Heroes"), aber auch in so schönen Filmen wie Ernst Lubitschs Klassiker SEIN ODER NICHTSEIN (TO BE OR NOT TO BE, 1942). Interessant fand ich immer, daß die Darstellung von Nazis von etwa jener der asiatischen Bösewichte in Kriegsfilmen signifikant abwich: Asiatische Unholde erschienen – mal abgesehen von Randfiguren wie Dr. Fu Manchu – als gesichtslose Masse, als heilloses Gewimmel, das über die amerikanischen Soldaten herfiel wie eine Ameisenhorde. Nicht so die Nazis, bei denen dem gemeinen Landser (=stumpf, brutal,

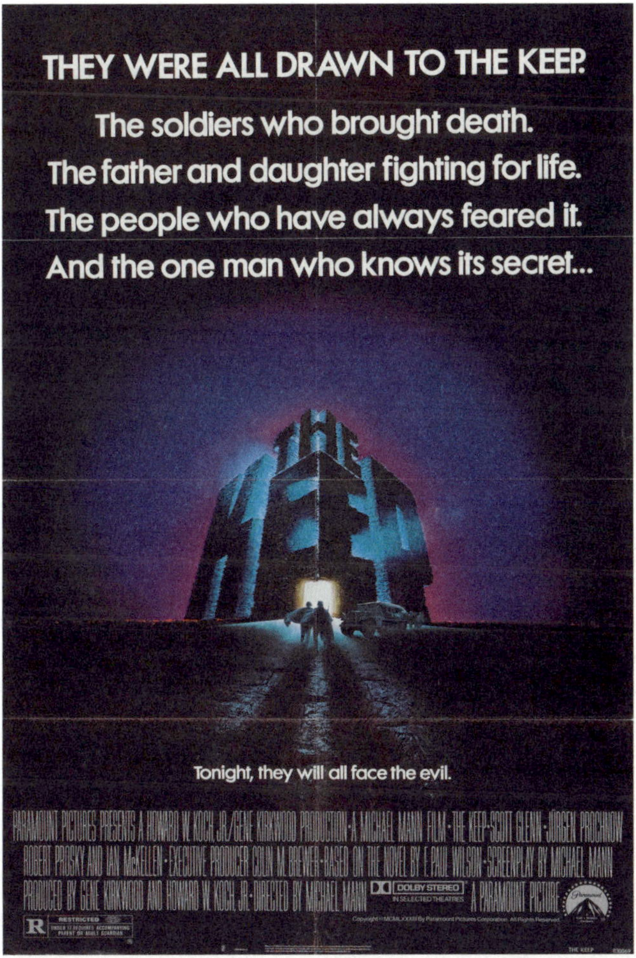
THEY WERE ALL DRAWN TO THE KEEP.
The soldiers who brought death.
The father and daughter fighting for life.
The people who have always feared it.
And the one man who knows its secret...
Tonight, they will all face the evil.
PARAMOUNT PICTURES PRESENTS A HOWARD W. KOCH, JR./GENE KIRKWOOD PRODUCTION · A MICHAEL MANN FILM · THE KEEP · SCOTT GLENN · JÜRGEN PROCHNOW
ROBERT PROSKY AND IAN McKELLEN · EXECUTIVE PRODUCER COLIN M. BREWER · BASED ON THE NOVEL BY F. PAUL WILSON · SCREENPLAY BY MICHAEL MANN
PRODUCED BY GENE KIRKWOOD AND HOWARD W. KOCH, JR. · DIRECTED BY MICHAEL MANN
DOLBY STEREO
IN SELECTED THEATRES
A PARAMOUNT PICTURE
R
RESTRICTED
UNDER 17 REQUIRES ACCOMPANYING PARENT OR ADULT GUARDIAN
THE KEEP

Schweinehund) in der Regel noch einige „Genies des Bösen" gegenübergestellt wurden, kreuzintelligente Verführer, brillante Strategen des Untergangs. Der sichere Weg zum „Oscar". Der wirkliche Nazi war aber vermutlich weder ein Genie des Bösen noch ein herumstolpernder Trottel, sondern – und das ist die wahrhaft unangenehme Botschaft! – ein Mensch, irregeleitet, obrigkeitshörig, verroht. Bei mir unsympathischen Zeitgenossen, die sich entweder nach links oder nach rechts dicketun, spreche ich immer (frei nach Wiglaf Droste) von sich als links oder rechts Empfindenden. Die politische Couleur, die man für sich beansprucht, ändert nämlich rein gar nichts daran, ob man ein Arschloch ist oder ein netter Mensch. Jeder möchte zuerst einmal anerkannt und sogar gemocht werden. Wenn der einzige Weg, der einem zur Erfüllung dieses Ziels einfällt, der Mißbrauch von Macht bleibt, dann haben wir eine weitere arme Wurst, ein weiteres trauriges Kapitel.

Nazis dürfen von mir aus also nach Herzenslust zweckentfremdet und zum Jockel gemacht werden. Ich habe Respekt vor dem Üblen, das sie angerichtet haben und noch immer anrichten, aber vor ihnen als Individuen keine Sekunde. Meinetwegen kann man die in Osterhasenkostümen durch die Wüste schicken! Jetzt soll es um einen Film gehen, der etwas durchaus Vergleichbares erreichte. Er wich ab von einer historisch akkuraten Darstellung der Nazis. Er präsentierte sie als uniformierte Knallhansel, die nicht wesentlich authentischer waren als ihre Pendants in den „Castle Wolfenstein"-Computerspielen. Manch einem mag das unangemessen erscheinen, aber ich finde es gut, wenn man Nazis mit Eiern bewirft. Und das Eigelb tropft in besagtem Film nicht nur Jürgen Prochnow von der Nase. Die Rede ist von Michael Manns rätselhaft selten gewordenem DIE UNHEIMLICHE MACHT (THE KEEP, 1983).

1941, Rumänien. Irgendwo in den Karpaten besetzen deutsche Soldaten ein Dorf. Eine riesige Bergfestung wird als Hauptquartier auserkoren. Hauptmann Woermann (Prochnow) kommt es merkwürdig vor, daß das stabile Bauwerk eher dazu gedacht scheint, etwas drinnen zu halten, als Feinde von außen abzuwehren. Leider zieht er aus dieser Beobachtung nicht die richtigen Konsequenzen, denn schon bald wird klar, daß ein Dämon namens Molasar in den Mauern wohnt, und durch einige besonders raffgierige Unternazis wird er freigesetzt. Ein jüdischer Professor soll ihm dabei helfen, einen bestimmten Gegenstand nach draußen zu schaffen, der verhindert, daß er die Festung verlassen kann. Jener macht mit, da der Dämon verspricht, mit dem braunen Gewürm Schlitten zu fahren. Doch fällt dem eigentlich aus lauteren Motiven handelnden Professor nicht auf, daß Molasars Kraft nicht nur ihn selbst, sondern auch die ganze Dorfbevölkerung negativ beeinflußt. Er ist dabei, eine Macht zu befreien, die die ganze Welt verschlingen kann. Da erscheint ein Fremder namens Glaeken, der mit Molasar eine Rechnung offen hat ...

Michael Manns erster Kinofilm war der exzellente und durchaus wohlwollend rezipierte DER EINZELGÄNGER (THIEF, 1981) mit James Caan gewesen. Daß er sich für seinen zweiten Film ausgerechnet einen Fantasy-Horror mit Nazis aussuchen würde, war nicht eben naheliegend und im Hinblick auf seine Karriere wohl auch keine kluge Wahl. Die Urfassung des Werkes lief schlappe dreieinhalb Stunden. Paramount – die offensichtlich keinen neuen HEAVEN´S GATE landen wollten – zogen die Notbremse und dampften den Film auf anderthalb Stunden ein. Dieser Torso bekam dann eine überschaubare Kinoauswertung spendiert, wo er relativ klanglos unterging. Die Kritiken waren lausig. Der Verfasser der Vorlage, F. Paul Wilson, haßte den Film. Wäre der Film ein Teddybär gewesen, so hätte er zwei rausgerissene Augen und eine runtergezogene Hose gehabt. (Der Teddybär, nicht F. Paul Wilson.) Der Film landete auf Video, und dort ist er seitdem geblieben. Keine DVD, keine Blu-Ray, nix. Woran es liegt, daß immer noch kein Director´s Cut herausgekommen ist, ist unklar. Regisseur Mann – der kurz darauf mit seiner TV-Serie „Miami Vice" so richtig durchstarten und sich zu einem der wichtigsten Hollywoodregisseure der Gegenwart entwickeln sollte – sprach sich gegen den Film aus, zumindest in seiner vorliegenden Fassung. Möglicherweise empfindet er ihn mittlerweile als Skelett in seinem Schrank. Es kann aber auch sein, daß Rechteprobleme mit der Musik von Tangerine Dream eine Rolle spielen. Egal, in jedem Fall hat niemand dieses Dornröschen bisher wachgeküßt, trotz zahlreicher geschürzter und überaus kußwilliger Lippen rund um die Welt. (Im Moment arbeitet Stewart Buck gerade an einem Dokumentarfilm mit dem Titel A WORLD WAR II FAIRYTALE: THE MAKING OF MICHAEL MANN'S THE KEEP, der die vollständige Geschichte dieses Filmes erzählen will.)

Man kann nicht sagen, daß sich der Film seinem Publikum übermäßig anwanzt. Er ist bierernst, verzichtet also auf die ab den 80ern fast standardmäßig mitgelieferte Selbstironie. Das erhöht natürlich das Risiko, daß der Zuschauer sich über die Lightshows und Wallewallenebel lustig macht, die der Film inflationär einsetzt. Mit denen hätte man das „Studio 54" mindestens 10 Jahre lang betreiben können. Es ist allerdings auch genau das, was ich an dem Film toll finde! Er geht nämlich vom ersten Moment an in die Vollen, setzt auf eindrucksvolle Bilder und einprägsame Motive. Fritz und Kurt und Hermann befinden sich hier nicht auf einem realistischen Beutezug fern der Heimat, sondern legen sich mit dem Bösen an sich an. Daß Molasar so unterschiedliche Erscheinungsformen an den Tag legt, hat viel damit zu tun, daß Spezialeffektemann Wally Veevers leider während der Dreharbeiten verstarb. Mein Favorit ist die Rauchsäule, als welche Molasar zuerst erscheint. In späteren Inkarnationen sieht er aus wie eine Mischung aus Golem und Schul-Bioplastik, ist aber hinreichend bedrohlich, um zu überzeugen. Und wo ich den Golem gerade erwähne: Obwohl Molasar tatsächlich mit den Nazis recht wenig am Hut hat, so ist er doch kein Beschützer der Juden – das macht er nur dem Professor weis, damit jener ihn freisetzt. Ihn also als gut oder als böse zu verstehen, greift zu kurz. Am ehesten ist er vielleicht zu werten als reine, unmoralische Macht, die nur ein Ziel kennt – die eigene Erhaltung und Mehrung. Für den Professor (gut gespielt von Ian McKellen) ist er attraktiv als mächtiger Verbündeter im Kampf gegen das Böse der Nazis. Er mißversteht ihn aber als Freund, der er nicht ist. Im Grunde handelt es sich hier um einen Film, der davor warnt, Haß mit Haß zu beantworten. Man kann natürlich, wenn man unbedingt möchte, den von Scott Glenn gespielten Glaeken als zumindest stark angejesust betrachten. Der Professor wäre somit der irregeleitete Judas. Als Pontius Pilatus steht ein besonders widerwärtiger SS-Mann parat, der eine frühe Filmrolle für Gabriel Byrne darstellt. Prochnow darf den zweifelnden Nazi spielen, der sich in seinen eigenen Widersprüchen verheddert. Es wäre wirklich mal interessant, die ursprüngliche Fassung von THE KEEP zu erleben. So, wie er ist (bzw. war, bevor er verschwand), besticht er durch erstklassige Fotografie von Alex Thomson, eindrucksvolle Bauten und eine Regie, die sehr geschickt mit weiten Räumen arbeitet. Michael Mann sollte ja auch in späteren Filmen viel Zeitlupe verwenden und der gewohnten Hektik amerikanischer Actionfilme eine intensive Entschleunigung angedeihen lassen. Ob man das, was sich vor diesem Hintergrund zuträgt, nun als kurioses Kasperletheater empfindet oder als eindrucksvolle Allegorie, liegt im Auge des Betrachters. Ich mag den Film sehr, auch wenn es sich vermutlich um ein „guilty pleasure" handelt. Sei es drum – ein Film, der für niemandes Karriere von entscheidender Bedeutung war, den man aber trotzdem mal wieder ausgraben und einer Neubewertung unterziehen sollte.

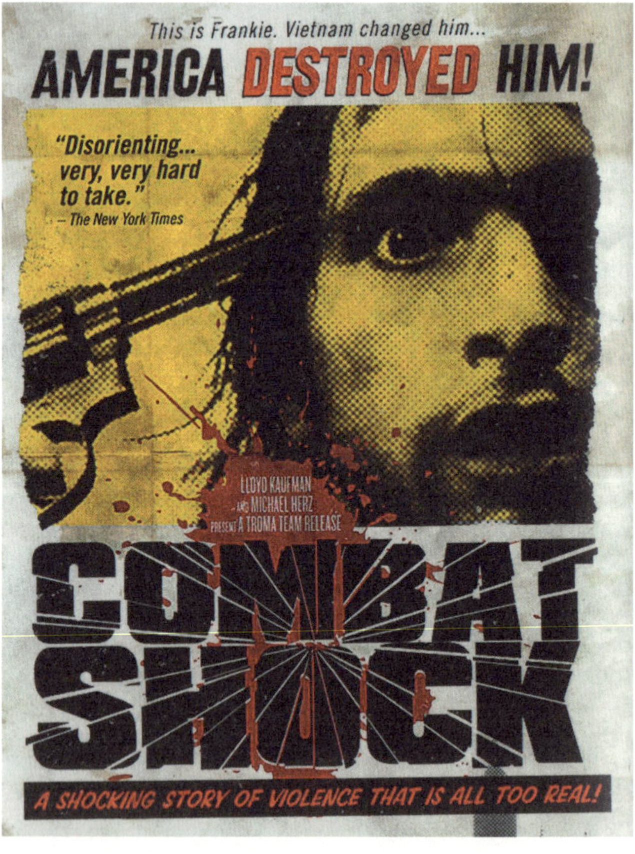

Staten Island Meltdown

Frankie Dunlan war in Vietnam. Er hat dort unschöne Dinge erlebt und ist nach Kriegsgefangenschaft und langsamer Genesung von seinen schweren Verletzungen wieder in den USA gelandet. Unter höchst prekären Verhältnissen lebt er mit seiner unzufriedenen Ehefrau und seinem eigenen „Agent Orange"-Baby (=ein ständig greinendes Etwas, das aussieht wie E.T. im Endstadium einer überaus schlimmen Krankheit) in einem Häuserblock, der direkt an der S-Bahn liegt. Tag und Nacht rattern die Züge vorbei, die Wände starren vor Dreck, und die Milch im Kühlschrank ist auch schon längst sauer geworden. Habe ich schon erwähnt, daß Frankie keinen Job hat? Also, Frankie hat keinen Job, und alle Versuche, irgendeine unterbezahlte Anstellung zu bunkern, schlagen fehl. Frankie ist der Mann, der vom Mann, der im Rathaus den Spucknapf leert, einen Groschen zugeworfen bekommt. An guten Tagen. Da kann eigentlich nicht mehr viel schiefgehen. Sollte man meinen. Aber es laufen einige Geldeintreiber durch die Straßen, die Frankie die Beine brechen wollen. Seine einzigen Kumpels sind Drogies und Penner, die ihre eigenen Probleme haben. Um aus dieser Situation herauszukommen, braucht man viel Antrieb und eine gut funktionierende Glücksfee. Frankie hat weder das eine noch das andere. Das Schlimmste aber sind die Wunden, die nicht verheilt sind, die innen drin. Und Wunden brechen auch schon mal auf ...

Wer sich den Film COMBAT SHOCK (1984) anschaut und einen blubbernden Springbrunnen der Zuversicht erwartet, bekommt einen besonders dicken Aal in den Po geschoben. Betrachtet man sich den Stadtteil Staten Island, wie er von dem dort geborenen Buddy Giovinazzo in seinem Erstlingswerk (nach einigen Kurzfilmen und Musikvideos) präsentiert wird, dann

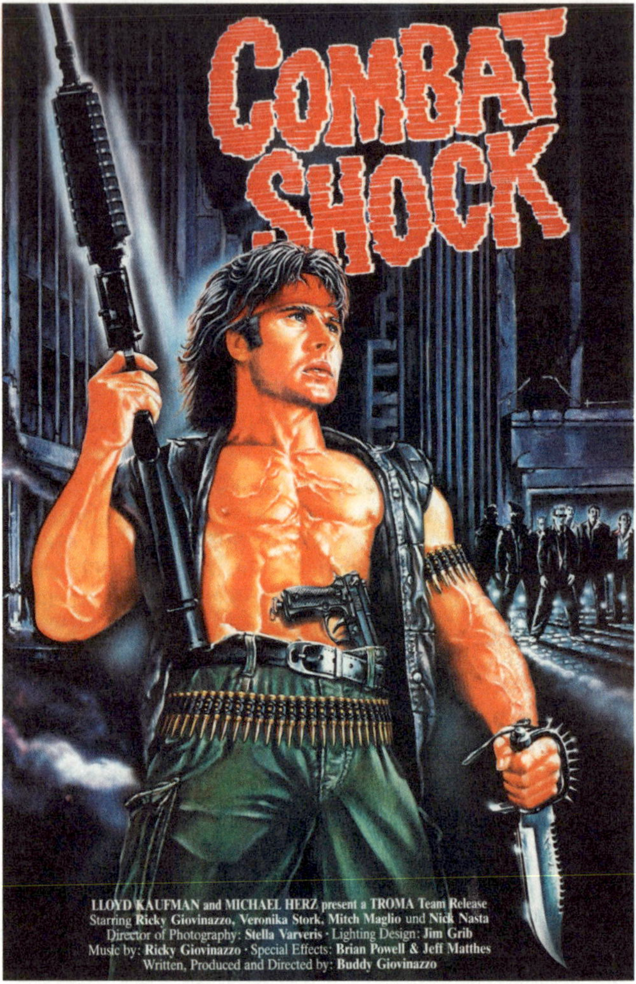
COMBAT SHOCK
LLOYD KAUFMAN and MICHAEL HERZ present a TROMA Team Release
Starring Ricky Giovinazzo, Veronika Stork, Mitch Maglio und Nick Nasta
Director of Photography: Stella Varveris · Lighting Design: Jim Grib
Music by: Ricky Giovinazzo · Special Effects: Brian Powell & Jeff Matthes
Written, Produced and Directed by: Buddy Giovinazzo

kann man nur mutmaßen, daß es sich hier vermutlich um den deprimierendsten Ort der Welt handelt. Das ist wie ein Urlaubsvideo aus der Hölle. Giovinazzo hat seitdem einige fabelhafte Filme gemacht und nicht minder fabelhafte Bücher geschrieben, aber das Schielen nach dem Kommerz ist etwas, daß er bei den herzempfundenen Übungen definitiv nicht oben auf seiner Liste gehabt haben wird. COMBAT SHOCK – der als AMERICAN NIGHTMARES gedreht wurde – ist ein gnadenloses Schwelgen in der alten Annahme, daß der Mensch dem Menschen ein Wolf sei, unterstützt von Aufnahmen von Staten Island, die dem dortigen Verkehrsverein vermutlich nicht recht gewesen sein werden. („Willkommen in Satan Island! Umschmeichelt von pittoresken Ansichten und Gestalten werden in dieser Stadt der vielen Gerüche Ihre Träume wahr! Ob es sich um Drogenhandel, Kinderprostitution oder schlimme Geisteskrankheiten handelt – hier ist für jeden etwas dabei!") Das blutige Finale schließlich läßt TAXI DRIVER ausschauen wie Walt Disney. Da ist wirklich ganz der Ofen aus. Der goldene Schuß auf dem Bahnhofsklo, sozusagen, und ein räudiger Hund pischert auch noch mal feste druff. Autsch!

Als der Film herauskam, bewies er ein vorzügliches Gespür für den richtigen Zeitpunkt. No Wave und Punk Rock waren vielleicht schon etwas aus den Augen, nicht aber aus dem Sinn. Während anderswo Yuppie-Gruselfilme wie James Bridges´ PERFECT oder Mike Nichols´ WORKING GIRL entstanden, die oberflächlichen Menschen dabei zusahen, wie sie ihre Pseudoprobleme überwanden, gab es noch eine gewisse Akzeptanz für das Antidot Undergroundkino, das in New York ohnehin eine lange Tradition hatte. Auch war der Siegeszug der Videorecorder mittlerweile eine neue Möglichkeit für das Außenseiterkino geworden, die eigenen Erzeugnisse in Umlauf zu bringen. Einen Film wie COMBAT SHOCK außerhalb von Festivals auf einer Kinoleinwand zu erleben, wäre in Deutschland nur mit sehr viel Glück möglich gewesen. Für uns Videokids damals war es vergleichsweise leicht, neben der selbstverständlich gekürzten deutschen Fassung auch die komplette Depri-Packung zu erwerben. (Danke, Holland!) Aufgegriffen wurde der Film damals von „Troma", einer Firma, die eher bekannt war für launig geschmacklose Splatterkomödien. Damit sich den Film auch jemand ansah, bekam er ein Cover verpaßt, das ihn wie einen handelsüblichen Söldnerstreifen aussehen ließ, einen weiteren Tümmlerfisch im Chuck-Norris-Fahrwasser. Es würde mich wirklich interessieren, was der durchschnittliche Videothekenkunde (mit Puma-Trainingsanzug, Turnschuhen und Kampfhund an der Leine) von dem Film wohl so hielt. Vermutlich nicht viel. Bei uns hingegen herrschte eine gewisse Verdutztheit vor, daß es sich eben nicht um einen Splatterfilm handelte, sondern um ein, tja, Milieudrama. Giovinazzo hat Rainer Werner Fassbinder als einen seiner wichtigsten Einflüsse bezeichnet, und tatsächlich waren es so kompromißlos deprimierende Filme wie KATZELMACHER oder WARUM LÄUFT HERR R. AMOK?, die auch in deutschen Kinos klarmachten, daß ein typisches Hollywood-Ende kein Muß darstellt. Es ist durchaus okay, wenn die fesche Trudi an weiße Sklavenhändler verkauft wird, die sie mit einer unaussprechlichen Hautkrankheit infizieren, und wenn sie dann aussieht wie der Elefantenmensch und auf zahlreichen Rummelplätzen herumgezeigt worden ist, dann wäre es atmosphärisch unbekömmlich, den Film mit etwas anderem zu beenden als ihrem furchtbar grausamen und demütigenden Tod. Im wirklichen Leben findet schließlich auch nicht jeder seinen Traumprinzen, und wenn doch, dann ist der meistens inkontinent. Im Fall von Frankie ist eigentlich bereits zu Anfang klar, daß er die letzte Ausfahrt Brooklyn erwischt hat – er ist hoffnungslos, ein Verlierer, der selbst Hubert Selby zum Weinen gebracht hätte. Das Tempo, das der Film anschlägt, ist dabei faszinierend „off". Der Anfang etwa, der in Vietnam spielt (=die Sümpfe um Staten Island), dauert über zehn Minuten und zeigt diverse Musikschüler von Buddy G, die dem Hauptdarsteller hinterherjagen. Später dann sieht man Frankie, wie er mit schlotterndem Lumpenmantel und fettigen, strähnigen Haaren durch die amerikanischen Straßen latscht. Geschähe dies in einem simplen Unterhaltungsfilm, würden einem bereits nach der ersten dieser Szenen alle Zähne auf Ex ausfallen, und die Augen gleich mit. Keine bösen Vietcong, die mit schußbereiten MPs hinter einem Busch hervorspringen. Stattdessen sitzt da mal ein niedlicher Hund, der ein Leckerli frißt, während ihm der hungrige Frankie schmachtend zuschaut. Mal ist da auch ein Junkie, der sich – in Ermangelung einer sauberen Spritze – die Vene mit einem rostigen Drahtbügel öffnet und das Dope obendrauf schüttet – „skin popping" der eher ungesunden Art. (John Waters meinte einmal, die ekelhafteste Szene, die er jemals gesehen habe, sei jene in COMBAT SHOCK gewesen, in der ein Charakter ein ganzes Glas mit schlecht gewordener Milch herunterschluckt, ohne mit der Wimper zu zucken.)

Ich weiß selber nicht so genau, warum mich der Film so begeistert. Auf jeden Fall wollte ich ihn unbedingt in diesem Buch haben, obwohl er in gewissen Kreisen durchaus als Kultfilm gilt. Das reicht mir aber noch nicht! COMBAT SHOCK ist ein Arschtritt von Film, der den Hollywood-Mythen eine strikte und wohlverdiente Absage erteilt. Ob man ihn nun auf Soldaten bezieht, die nach dem Kriegseinsatz mit ihrer PTBS allein gelassen werden, oder auf all jene, die tagtäglich durch das soziale Raster fallen und vom Rest der Gesellschaft nur noch als Treibgut am

Straßenrand wahrgenommen werden – er ist ganz eindeutig die Überzeugungstat von jemandem, der eine unattraktive Wahrheit vermitteln will. Er gehört in die Liga von Filmen wie John McNaughtons HENRY: PORTRAIT OF A SERIAL KILLER (1986), die oberflächlich als Genrefilme wahrgenommen werden, tatsächlich aber von abgründigen Regionen der Gesellschaft berichten, die existieren, ohne daß man sie wahrnimmt. Die Krokodile unter der Falltür, die nicht einfach dadurch verschwinden, daß man sie kollektiv ignoriert. Keine Frage, COMBAT SHOCK hätte mit ein paar Dollar im Handgepäck technisch viel sauberer und ansehnlicher gelöst werden können. Aber irgendwie gehört der Film genauso, wie er ist: kantig, ruppig, undiszipliniert. Die Darsteller sind zum überwiegenden Teil Amateure. Hauptdarsteller Ricky Giovinazzo (=der Bruder des Regisseurs) hat vorher oder nachher keine einzige Filmrolle mehr angenommen, aber hier ist er besser, als Robert de Niro das hinbekommen hätte. In seinen Büchern und Filmen hat Buddy G seitdem andere Abgründe ausgelotet. Die schöne Verfilmung seines Romans LIFE IS HOT IN CRACKTOWN (2009) wartet immer noch auf einen deutschen Verleih. Sich mehr oder weniger elegant die Hucke volllügen zu lassen, das kann man sehr einfach haben. Will man sich der Wahrheit annähern, gehören auch die unansehnlichen Winkel der Welt dazu. Die Wahrheit gibt es nicht für lau. COMBAT SHOCK geht richtig in die Vollen und taucht tief in die Mocke, aber er taucht daraus hervor als schöner, schwarzer Schwan.

Millionen Irre können nicht fliegen (Medien)

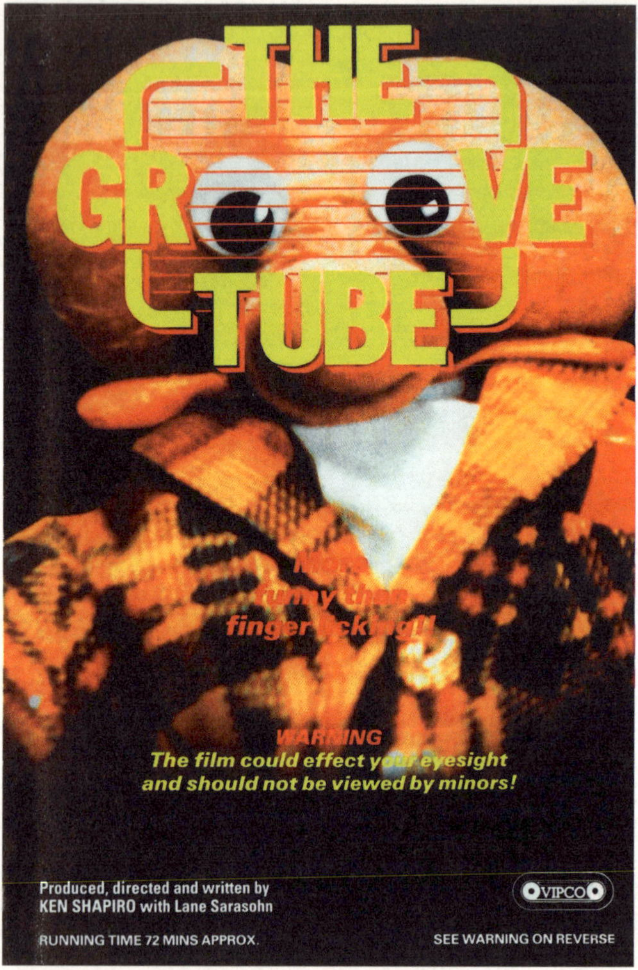
THE GROOVE TUBE
WARNING
The film could effect your eyesight
and should not be viewed by minors!
Produced, directed and written by
KEN SHAPIRO with Lane Sarasohn
VIPCO
RUNNING TIME 72 MINS APPROX.
SEE WARNING ON REVERSE

Das Volk
vor der Glotze, das Volk in der Glotze

Im nächsten Teil des Buches soll es um Medien gehen. Gemeint sind nicht mit PSI-Kräften ausgestattete Spezialmenschen, sondern jene Institutionen, die es sich aufs Banner gestickt haben, der Aufklärung der Menschheit das Wort zu reden. Es werden in der Regel viele Worte, und sie werden mit immer greller werdenden Bildern illustriert, die dem frohen Konsumenten von heute und morgen die geballte Faust der Gegenwart tief in den Rachen treiben. Die Abrichtung des Zuschauers (also des Menschen, der nicht selber am Medienbetrieb beteiligt ist) zu einem männchenmachenden Gemüse ist weit gediehen. Aber Medien spielen natürlich auch eine Rolle jenseits des Krieges, obwohl man darüber wahrlich streiten kann. David Cronenbergs VIDEODROME (1982) hat bereits unmißverständlich klargestellt, daß die Medienwelt ein Kampf ist, ein Kampf um die Meinungen, ein Kampf um die Gemüter der Menschen. Wenn man den Zuschauer flächendeckend mit Schwund bombardiert, wird der Schwund irgendwann Teil des Zuschauers, er verändert sich, auch anatomisch. Möglicherweise steht uns allen ein neuer, aufregender Schritt in der Evolution bevor!

Wenn man für einen Moment mal annimmt, der TV-Alltag wäre ebenfalls Krieg, selbst wenn er vorgibt, vom Frieden zu handeln, dann wird vieles klarer, was man dort sieht: die verbissene Fröhlichkeit, ein 24 Stunden andauernder Rictus, das gefrorene Lächeln der Toten! Wundstarrkrampf mit Marshmallow-Geschmack! Hossa! Im Kapitalismus heißt es ja, daß die Nachfrage das Angebot bestimme. Sollte das zutreffen, steht es schlimm um die Menschheit. Ich muß bei jedem Massenbesäufnis, das vom Fernsehen präsentiert wird, daran denken. Es funktioniert genauso wie prominentenbezogene Hexenjagden – alle machen mit, alle dürfen der Uschi unter den Rock fassen! Hossa! Und befindet sich der vormals bejubelte Superpromi auf den Knien, dann wird noch einmal lustvoll nachgetreten. Die Gebäude werden hochgezogen, die Gebäude werden wieder eingerissen. Man kann an allem doppelt verdienen, man muß nur wissen, wie man das anstellt, und man muß innerlich tot sein, damit man nachts noch schlafen kann. Der Mythos regiert: Wenn ein unglücklicher Torwart Selbstmord begeht, gibt es Gedenkveranstaltungen, die Menschen weinen ehrlich empfundene Krokodilstränen, und alle sagen, daß man jetzt ganz genau hinkucken müsse. Jeder vernunftbegabte Mensch weiß zwar, daß sich genau gar nichts am Status Quo („Rockin´ all over the world") ändern wird, aber wenigstens haben wir mal drüber gesprochen, oder zumindest so getan, als ob. „Als ob" gefällt mir, das paßt zum Fernsehen!

Kennt jemand den Film KENTUCKY FRIED MOVIE (1977)? Bestimmt – der war hier in Deutschland sehr populär und lief bei uns in Bremen damals im Alternativkino rauf und runter. Eine in der Tat sehr lustige und sehr chaotische Mischung aus Parodien auf Fernsehformate amerikanischer Prägung, die sich von der in unserem Land gewohnten wesensmäßig kaum unterscheidet. Der Film ist aufgezogen wie ein aus den Fugen geratener Fernsehabend, bei dem ein Zuschauer im Vollrausch sich quer durch die Fernbedienung zappt. Es gibt Werbungen, es gibt Quizshows, es gibt Kochsendungen, es gibt Seifenoper. Daß ich den Film so mag, hat auch mit dem Umstand zu tun, daß der sehr humorbegabte Regisseur John Landis ein ähnlich bizarres Comedy-Timing benutzt wie in seinem Debütfilm, SCHLOCK DAS BANANENMONSTER (SCHLOCK, 1973). Die Präsentation einer entgleisten TV-Welt ist somit auf bestürzende Weise

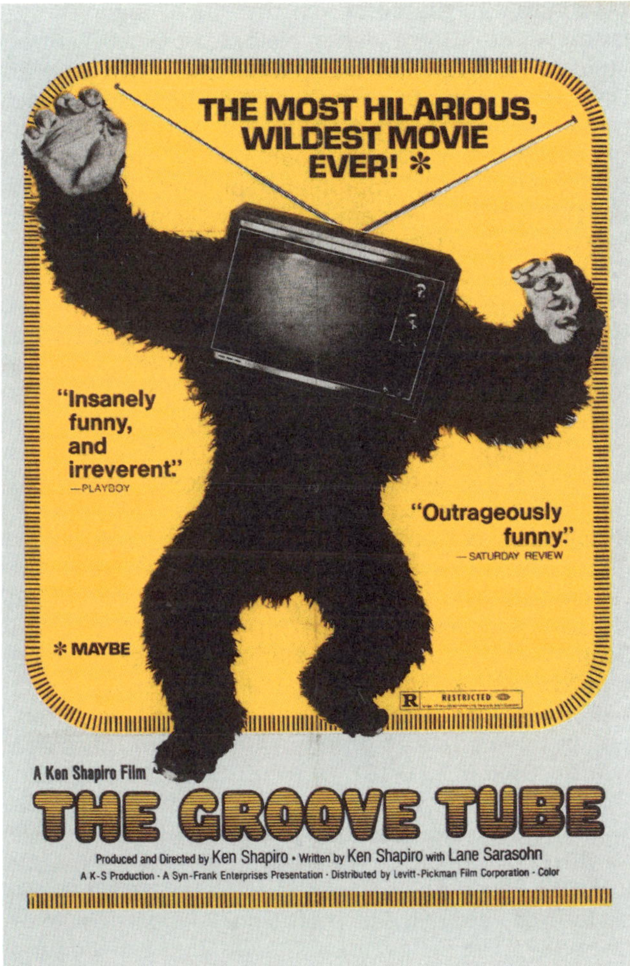

THE MOST HILARIOUS, WILDEST MOVIE EVER! *
"Insanely funny, and irreverent."
—PLAYBOY
"Outrageously funny."
—SATURDAY REVIEW
* MAYBE
R RESTRICTED
A Ken Shapiro Film
THE GROOVE TUBE
Produced and Directed by Ken Shapiro · Written by Ken Shapiro with Lane Sarasohn
A K-S Production · A Syn-Frank Enterprises Presentation · Distributed by Levitt-Pickman Film Corporation · Color

glaubhaft. So empfinde ich das auch, wenn ich zu lange vor der Glotze kleben bleibe! Die Quasi-Fortsetzung AMAZONEN AUF DEM MOND (AMAZON WOMEN ON THE MOON, 1987) fand ich eigentlich sogar noch besser, aber sie kam bei uns nur auf Video heraus und ging unter. Sie sei aber allen Filminteressierten nachdrücklich empfohlen, vor allem, wenn jene die O-Ton-Spur verstehen. „Henry Silva präsentiert: Bullshit or not?" Ganz grandios!

Und jetzt kommt die Preisfrage: Kennt jemand den Film BIG GÄG MOVIE STATION? Niemand? In den USA kam THE GROOVE TUBE 1974 heraus, und es handelt sich bei ihm um den offensichtlichen Vorläufer von KENTUCKY FRIED MOVIE, denn er benutzt dasselbe chaotische Format, nur noch bizarrer, noch bekiffter und noch asozialer! Da die Synchro von Hartmut Neugebauer zu stammen scheint, nehme ich an, daß der Film damals sogar einen bescheidenen Kinoeinsatz bei uns erlebte. Und recht so, denn der Film kesselt ran, als gäbe es kein Morgen. Den Auftakt macht eine hübsche Parodie auf 2001: ODYSSEE IM WELTRAUM, wo ein just in den USA entdeckter Stamm von Steinzeitmenschen zur Zivilisierung keinen Monolithen, sondern einen Fernseher vorgesetzt bekommt. Und damit startet ein Reigen von Parodien, die den „Crazy Comedy"-Ansatz von Klassikern wie IN DER HÖLLE IST DER TEUFEL LOS (HELLZAPOPPIN´, 1941) mit dem „Hit or miss"-Stil der Zucker-Brüder (die später DIE UNGLAUBLICHE REISE IN EINEM VERRÜCKTEN FLUGZEUG und DIE NACKTE KANONE machten und auch KENTUCKY FRIED MOVIE skripteten, so viel Zeit muß sein!) verbinden. Manches davon ist sehr komisch, etwa die Kochsendung, in der sich zwei anonyme Hände redlich damit abmühen, den komplett sinnlosen Anleitungen des Fernsehkochs Folge zu leisten. Manches ist extrem zotig und geschmacklos, etwa die Aufklärungssendung für

Kinder, in der eine Fingerpuppe namens „Der gesunde Sam" auf die Gefahren von Geschlechtskrankheiten aufmerksam macht. (Die Kamera fährt während des Vortrags immer näher heran, bis man merkt, daß das gar kein Finger ist, auf den das Gesicht gemalt ist – hust!) Ein Chemiekonzern namens Uranus („Put your trust in Uranus" – englisch aussprechen!) bewirbt seinen neuen Wunderwirkstoff „Brown 25", eine braune Paste, die aus einem Wasserhahn herausgequollen, -gespritzt und –geschossen kommt und das letzte Wort auf die brennenden Fragen der Menschheit darstellen soll. Sehr unappetitlich, aber es gibt böse Menschen wie mich, die das ziemlich komisch finden. Der Film sucht sich seinen eigenen Rhythmus, nämlich gar keinen. Zwischendrin kommt z.B. eine eher bizarre TV-Serie namens „The Dealers", die wohl etwas an die Freak Brothers und ähnliche Subkulturerzeugnisse der Zeit angelehnt ist. (In KENTUCKY FRIED MOVIE entspricht diesem langwierigen Interludium die sehr lange Parodie auf Bruce Lees DER MANN MIT DER TODESKRALLE.) Man mag finden, daß das den Film etwas ausbremst, aber in Zeiten von Hochoktan-Komödien, die samt und sonders für ein unsympathisches „Ablachen" konzipiert sind (vergleichbar mit dem öden Dauersupport beim Fußball), finde ich es schön, wenn man sich mal für einen Moment zurücklehnen und angenehm irritieren lassen kann. Wahre Freude bedeutet mehr als kommißartiges Dauergegröhle. Was aus dem Macher des Filmes geworden ist, einem gewissen Ken Shapiro, ist ungewiß. Er begann als Kinderstar, machte dann diesen Irrsinnsfilm und später noch eine Komödie mit Chevy Chase, um dann in der Versenkung zu verschwinden. Gerüchten zufolge verdient er sein Geld als Drummer in einer Jazzband, was ich auch ganz ehrenwert finde. Er ist in vielen Rollen zu erleben, z.B. in einer mitten in New York gedrehten Playback-

Aufführung eines alten Songs, bei der er vor lauter verdutzten Passanten durch die Gegend steppt wie ein von allen guten Geistern Verlassener. (Definitiv echte Reaktionen, Borat-style: „Was ist das denn für ein Fertigen?") Ebenfalls dabei ist Richard Selzer, der als Nightclub-Komiker sehr bekannt war und später u.a. bei „Saturday Night Live" landen sollte. Chevy Chase hat einen Auftritt, ebenso die Pornoaktrice Jennifer Welles. Zu bekommen ist dieser Film – nirgendwo! Wer die alte Videokassette nicht besitzt, ist aufgeschmissen. Abgesehen von einer US-DVD, die vor langer Zeit herauskam, gibt es exakt gar nüscht. Was schade ist, denn der Film ist nicht nur sehr verwirrend und teilweise hinreißend komisch, sondern auch ein schönes Zeitdokument aus einer Ära, in der man eben mal so bunte Animationen im YELLOW SUBMARINE-Stil in die Filme hineinbimsen konnte, ohne dafür eine Entschuldigung parat zu haben. Es gab noch einige andere Filme im ähnlichen Modus, etwa Neal Israels TUNNEL VISION (1976) oder den ziemlich lustigen LOOSE SHOES (1978), aber die sind fast noch schwerer aufzutreiben. Ach, und bevor ich´s vergesse: 1975 drehte Chuck Vincent eine Pornoversion des Filmes, BANG BANG, YOU GOT IT!, bei der u.a. der Sketch mit Koko dem Ekel-Clown in eine unterleibszentrierte Dimension überführt wird. BIG GÄG MOVIE STATION zeigt das Fernsehen von morgen – „gefällt mir", wie es auf Facebook heißt.

Der gestreckte Mittelfinger im Spiegel der Zeit

Nur 77 ist echt gewesen. Ich träume immer noch davon, daß ich nach alkoholseliger Nacht in einer Absturzkneipe lande, wo mir dann ein Zottel in einer abgewetzten Lederjacke mit vielen Buttons dran genau diesen Satz ins Ohr lallt. Ist mir noch nicht passiert, ist so aber vorstellbar. Mittlerweile sind ja die meisten Protagonisten der Punkbewegung auch altersmäßig um die 77, also paßt das schon.

Je länger ich im Internet mein Zelt aufgeschlagen habe, desto mehr wächst mein vorsichtiger Respekt vor der Neigung des Menschen, popkulturelle Mythen zum zentralen Stützpfeiler der eigenen Persönlichkeit zu machen. Das Phänomen des akademischen Schwanzvergleichs – so nenne ich immer jene meistens Männern zu eigene Protzerei mit Bildung, die man häufig in kulturellen Diskussionen feststellen kann, in denen es um Petitessen geht, die aber zu weltbewegenden Proportionen aufgeblasen werden – ist vergleichsweise harmlos und sorgt bei jenen, die keiner der beiden streitenden Parteien nahestehen, meistens für Kopfschütteln oder Desinteresse. Wenn jemand sein Geld damit verdienen kann, daß er die unschuldigen Freuden und Verhexungen seiner Jugend zu einer generationsübergreifenden Lebenseinstellung emporschreiben kann, dann soll er das gerne tun. Es ist noch niemand daran pleite gegangen, daß er die Intelligenz seiner Mitmenschen unterschätzt hat. Bei Jugendlichen ist es zudem meistens drollig, wenn sie einem saftigen Etikettenschwindel aufsitzen und merkwürdige, fremdbestimmte Jargons pflegen, die sie etwa als schwarze Ghettobewohner amerikanischer Großstädte ausweisen, während sie doch in Wirklichkeit nur nach Nivea duftende Kinder deutscher Bildungsbürger sind, die gerne in eine Clique reinwollen, um dort endlich einmal für das geschätzt zu werden, was sie tatsächlich sind. (Hust.)

Als ich zum ersten Mal die marschierenden Stiefel am Anfang von „Holidays In The Sun" von den Sex Pistols vernahm, war es um mich geschehen. Sheena war eine Punkrockerin, und das sollte doch auch mir Anwaltssohn gelingen! Ich kaufte mir eine schwarzweiß gestreifte Punkhose und lief so durch die Bremer Innenstadt, weil ich dachte, das finden dann alle toll. Da ich dies allein tat, war ich den mißbilligenden Blicken meiner Umgebung schutzlos ausgeliefert, und da mir das Gen des wahren Rebellen offensichtlich abging, wanderte die Hose schon bald in den Kleidungscontainer. Trotzdem, ich suchte die Plattenläden meiner Umgebung heim und kaufte mir obskure Platten von Gruppen wie FKK Strandwixer, ZSD oder den Marionetz. Ich verliebte mich brav in Plattenverkäuferinnen mit Iro-Frisur oder den damals noch nicht so weit verbreiteten Gesichtspiercings. Ich wuchs heran und wurde irgendwann ein langweiliger Furz, der zwar einen bis zum heutigen Tage wahrscheinlich eher ungewöhnlichen Lebenswandel pflegt, aber weit davon entfernt ist, sich um die Mitgliedschaft in wie auch immer gearteten Cliquen zu bemühen. Jeder Mensch ist zuerst einmal er selbst. Gewisse Regeln muß man erlernen, so zum Beispiel, daß man als Mitglied meiner Generation keine Witze über Kurt Cobain macht. Sonst rutscht man aus seiner Bezugsgruppe heraus und landet im Reich des Unsagbaren, ein weiterer Herold des Abjekten, der demnächst Kaffeefilter doppelt verwendet, weil niemand mehr seine trüben Schoten bucht. Die Irobesitzerinnen, in die ich einst verliebt gewesen war, haben sich die rockige Haarpracht mittlerweile bestimmt abrasiert und pflegen einen unbedenklichen Lebenswandel. Oder sie kassieren Stütze. Oder sind tot.

Die Verwandlung von Kindern anderer Eltern in mittellose, perspektivlose Bewohner britischer Arbeitersiedlungen war ab Ende der 70er Jahre schwer en vogue. Wenn man eine schicke Frisur und genügend Buttons an der abgewetzten Lederjacke hatte, konnte man in bestimmten Kreisen bei den Mädels besser landen. Eindruck schinden, der Held der Gosse sein. Selbst dort, wo man das Hohelied der Selbstverneinung sang, regierten genau dieselben Prioritäten wie bei allen anderen Idioten auch. Da gab es kaum Unterschiede zwischen den Hippies, den Punks und den Poppern, allenfalls kosmetische. Alle wollten im Rahmen ihrer jeweiligen Milieus geschätzt und gewürdigt werden, es sei denn, sie hatten wirklich ein Rad ab. Aus den oberflächlichen Erscheinungsformen eine spezifische Philosophie herauszuschnitzen, oblag den Meinungshengsten in den Popgazetten. Und auch die wollten eigentlich nur nett einen wegstecken. Was Punk anging, so schien mir das häufig auf die hohe Kunst hinauszulaufen, aus der Niederlage einen Sieg zu drechseln. Für die „Normalen" – sprich: die Spießer – war das natürlich nicht einzusehen, denn eine Niederlage bleibt ja immer eine Niederlage, selbst wenn man an ihr herumfummelt wie an einem Zauberwürfel. Mir blieb Punk immer sehr sympathisch, und wenn ich jetzt an einigen Punk-Kiddies vorübergehe, die frohgemut in der Fußgängerzone schnorren, gebe ich denen meistens was, es sei denn, es handelt sich um eklige Bölkpunks, die einem Unflätiges hinterherkrakeelen, wenn man ihnen nichts gibt. Denen wünsche ich allenfalls eine frohe Entwicklung. Gute Manieren sind wichtig!

Filme, die das Phänomen Punk einzufangen oder gar zu erklären versuchen, gab es wie Sand am Meer. Genaugenommen gibt es seit etwa ein oder zwei Jahren eine kleine Renaissance des Punk-Kinos, die manchmal Unterhaltsames oder gar Erhellendes

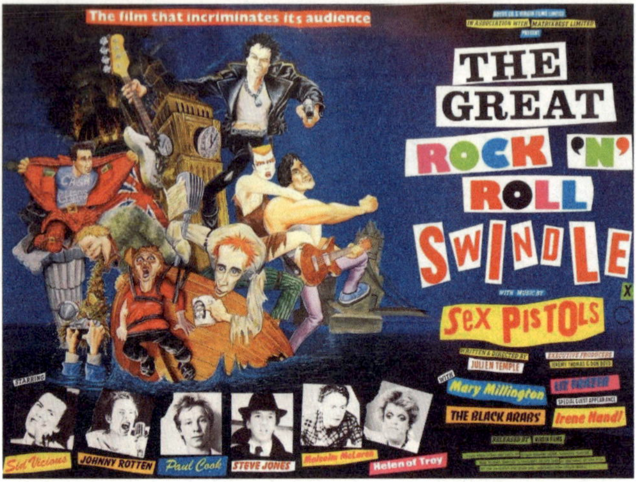

liefert, häufig aber nur der nachträglichen Mythenbildung verpflichtet ist. Der beste Punkfilm, den ich jemals gesehen habe, ist und bleibt der überaus verspielte THE GREAT ROCK´N´ROLL SWINDLE (1980), der allen Verklärungen konsequent eine Abfuhr erteilt und im wesentlichen funktioniert wie ein Tritt in die Fresse. „No more heroes" sangen einst die Stranglers. Nein, Helden sind da nicht zu finden. Dafür das kompetente Abmelken einer gigantischen Milchkuh, aus deren Zitzen Gold spritzt! Manager Malcolm McLaren führt aus, wie man aus Musikern, die nicht musizieren können, eine Gelddruckmaschine bastelt. Das erfordert überlegene Planung, und man muß Medien wie Publikum geschickt konditionieren und gegeneinander ausspielen, um den größtmöglichen Effekt zu erzielen. Ursprünglich sollte Russ Meyer den Film inszenieren, aber künstlerische Differenzen führten dann dazu, daß der spätere Videoclipspezialist Julien Temple die Aufgabe übernahm. In seinen

Händen wurde der Film zu einer Fake-Dokumentation über Aufstieg und Fall der Sex Pistols, angereichert mit vielen Spielszenen, vielen Konzertnummern und einem Auftritt des berühmten Posträubers Ronnie Biggs, der auch mit Steve Jones und Paul Cook das Stück „Belsen Was A Gas" intoniert. Die britische Zensur nahm an vielen Dingen Anstoß, die in den meisten heutigen Fassungen des Filmes fehlen. Auch so aber vergackeiert er das Musikgeschäft mit drastischen Mitteln. Mir sträubt sich die Feder bei dem Versuch, den Film zu beschreiben oder gar auszudeuten. Ob man den Film als eine glorreiche Party empfindet oder als einen Verrat „an der Sache", hängt sicherlich von der Humorfähigkeit des einzelnen ab und der Wichtigkeit, die man der eigenen Person beimißt. Derek Jarmans JUBILEE (1977) war ein Vorläufer, und er zeigte in seiner durchaus „documenta"-tauglichen Pracht, wie es wohl ausgesehen hätte, wenn Peter Greenaway einen Punkfilm hätte drehen wollen. Was für mich etwa so sinnvoll ist wie, sagen wir mal, ein Emu, der eine chinesische Oper inszeniert. THE GREAT ROCK´N´ROLL SWINDLE dreht sich selbstverliebt und schwelgerisch um den eigenen Nihilismus und hat eine Menge Spaß dabei. Soziologen mögen ergründen, ob das Punk-Phänomen tatsächlich eine Reaktion auf die Werte der Hippie-Generation gewesen war. Ist mir leider völlig wurscht. Das waren doch alles Kiffer! Das Ziel des Rocks ist nicht wirklich eine intellektuelle Bewußtwerdung, sondern erschöpft sich manchmal einfach nur in der wohltuenden Entleerung der Blase an einem Biertresen oder an einem kalten Büffet, das auf einmal ein warmes Büffet wird. Was mich angeht, so hat Punk in erster Linie etwas mit Frettchen zu tun. Frettchen sind heilige Tiere, die von Außerirdischen unter Führung des großen Nopf auf die Erde gebracht wurden, genauer: nach Ägypten. Dort bauten sie u.a. die Pyramiden und die ersten öffentlichen Bedürfnisanstalten (auch für Frettchen). Später dann, als die Menschen kamen, überlebten nur die härtesten von ihnen (den Frettchen). Das waren die Urpunks. Geschichtswissenschaftler mögen mich widerlegen, aber auch das interessiert mich nicht die Bohne. Ich möchte eigentlich gar nichts mehr über den Film schreiben. Zu behaupten, er wäre einer der besten Rock´n´Roll-Filme überhaupt, wäre gelogen. Er ist DER beste, Ende, aus, Apfel! Wer mehr über den Film wissen will, soll das selber schreiben. Oder sich den Film einfach ankucken, denn Filme sind zum Kucken da, nicht zum Schreiben. Oder sind Sie da anderer Meinung? Ja, ich meine Sie, genau Sie! Wollen Sie sich mit mir anlegen? Was denken Sie eigentlich, wer Sie sind? Soll ich Ihnen mal sagen, was Sie sind? Das darf ja wohl nicht wahr sein! Meinen Sie, ich schreibe das hier zum Spaß? Weil ich nichts Besseres zu tun habe, oder was? Ich kann mir wirklich eine Million Sachen vorstellen, die ich lieber machen würde, als diesen Quatsch hier zu schreiben oder mich mit Ihnen herumzuärgern! Wissen Sie, was? Nur 77 ist echt gewesen!

Wo Hymens Fackel zu Bette leuchtet

Die Darstellung von nichtsimuliertem Sex im Kino hat eine lange Geschichte. Tatsächlich dürfte sie bis zur Geburtsstunde des Kinos zurückreichen. Wer sich noch an jene Zeit erinnert, als die ersten Videokameras für den Familiensektor erschwinglich wurden, kann sich vielleicht auch an das überragende Glücksgefühl erinnern, das entstand, als man sich selbst und die Bezugspersonen auf einmal ins Fernsehen bringen konnte. Während es heutzutage eher ein Problem darstellt, sich aus den einschlägigen Internetforen rauszuhalten und einen Rest Privatheit für sich zu beanspruchen, war das damals ein völlig neues Erlebnis. Alles wurde gefilmt, Sternstunden der Vita ebenso wie Alltägliches. Der Sommerurlaub, das neue Fahrrad, der Hodensack, die dampfenden Hundehäufchen von Hasso – alles wurde zu Fernsehen! Die Videotheken explodierten vor Privatpornographie, denn während die Herstellung unzüchtigen Gebalges früher ein gewisses Mindestmaß an Professionalität im Umgang mit Filmtechnik erforderte, konnte nun jeder Trottel den Briefträger und die Gattin bei außerehelichen Freiübungen filmen, und jeder Trottel tat das auch. Es ist anzunehmen, daß auch die Pioniere der Filmkamera zu irgendeinem Zeitpunkt auf den Gedanken kamen, das Tabu des Geschlechtsverkehrs auf die Leinwand zu bannen, und sei es auch nur für besondere Gelegenheiten. Es ist ja nicht so, daß sich unsere Urgroßeltern nicht für Sex interessiert hätten. Wir wären niemals entstanden, hätte es sich so verhalten. Nein, auch in den Pionierzeiten waren die Leute spitz wie Nachbars Lumpi. Die haben gerammelt wie die völligen Trottel. Oder wollten das zumindest. Die meisten unzüchtigen Filme aus ganz alter Zeit sind mittlerweile den Weg allen Zelluloids gegangen. Der älteste Streifen, den ich jemals gesehen habe, hieß A FREE RIDE und stammte etwa aus dem Jahre 1914. Die Leute, die dieses Werk herstellten, wußten augenscheinlich, wie man eine Filmkamera bedient. Der Geschlechtsakt wurde in beeindruckend professioneller Weise dargeboten, und sogar Standards, die sich bis zum heutigen Tage in die Abgründe der Internet-Pornographie hinübergerettet haben, konnte man in dem Ding beobachten. Da nicht jeder Idiot solche – höchst illegalen, aber vermutlich sehr einträglichen – Werke drehen konnte, waren es häufig Hollywood-Profis, die sich mit ihrer Herstellung befaßten, wenn es mal gerade keinen Job gab und Soundstage 7 frei war. Da diese Guerillafilmer natürlich anonym agierten, gibt es praktisch keine gesicherten Fakten, die der Geschichtsschreibung dienlich wären. Nur Gerüchte, süße Hollywood-Gerüchte.

Der einzige mir bekannte Film, der dieses dankbare Thema aufgriff, ist John Byrums NAHAUFNAHME (INSERTS, 1975). Als er in den USA uraufgeführt wurde, waren gegenüber der britischen Urfassung fast 20 Minuten herausgekürzt worden. Aufgrund der recht massiven Freizügigkeiten und des erwachsenen Grundthemas bekam er auch ein „X-Rating", was ihn in etwa mit Pornofilmen gleichsetzte. Schauspieler Richard Dreyfuss setzte sich später nachdrücklich dafür ein, daß er ungekürzt auf ein „NC-17" zurückgestuft wurde, da ihm die Produktion offenbar am Herzen lag. Er spielt hier einen einstmals vielversprechenden Regisseur in den späten 1920ern, der nach seinem Debüt in Hollywood als „Boy Wonder" gehandelt wurde, aber den Beweis für seine Eignung schuldig blieb. Jetzt lebt er in einer heruntergekommenen Pseudo-Rokoko-Villa und kurbelt dort Pornos, sogenannte „Stag Movies". Dazu säuft er wie ein Loch. Seine Hauptdarstellerin Harlene ist ein süßes Partymädchen, das mal mit Cecil B. DeMille gedreht hat. Das größte Problem bei ihr ist, daß der

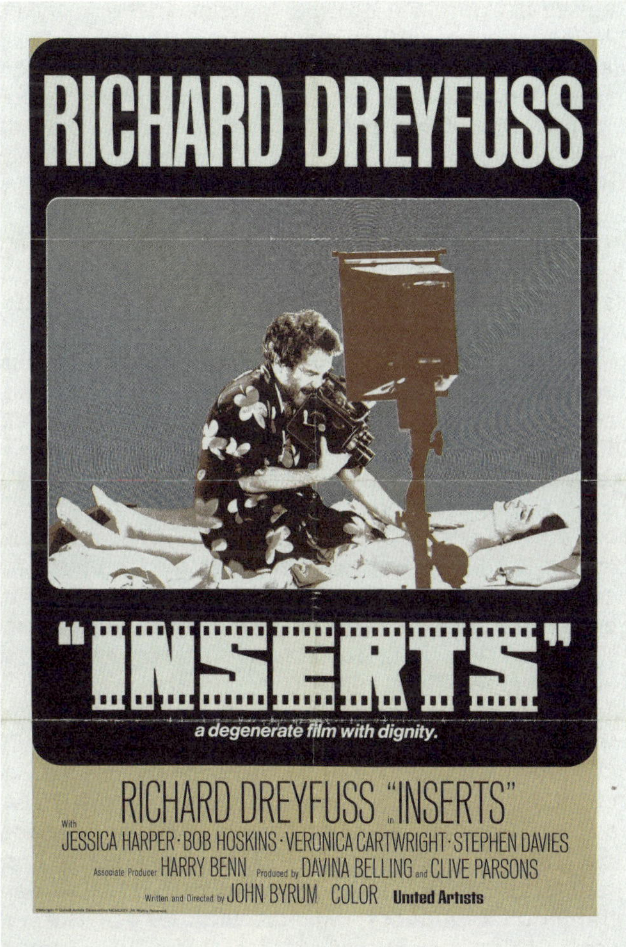
RICHARD DREYFUSS
"INSERTS"
a degenerate film with dignity.
RICHARD DREYFUSS in "INSERTS"
With
JESSICA HARPER · BOB HOSKINS · VERONICA CARTWRIGHT · STEPHEN DAVIES
Associate Producer HARRY BENN Produced by DAVINA BELLING and CLIVE PARSONS
Written and Directed by JOHN BYRUM COLOR United Artists

Regisseur irgendwie um die Nadeleinstiche in ihren Ellenbeugen herumfilmen muß. Der männliche Star wird nur „Rex The Wonder Dog" genannt und hat gerade ein erstklassiges Angebot von einem deutschen Großkopfeten bei MGM bekommen, der einen niedlichen Mex-Chauffeur hat. (Eine offensichtliche Anspielung auf F.W. Murnau, hust!) Unter Scherzen und Lachen ist bald der komplette Film im Kasten. Es fehlen nur noch die „Inserts", die Detailaufnahmen, die die Geschlechtsteile in Aktion zeigen. Da stirbt die Hauptdarstellerin an einer Überdosis. Wird das „Boy Wonder" den Film fertig kriegen?

1975 kam noch ein anderer Film heraus, der mit dem alten Hollywood Schlitten fuhr, nämlich John Schlesingers über alle Maßen großartiger DER TAG DER HEUSCHRECKE. Ist jener Film eher ein üppig produzierter Totentanz, der am Schluß wirkt wie Edvard Munchs Gemälde „Der Schrei" als Choreographie von Busby Berkeley, so ist INSERTS aufgezogen als Kammerspiel, das komplett in der Villa des versoffenen Schmutzfinks spielt. Tatsächlich wurde der Film in Sequenz gedreht, also Szene für Szene so, wie er sich dem Zuschauer darbietet, was den Eindruck eines Theaterstücks noch unterstützt. Vielleicht liegt es an diesem Umstand, daß der Fluß der schauspielerischen Leistungen so makellos ist. Man hat wirklich das Gefühl, als würden sich die Ereignisse in Echtzeit vor unseren Augen zutragen. Dreyfuss ist das „Boy Wonder", Stephen Davies „Rex The Wonder Dog", Veronica Cartwright (=das kleine Mädchen aus Hitchcocks DIE VÖGEL!) Harlene, Bob Hoskins der schmierige Geldgeber Big Mac und Jessica Harper dessen „Verlobte" Cathy Cake. Der Anfang des Filmes ist sehr nostalgisch und eher komödiantisch gefärbt. Man macht schon mal „Hoppla!", wenn ein Pornodreh vorgeführt wird, der mehr von den Darstellern offenbart, als man das aus Mainstream-Filmen der

70er gewohnt ist, aber im wesentlichen regiert der Frohsinn. Während man aber zu Beginn des Filmes bereits spürt, daß das, was da vorgeht, nicht wirklich gesund und bekömmlich ist, geht der Film nach dem Tod von Harlene so richtig in die Vollen. Anstatt jetzt eine launige schwarze Komödie anzusteuern – oh je, was machen wir nur mit der Leiche? –, nehmen sich die zentralen Figuren, Boy Wonder und Cathy Cake, so richtig auseinander. War schon vorher klar, daß die Welt, in der INSERTS spielt, eine Welt ist, in der die Menschen sich gewohnheitsmäßig gegenseitig demütigen, um selber irgendwie über die Runden zu kommen, erscheint der von Dreyfuss gespielte Regisseur nicht mehr als der komische Schmutzfink, sondern als zutiefst zerstörter Mann, der nicht nur weit jenseits seiner Träume von der Filmkunst gelandet ist, sondern nicht einmal mehr imstande ist, eine Erektion zu bekommen. Er hat sich irgendwann fallengelassen und genießt es jetzt, sich in der Gosse zu suhlen, weil er sich zutiefst verachtet. Wer ganz unten ist, kann nicht noch weiter fallen, ein gerne Verwendung findender Irrglauben. An mehreren Stellen ist davon die Rede, daß dieser neue Junge bei Pathé mit den abstehenden Ohren (Clark Gable, hust!) unbedingt was mit ihm drehen möchte, aber das „Boy Wonder" will ihn eigentlich nicht treffen, denn er fürchtet sich insgeheim vor nichts mehr als vor neuer Hoffnung. Wem das nicht unbedingt wie die ideale Grundvoraussetzung für ein funkelndes, pointenlastiges Lustspiel klingt, der hat verdammt recht, möchte ich mal sagen. Dreyfuss gibt die Rolle trotz der immer offensichtlicher zutage tretenden Narben als schmierender Popanz. Besonders der leidende Blick in die Kamera à la Oliver Hardy findet des öfteren Anwendung, er hat Zuflucht gefunden in der Rolle des ewigen Hanswurstes. Wenn er am Schluß seine Quasi-Vater/Tochter-Diskussion mit Jessica

Harper hat, die im wesentlichen darum kreist, daß sie ihm für die Nahaufnahmen die Muschi freimachen soll, gibt es einige Kameraeinstellungen, die schon sehr an 60er-Jahre-Filme von Ingmar Bergman erinnern, noch so ein drolliger Spaßvogel der Leinwand. Kurzum, der Film biedert sich wirklich nicht an, und genau wie DER TAG DER HEUSCHRECKE fiel er beim Publikum wie bei der Kritik gnadenlos durch. Ich habe ihn allerdings seit meiner Teenagerzeit, als ich ihn mal im Fernsehen erhaschte, nie wieder vergessen. Ich fand ihn ungeheuer faszinierend, und tatsächlich stellt er ein ziemliches Unikum dar – ein burleskes Psycho-Kammerspiel über die Erstellung von Sexfilmen. Gleichzeitig ein denkbar ernüchternder Film über „Hollywood Magic" und die menschlichen Fallstricke, die sich in ihr verbergen. Aber auch ein Film über die geheimen Freuden einer zerstörten Seele, sich so ganz als Relikt zu fühlen. Von draußen dringt fast die ganze Zeit über das Geräusch von Preßlufthämmern herein. Es wird gerade eine Autobahn gebaut, die schon bald die Villa des „Boy Wonders" plattmachen wird. Hollywood verändert sich, und all die Heroen von einst, die vom Film zitiert werden – der Pionier D.W. Griffith, der „verrückte Hunne" Erich von Stroheim, der traurige Gummizellenbewohner Wallace Reid – sie alle werden Geschichte sein. Erhalten bleiben nur die Bilder, die Fantasien. Was in diese Bilder an echtem Leben eingesperrt ist, ist so hinfällig wie der müde Leib. Ob man INSERTS als zutiefst deprimierend empfindet oder als sehr lustig, ist Ansichtssache. Bei mir trifft beides zu. Aber auch gerade deshalb mag ich ihn sehr, sehr gern. Eine DVD wäre mal ganz schön. Ich habe eine aus Italien, aber da geht noch mehr.

Dantes Inferno

Ich erwähnte bereits im Zusammenhang mit HELDEN STERBEN JUNG, daß der Vietnamkrieg der am besten dokumentierte Krieg der amerikanischen Geschichte gewesen war. Bei späteren Unternehmungen in Übersee lernte man daraus. Die Golfkriege etwa gebaren das Konzept des „eingebetteten Journalismus". Man lud sich die potentiellen Störenfriede und Meckerpötte ein, bei den Kampfhandlungen an vorderster Front dabei zu sein. Wie man am Beispiel von CNN sehen konnte, waren Kriegsberichterstattungen, die direkt am Nabel des Geschehens entstanden – wo also Raketen über den Himmel zogen und Mörser die Nachbarhäuser zerlegten, während der Journalist seinem Gewerbe nachging –, besonders beliebt, da besonders dramatisch. Die alte Sache mit dem Wumm und Päng. Außerdem wirkten solche Berichte immer besonders authentisch, denn: Wenn jemand sein Leben aufs Spiel setzt, um solche Berichte herzustellen – lügt der dann? Das kann doch wohl nicht sein! Böse Menschen behaupten ja dann und wann, die Massenmedien besäßen die Moral und die Ethik von Serienmördern. Diese Auffassung teile ich nicht. Sie geht mir dann doch zu sehr in die Richtung des Gebelferes über die „Lügenmedien", das man meistens von Leuten hört, die in ihrer Menschwerdung nicht eben den Klettermaxe herausgekehrt haben. Man darf aber schon konstatieren, daß es viele Medien gibt, die zuerst ein beherztes Eingreifen im Namen der Menschlichkeit fordern, dann aber – wenn die Bomben fallen und wieder versehentlich ein Waisenhaus atomisiert worden ist – ein baldiges Ende des sinnlosen Sterbens anmahnen. Es gibt aber – um meinen Papa zu zitieren! – überall Gute, Böse und Bielefelder. Je größer die damit verbundenen finanziellen Interessen sind, umso schwerer haben es die Guten, das gebietet die Logik.

David Mamet lieferte zu diesem Thema bereits den stargesäumten und hervorragenden WAG THE DOG (1997), in dem es um einen komplett simulierten Krieg geht, der dem TV-Publikum wie eine Wollmütze über die Augen gezogen wird. Wohl eine Bezugnahme auf den Zwischenfall im Golf von Tonkin, aber auch eine Mahnung vor den Gefahren einer leicht zu mißbrauchenden Medienwelt als Meinungslieferant für die Unkritischen. Völlig untergegangen ist hingegen, daß auch der allseits beliebte Wunderregisseur Joe Dante einen hervorragenden Fernsehfilm zum Thema drehte, der hierzulande zwar im Pay-TV lief, aber niemals eine ordentliche Veröffentlichung erfuhr. Die Rede ist von DIE KRIEGSMACHER (THE SECOND CIVIL WAR, 1997), und der Film verdient mindestens ebensoviel Aufmerksamkeit wie ein dreiäugiger Kuschelbär im Tierpark Hagenbeck!

Als der schwelende Konflikt zwischen Indien und Pakistan zum Abwurf einer Atombombe führt, läßt der Präsident der USA eine Flugzeugladung voller pakistanischer Flüchtlingskinder ins Land. Alles Waisen. Ihr Ziel: Boise, Idaho. Der Gouverneur von Idaho, Jim Farley (Beau Bridges), stellt sich aber quer. Einst ein Liberaler, hat er längst spitzgekriegt, daß es ihm mehr Wählerzuspruch verschafft, wenn er den „Tough Cop" herauskehrt. Um seinen Standpunkt klarzumachen, läßt er die Grenzen dichtmachen. Da der Präsident zum einen Imageprobleme hat, zum anderen die Wirtschaftslobby im Nacken, schwenkt er ebenfalls auf den harten Kurs ein: Er setzt Idaho eine Deadline. Wenn die verstreicht, gibt es richtig Ärger, wie immer der auch aussehen mag. Die verhärteten Fronten weichen nicht auf, zumal Gouverneur Farley große Probleme damit hat, einer angebeteten Journalistin unter den Rock zu gelangen. („Embedded Journalism"?) Bald schon fallen die ersten Schüsse. Und was niemand für möglich gehal-

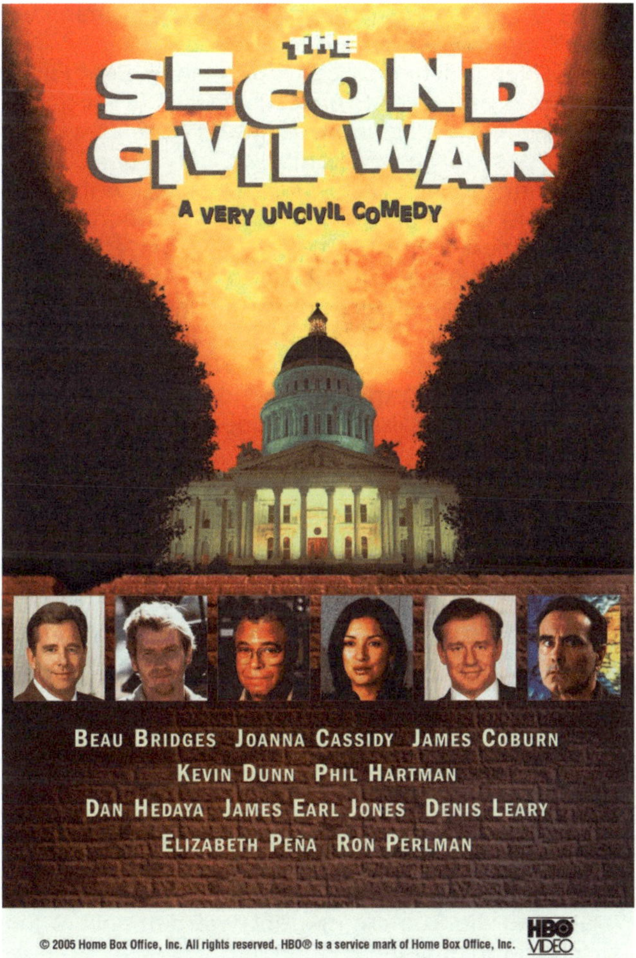
THE SECOND CIVIL WAR
A VERY UNCIVIL COMEDY
BEAU BRIDGES JOANNA CASSIDY JAMES COBURN
KEVIN DUNN PHIL HARTMAN
DAN HEDAYA JAMES EARL JONES DENIS LEARY
ELIZABETH PEÑA RON PERLMAN
© 2005 Home Box Office, Inc. All rights reserved. HBO® is a service mark of Home Box Office, Inc.
HBO VIDEO

ten hätte, geschieht: Idaho erklärt seine Unabhängigkeit, ein zweiter Bürgerkrieg bricht los ...

Amerikaner schießen auf Amerikaner. Sam Fuller lobte einst an Oliver Stones PLATOON (1986), daß eben dies auf der großen Leinwand gezeigt wurde. Die Mär des aufrechten Kämpfers, der in der Stunde der Gefahr unbeirrt seine Pflicht tut, wenn ihm die Kugeln um den Kopf schwirren und Kameraden in ihren eigenen Eingeweiden schwimmen, entspricht nämlich nicht ganz der Wirklichkeit. Menschen sind in erster Linie Menschen, und wenn sie mit Extremsituationen konfrontiert werden, scheißen sie sich erst in die Hose und suchen dann das Weite. Das ist nicht Feigheit, das ist normal. Alles andere ist mehr oder weniger lebenserhaltendes Soziopathentum. Es gibt dieses etwas eigentümliche Konzept, der Krieg sei die „Ultima Ratio". Tatsächlich ist er die Streckung aller Waffen der Vernunft. Er ist die Preisgabe aller Vernunft. Er ist Biochemie außer Kontrolle. Er ist Wahnsinn. Und somit auch Stoff für absurde Komödie.

THE SECOND CIVIL WAR beginnt mit einem TV-Sender, der sich in ein Tollhaus verwandelt hat. Und es handelt sich um einen der vergleichsweise normalen Tage: Pakistanische Waisen sollen für hohe Einschaltquoten sorgen. Der Feldreporter sitzt im Flieger und kotzt sich die Seele aus dem Leib, weil die Toiletten kaputt sind und die Waisen fürchterlich stinken. In der Sendezentrale erwägt man eine Wiederauflage des „We Are The World"-Videos, in der den Musikern computertechnisch die Köpfe der Waisen auf die Rümpfe montiert werden sollen. Ein Zwischenstop auf einem Flughafen wegen der kaputten Toiletten verbietet sich, da man damit die hohen Einschaltquoten ruinieren könnte. Dan Hedaya läuft als Chefredax durch die Gegend und brüllt. James Earl Jones, ein Reporter der alten Schule, fragt sich, was wohl aus den Idealen des Journalismus geworden ist, die ihn einst diesen Job hatten ergreifen lassen. Ron Perlman steht irgendwo dazwischen und hört erst auf, Profi zu sein, als die ersten Kugeln fliegen. Dann weint er. Im Weißen Haus derweil herrscht Notstand, da Präsident Phil Hartman sein Gesicht bewahren möchte im Angesicht einer Situation, die ihm zunehmend entgleitet. Imageberater James Coburn schustert ihm diverse Roosevelt- und Eisenhower-Zitate zu und löst schließlich durch ein akustisches Mißverständnis ein Massaker aus. Und der völlig überforderte Gouverneur Beau Bridges wird zum Hanswurst auf Liebespfaden, den die kleinen Kuffnucken ohnehin nicht interessieren, denn was ist schon Stimmvieh, wenn man seine eigene Seifenoper inszenieren kann?

Die Verknotung der zahlreichen privaten wie beruflichen Fallstricke führt schließlich dazu, daß eine geradezu grimmig vorhersehbare Katastrophe über die Vereinigten Staaten hereinbricht. Daß dieser Film, der von HBO mitproduziert wurde, weitgehend in der Versenkung verschwand, war allerdings eine unvorhersehbare Katastrophe. In der IMDb erhält er gerade mal etwas über 1000 Bewertungen, was eine Verbreitung nahelegt, die für einen Film von Joe Dante ziemlich grottig gewesen sein muß. Lange gab es ihn wohl nicht einmal auf DVD. Dies hat sich mittlerweile geändert, aber das wird dem Film trotzdem nicht einmal annähernd gerecht. Den Film auf eine Ebene mit Sidney Lumets großmächtigem NETWORK (1976) zu stellen, wäre vielleicht etwas vermessen, aber den Vergleich mit WAG THE DOG braucht der Film nicht zu scheuen. Das Drehbuch von Martyn Burke ist klug und elegant und verbindet witzige Dialogaustäusche mit wahnwitzigen Storyentwicklungen, die aber frappierend an spätere Entwicklungen in der Realität erinnern, auch in Deutschland. Da

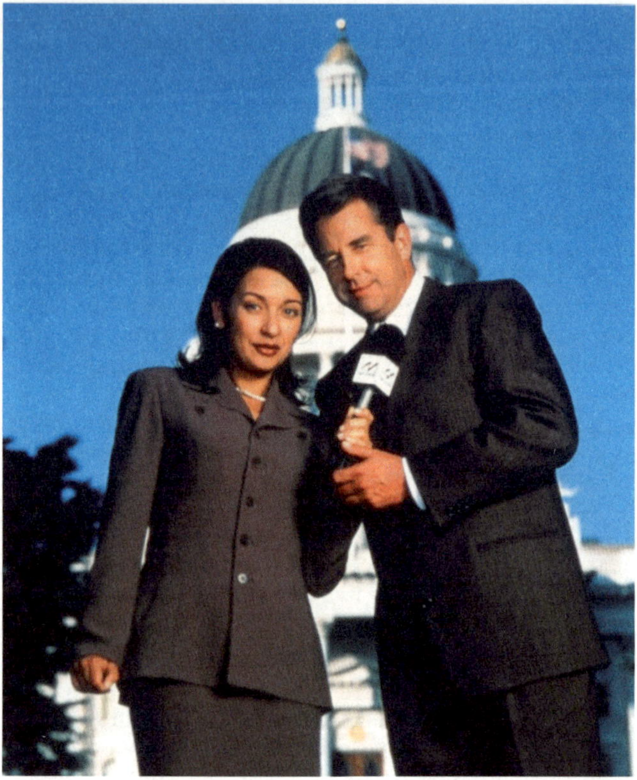

HBO schon damals berüchtigt war für Maßnahmen, die dem klassischen amerikanischen Fernsehen nie und nimmer gestattet gewesen wären, geht der Film ziemlich in die Vollen und treibt das Thema konsequent einem überaus ernüchternden Ende entgegen. (Interessanterweise drehte Burke 2011 mit UNDER FIRE: JOURNALISTS IN COMBAT eine Dokumentation über „Embedded Journalism".) Fans, die Joe Dante allenfalls von seinen liebevoll-nostalgischen Fanboy-

Sachen wie GREMLINS (1984) her kannten, werden über den harschen Ton ziemlich erstaunt sein. Seine spätere Episode zur Serie „Masters Of Horror" (THE HOMECOMING, 2005), schlug einen ähnlich aggressiven wie liberalen Grundton an, mit den toten Golfkrieg-Soldaten, die als Zombies zu neuem Leben erwachen, um den Lügen über den Krieg ihre eigenen traurigen Erfahrungen entgegenzusetzen. Diese eigenwillige Episode polarisierte ebenfalls ziemlich – die einen mochten sie, die anderen fanden sie furchtbar. (Ich liebe sie!) THE SECOND CIVIL WAR hat zahlreiche tolle Szenen. Besonders begeistert hat mich jene, in der die vom losbrechenden Bürgerkrieg völlig entsetzte Nachrichtenfrau Joanna Cassidy ihrem stumpf Dienst nach Vorschrift versehenden Kantengesicht-Kollegen vor laufenden Kameras Zigarettenrauch ins Gesicht bläst und ihn – während er ungerührt weiter seine Happyhappy-Nachrichten vorträgt – anbrüllt: „Es GIBT keine anderen Nachrichten – fuck you!!!" Neben den genannten Schauspielern sind auch viele andere bekannte Gesichter zu finden, unter anderem die Dante-Regulars Dick Miller, Kevin McCarthy und Belinda Balaski. Sogar Roger Corman taucht auf, als zynischer Sendeleiter. Ich finde es schadeschadeschade, daß dieser preisungswürdige Film nirgendwo erhältlich ist. Ich habe mir sogar extra einen Multiregion-Player gekauft, um den Film noch ins Buch nehmen zu können. Das ist er mir wert! Und zu Joe Dante kann ich nur sagen, daß ich ihn gerne küssen würde für den Film. Hätte man THE SECOND CIVIL WAR angemessen finanziert und als Kinofilm herausgebracht, wäre er Oscar-Material geworden. So aber kennen ihn viel zu wenige. Superfilm!

Ein Schiff, das sich Gemeinde nennt
(Religion)

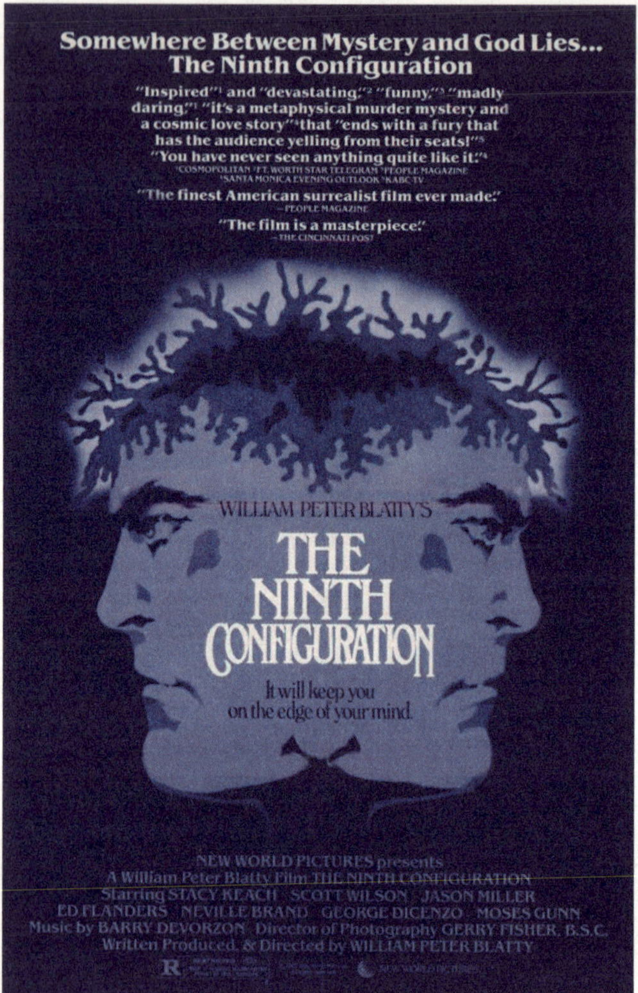
Somewhere Between Mystery and God Lies...
The Ninth Configuration
"Inspired"[1] and "devastating,"[2] "funny,"[3] "madly daring,"[1] "it's a metaphysical murder mystery and a cosmic love story"[4] that "ends with a fury that has the audience yelling from their seats!"[5] "You have never seen anything quite like it."[4]
[1]COSMOPOLITAN [2]FT. WORTH STAR TELEGRAM [3]PEOPLE MAGAZINE [4]SANTA MONICA EVENING OUTLOOK [5]KABC-TV
"The finest American surrealist film ever made." —PEOPLE MAGAZINE
"The film is a masterpiece." —THE CINCINNATI POST
WILLIAM PETER BLATTY'S
THE NINTH CONFIGURATION
It will keep you on the edge of your mind.
NEW WORLD PICTURES presents
A William Peter Blatty Film THE NINTH CONFIGURATION
Starring STACY KEACH SCOTT WILSON JASON MILLER
ED FLANDERS NEVILLE BRAND GEORGE DICENZO MOSES GUNN
Music by BARRY DEVORZON Director of Photography GERRY FISHER, B.S.C.
Written Produced, & Directed by WILLIAM PETER BLATTY
R

Einer flog über das Christusnest

Die Verfilmung von William Peter Blattys Bestseller DER EXORZIST ließ 1973 die Wände wackeln und katapultierte das Horrorkino mit einem Satz aus dem Dunstkreis der Autokinos auf die Showbühne: Mainstream, here I come! Recht bemerkenswert war, daß er – zu einer Zeit, die von wütenden Antikriegsprotesten, einer Jugendrevolte und einem immer intensiver werdenden Mißtrauen gegen die politische Elite des Landes geprägt war – den Herrseibeiuns als Chefschurken eines Hollywoodfilmes entdeckte. Bis 1968 waren die Bösewichte des Horrorkinos meistens externe Mächte gewesen, die ihre pelzigen und gelegentlich sogar richtig puscheligen Tatzen gegen die Norm, also gegen uns, erhoben. Aristokratische Blutsauger aus dem Ostblock, ägyptische Mullbindenmumien, Invasoren aus dem Weltall – Hokuspokus und Schangel allenthalben. Erst Filme wie DIE NACHT DER LEBENDEN TOTEN (NIGHT OF THE LIVING DEAD, 1968) begannen die Tradition eines modernen Horrors, der den Schrecken im Hier und Jetzt verortete, sogar in uns selbst. Insofern war DER EXORZIST fast schon wieder ein Rückfall in alte Zeiten, da er den klassischen Überschurken schlechthin ins Rampenlicht hob: „Uuund auf der anderen Seite des Riiings befindet sich, ungeschlaaagen seit einer Million Kämpfen, gefürchtet seit dem Mittelalter ... Luuuzifer!!!" Was Blatty und sein Regisseur, der gerade mit THE FRENCH CONNECTION (1971) zum Wunderkind erhobene William Friedkin, leisteten, war, daß sie den Teufelsspuk in eine sehr realistisch gezeichnete Gegenwart verfrachteten, die so gar nichts von fanatischen Wanderpredigern, selbstkasteienden Mönchen und besessenen Nonnen hatte. Stattdessen spielt der Film in Georgetown, einem Stadtteil von Washington, D.C. Die Familie, in der sich Beelzebub einnis-

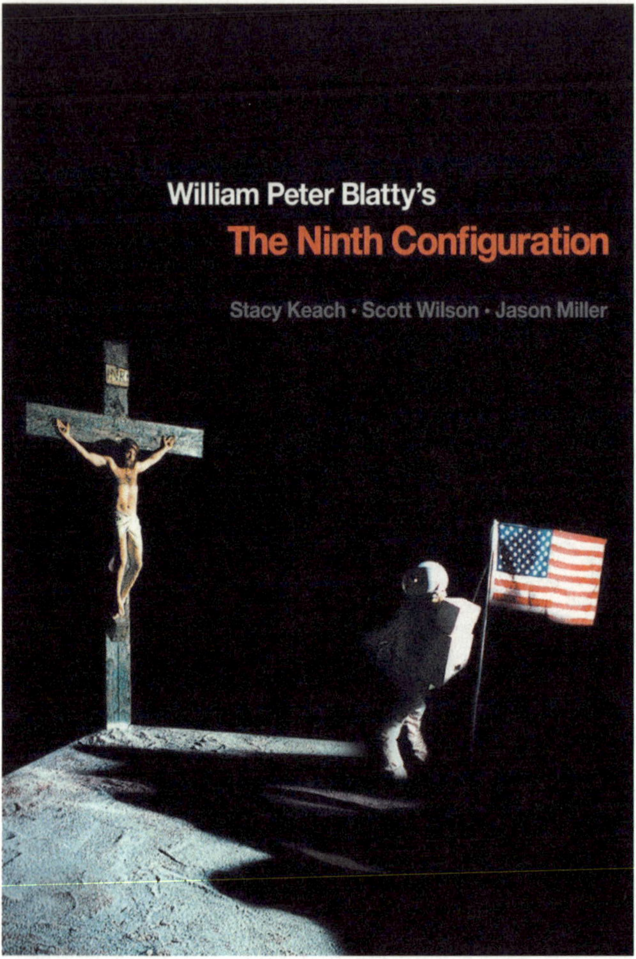
William Peter Blatty's
The Ninth Configuration
Stacy Keach · Scott Wilson · Jason Miller

tet, ist eine liberale Society-Familie ohne Papa, dysfunktional, aber wir kommen schon klar, danke der Nachfrage. Im Laufe des Filmes werden zunächst alle weltlichen Mittel ausgeschöpft – feat. eine besonders pittoreske Rückenmarkspunktion –, bevor dann die angelernte Weltlichkeit abgestreift werden kann und der Titelheld in Aktion tritt. Im Zentrum des Filmes steht ein typischer amerikanischer Teenager, wir hatten das Thema bereits, Pickel, schlimme Worte, Kruzifix in Mumu, don´t try this at home, kids. Wie bei vielen anderen großen Filmen – man denke etwa an Don Siegels DIE DÄMONISCHEN (INVASION OF THE BODY SNATCHERS, 1956) oder an John Frankenheimers BOTSCHAFTER DER ANGST (THE MANCHURIAN CANDIDATE, 1962) – ist es nicht ganz einfach, die Deutungshoheit über den Film zu erlangen. Handelt es sich um einen kreuzreaktionären Film, in dem die Entfremdung der älteren Generation von der aufmüpfigen Jugend ausgenutzt wird? Oder handelt es sich im Gegenteil um einen Film, der dieses Horrorbild verwendet, um vor einer so rückständigen Bewertung der gesellschaftlichen Umwälzungen zu warnen? Wie immer man sein Butterbrot auch schmierte, es schmeckte den meisten wirklich gut, und sie kamen auch zurück, als die erste Fortsetzung gereicht wurde, inszeniert vom Briten John Boorman. Es gibt Filmhistoriker, die allen Ernstes behaupten, Boormans Film – zumindest bevor er von den panischen Produzenten zurechtgestutzt wurde – sei der wesentlich kühnere und originellere Film. Ich gehöre zu diesen Wirrköpfen, sage aber auch gleich schnell dazu, daß er als Fortsetzung zu Friedkins Film eine völlige Katastrophe darstellte, ein Tritt in den Hintern des Zuschauers, denn er läuft mit der Erwartungshaltung, die auf ihn projiziert wurde, Amok. Selbst 1990, als William Peter Blatty seinen unterschätzten EXORZIST 3 inszenierte – mein persönlicher Favorit von den drei

Filmen! –, mußte der Regisseur damit leben, daß das Studio ihm ein völlig bananeskes Ende an den Film tackerte, mit Schleim und Mehrkanal-Gegröhle aus der Hölle. Blatty konnte aber diesbezüglich bereits auf reichhaltige Erfahrungen zurückgreifen, denn was die Produzenten mit EXORZIST 3 anstellten, war gar nichts im Vergleich zu der Behandlung, die sein 1980 gedrehter THE NINTH CONFIGURATION erfuhr. Der landete schlicht und ergreifend im Regal und setzte dort Moos an. Dabei handelt es sich um einen fabelhaften Film!

Vincent Kane (Stacy Keach) ist ein Militärpsychologe, der auf ein Schloß abkommandiert wird, das sich im Nordwesten der USA befindet. Dort soll er experimentelle Behandlungsmethoden beaufsichtigen, die sich mit Soldaten befassen, die während ihres Kriegseinsatzes in Vietnam Anzeichen von Psychosen zur Schau gestellt haben. Sein Auftrag ist es, die Spreu vom Weizen zu trennen, genauer: wer simuliert, wer ist wirklich verrückt? Während er sich in den Klinikalltag einlebt und Kontakt zu den einzelnen Insassen herstellt, wird er selber von schlimmen Erinnerungen geplagt. An einer Stelle bemerkt er gegenüber einem Kollegen, daß er den Alptraum eines früheren Patienten träumt, den ihm dieser erzählte. Der Patient – so stellt sich heraus – war sein leibhaftiger Bruder, der vom Armeepersonal wegen seiner extremen Blutrünstigkeit im Einsatz nur „Killer Kane“ genannt wurde. Er hat unzählige Männer, Frauen und Kinder brutal abgeschlachtet und irgendwann selbst einen Nervenzusammenbruch erlitten. Angesichts der vielfältigen Krankheitssymptome, die den Alltag in der Klinik markieren, rückt für den Psychiater die Frage nach der Echtheit der Krankheit in den Hintergrund. Entscheidend ist, ob und wie man den Wahnsinn heilen kann. Oder was ist das überhaupt, der Wahnsinn?

Tja, Peter Shaffers „Equus“ läßt grüßen! Daß die Leute von Warner Brothers nicht so genau wußten, was sie mit dem fertigen Film anfangen sollten, leuchtet ein. Blatty gewann zwar einen „Golden Globe“ für sein Drehbuch, aber an den Kinokassen ging der Film verschütt. Viele Jahre lang war der Film kaum aufzutreiben. Ich selber bekam irgendwann eine amerikanische Videokopie in einer Armeevideothek in Nürnberg-Fürth zu fassen, und als ich ihn kuckte, war ich zwar fasziniert, aber auch gleichzeitig verwirrt. Der Film bietet dem Zuschauer einen ziemlichen Rumpelkurs. Er beginnt als Komödie, mäandert durch eine Flut von Verrücktheiten, bis einem vor (meistens sehr geistreichen und Insiderkenntnisse voraussetzenden) Schlaumeiereien fast der Kopf brummt. Storyakzente werden gesetzt durch die wiederkehrenden Flashbacks, die Kane quälen, bis der Film schließlich die Hosen herunterläßt: Es geht um die Existenz des Guten in der Welt, um die Suche nach dem Gottesbeweis. Hatte der als Jesuit erzogene Blatty in DER EXORZIST noch den Schwerpunkt auf die Darstellung des Bösen, sprich: Satans, gelegt, geht es in THE NINTH CONFIGURATION um das Gute. Was ist wahrscheinlicher – daß der Mensch ein bloßer Zufall in einem Meer der wirbelnden Atome ist, so einsam wie ein Astronaut im All, oder daß es eine externe Wesenheit gibt und ein Leben nach dem Tode? Erscheint die eine Option in ihrer erbarmungslosen Konsequenz wie eine Spiegelung ins Unendliche, wie ein Rätsel ohne Lösung, so steht bei Blatty die Existenz von Liebe und Altruismus für die Realität des Wunders, für das Leuchten in den Augen eines Kindes. Als Beleg reicht ein gelungenes und nicht mehr wegzudiskutierendes Beispiel, das dann die Heilung der Patienten ermöglicht. Mit Halbheiten gibt sich Blatty wahrlich nicht zufrieden. Daß man selbst als ungläubiger Thomas bei diesem theologischen Psychodrama fasziniert Zaungast spielt, liegt an der überaus launigen Verspieltheit, mit der der Autor die Story serviert. Man erlebt z.B. den großartigen Charakterschauspieler Robert Loggia, wie er im „Blackface" eine alte Al-Jolson-Nummer schmettert. George diCenzo (den ich während des Kuckens für einen jungen Powers Boothe gehalten habe) darf in einer Szene als Nonne verkleidet einen Pepsi-Cola-Automaten exorzieren. (Ein Teil des Produktionsgeldes kam von Pepsi.) Jason Miller (Vater Karras aus DER EXORZIST) ist ein Künstler, der Shakespeare-Aufführungen inszeniert, in denen die Kunstfiguren von Hunden gespielt werden. Und Joe Spinell spielt der Einfachheit halber einen Verrückten namens Spinell. Der absurde Humor, den die real oder vermeintlich Irren zur Schau stellen, ist teilweise sehr komisch, dürfte aber an viele Zuschauer eher verschwendet gewesen sein. Als einer der Patienten sich ungefragt ein Buch aus Kanes Büro mitnimmt und jener fragt, was das für ein Buch sei, flapst er zurück: „`I Remember Mama´ von König Ödipus!" Als Gegengeschenk für das Buch offeriert er ihm eine St.-Christopherus-Medaille, auf deren Rückseite steht: „Ich bin Buddhist. Im Falle eines Unfalls rufen Sie einen Lama!" Als Katalysator für die Auflösung des Filmes gibt es noch eine Szene in einem Rockerlokal, in dem Kane und sein Schützling Cutshaw von einer besonders schlimmen Bikergang durchgenommen werden, angeführt von Steve Sandor und Richard Lynch, die wirklich Gas geben, bis der Erlöser kommt. Relativ unfaßbar, das Ganze. Ob man dem Herrn Blatty nun auf allen Wegen folgen mag, die bis zur Himmelspforte führen, liegt im Herzen des Betrachters, aber sicher ist: Der Film ist ein völliges Kuriosum, eine glorreiche Überzeugungstat, die bei mir dadurch gewinnt, daß sie in der Tat sehr liebevoll und tiefempfunden konzipiert wie realisiert ist. Das ist mir im Zweifelsfall immer lieber als von vielköpfigen Konsortien verwässerte und abgesegnete Storys, die dann nach unzähligen Testvorführungen als filmgewordene Schadensbegrenzung dem Publikum die Zeit stehlen. THE NINTH CONFIGURATION ist auf liebenswerte Weise gaga, und er steckt voller lustiger Ostereier, die man in ihm finden kann. Wenn man keine Ostereier mag, kann man sich gerne stattdessen einen Film anschauen, in dem alle zwei Minuten ein Auto explodiert. Wer seinen Bergman aber gerne mit Narrenkappe schaut, der ist hier am richtigen Platz. Die britische DVD ist wärmstens empfohlen und enthält den definitiven „Director´s Cut" eines oftmals umgeschnittenen Werkes. Blatty hat übrigens auch einen hübschen Gastauftritt als Arzt, der Kane in der Einrichtung empfängt, sich dann aber selber als Insasse entpuppt und abgeführt wird. Wer ist der Arzt, wer ist der Patient? Die Klärung dieser Frage dauert an. P.S., Extrablatt: In Großbritannien ist kurz vor Drucklegung dieses Buches sogar eine Blu-Ray rausgekommen, mit neuen Extras und in überragender Qualität! Wunder gibt es immer wieder!

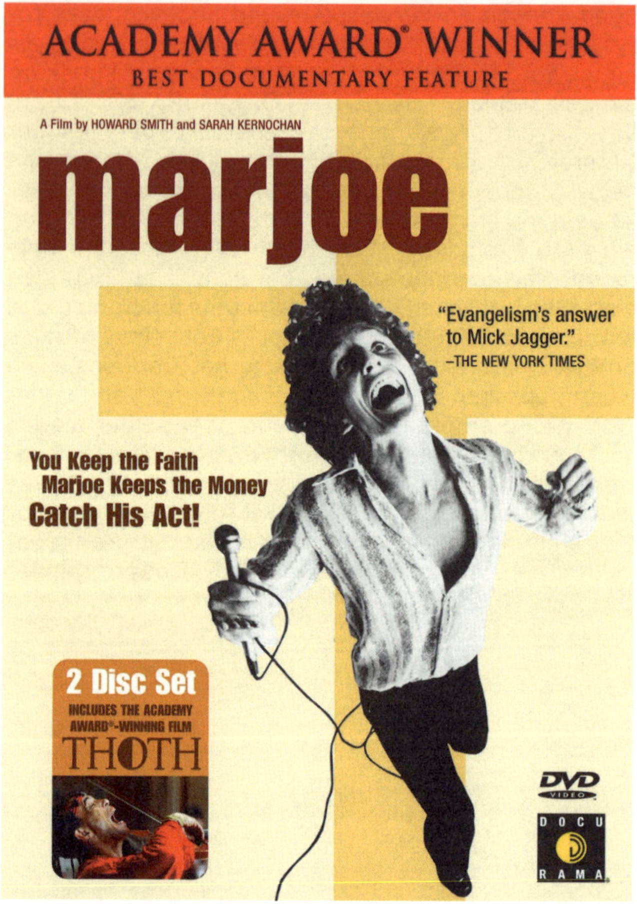
ACADEMY AWARD® WINNER
BEST DOCUMENTARY FEATURE
A Film by HOWARD SMITH and SARAH KERNOCHAN
marjoe
"Evangelism's answer to Mick Jagger."
–THE NEW YORK TIMES
You Keep the Faith
Marjoe Keeps the Money
Catch His Act!
2 Disc Set
INCLUDES THE ACADEMY AWARD®-WINNING FILM
THOTH
DVD VIDEO
DOCU RAMA

Holder Knabe im lockigen Haar

Es gibt Dornröschen, und es gibt Dornröschen. Manchen Filmen bleibt der Ruhm für immer verwehrt, da ein Fluch auf ihnen zu lasten scheint. Der Märchenprinz kommt niemals vorbei, da er bessere Dinge zu tun hat, als ihnen einen Kuß aufzudrücken, z.B. Golf spielen. Andere bekommen zumindest zeitweise einen kurzen Vorgeschmack auf das Paradies spendiert, der dann nicht lange anhält, aber sie haben das Licht zumindest gesehen. Dann kommen sie in die Kiste. Das einzige Dornröschen dieses Buches, das sogar einen Oscar gewonnen hat, ist MARJOE (1972), ein Dokumentarfilm über den Schauspieler Marjoe Gortner, der seine Karriere als Erweckungsprediger begann. Daß es ausgerechnet ein Dokumentarfilm ist, der als preisgekröntes Pechmariechen Einzug in diese Sammlung gehalten hat, ist keine Überraschung. Dokumentarfilme wenden sich traditionell an ein eher spezielles Publikum. Sie haben ihre Zeit, und danach werden sie allenfalls zur Berieselung von Schulklassen herangezogen. Man kann in den seltensten Fällen gut zu ihnen schmusen. Dies mag auch ein Grund dafür sein, daß sie kaum jemals für DVD-Wiederveröffentlichungen herangezogen werden, es sei denn, man sieht berühmte Menschen darin nackt tanzen. Im Idealfall wird so ein Film gut beworben und trifft den Nerv seiner Zeit. Da kommt dann so etwas wie der eindrucksvolle DARWINS ALPTRAUM (2004) dabei heraus, der durchaus angemessenen Erfolg verbuchen und sein Anliegen erfreulich vielen Menschen übermitteln konnte. Aber Filme wie dieser landen dann unweigerlich auf ARTE oder in den dritten Programmen, denn man kann sie schlecht mit Tittenwerbungen unterbrechen. Sie sind einfach nicht sehr lukrativ. Eine Ausnahme wären allenfalls die Filme von Michael Moore, die ich aber auch eher als publikumswirksame Polemiken bezeichnen würde, nicht als Dokumentarfilme.

Was genau zeichnet einen guten Dokumentarfilm aus? Nur törichte Menschen werden von ihm verlangen, daß er die Realität abbildet. Es ist einem Film – so lauter seine Absichten auch sein mögen – völlig unmöglich, die Realität abzubilden. Die Herstellung eines Filmes ist Selektionsarbeit und steht damit in direktem Widerspruch zur Realität. (Genaugenommen hat jeder Mensch seine eigene Vorstellung von Realität, aber das würde jetzt zu weit führen. Ich will ja nicht im dritten Programm landen!) Selbst wenn man, wie Andy Warhol, eine Kamera vor das Empire State Building stellt und stundenlang die Passanten filmt, nimmt man eine Selektion vor – die Selektion des Bildausschnittes, des Drehortes und der Zeit. Zudem machen Menschen, denen bewußt ist, daß sie gerade gefilmt werden, putzige Sachen, die sie sonst nicht gemacht hätten – sie winken, sie grimassieren, sie kratzen sich am Sack. Ein Dokumentarfilmemacher benötigt also einen Standpunkt. Er formt seinen Film diesem Standpunkt gemäß, und wenn alles gut geht und er während des Drehs nicht eines Besseren belehrt wird („Oh nein!"), vermag das Produkt vielleicht zu überzeugen. Er sollte ein guter Kommunikator sein, Informationen liefern und im übrigen die Bilder für sich sprechen lassen. Die sind nämlich das Wichtigste am Kino.

Der Standpunkt der freundlichen Hippies, die MARJOE gemacht haben, befindet sich ganz eindeutig außerhalb des christlich-fundamentalistischen Spektrums. Und doch wäre der Film sehr langweilig geworden, wenn man ihn als eine genüßlich blasphemische Polemik aufgezogen hätte: Minderbemittelte, die sich von gewissenlosen Betrügern das Geld aus der Tasche ziehen lassen, damit das fliegende Spaghettimonster ihnen wohlgesonnen ist. Oder so. Gähn. Das ist einem dann ja bereits nach fünf Minuten so klar wie Kloßbrühe. Was MARJOE leistet, ist, dem Zuschauer einen Blick in die ungeheuer fremdartige Welt der Erweckungsprediger zu gewähren. Mir war gar nicht klar, daß solche Auftritte gebucht werden wie anderswo Tanzkapellen. Es ist ein hochgradig professionelles Gewerbe, in dem nur die Besten bestehen. Marjoe Gortner (der Vorname setzt sich übrigens aus Maria und Joseph zusammen!) war Prediger in der vierten Generation. Im Unterschied zu seinen Vorfahren wurde er aber vom heiligen Geist erfaßt, als er gerade einmal vier Jahre alt war. Bereits mit 5 vollzog er seine ersten Eheschließungen. Man sieht bei den alten Aufnahmen einen kleinen Goldilock-Bubi, der den Text brav aufsagt, noch ganz unprofessionell, wie ein Kind, das ein Gedicht aufsagt. Dem Bubi gefällt das offensichtlich ganz großartig, daß alle so aus dem Häuschen sind, wenn er kommt. Kein Wunder, er ist kein gewöhnliches Kind, sondern ein Mirakel! Die Vorstellung, daß Eltern ihre kleinen Kinder in solcher Form zu Tanzäffchen abrichten und das dann auch noch für gottgefälliges Tun halten, schickt mir kalte Schauer über den Rücken. Erinnerungen werden wach an Buster Keaton, der von seinem versoffenen Vater bereits mit 4 auf die Bühne gezogen wurde, wo er den „menschlichen Mop" zu spielen hatte. Mit Marjoe wurde immerhin nicht der Bühnenboden aufgewischt. Er ist das Wunderkind, das Heilungen durchführt und Segen spendet auf allen seinen Wegen. Keine Ahnung, wie man als kleiner Heiland die Pubertät erlebt, aber es wird eine komplizierte Angelegenheit gewesen sein.

Faszinierend an den Predigten ist dann doch, wie sehr sie an afroamerikanische Gottesdienste erinnern. Die Menschen singen und tanzen, wirbeln verzückt durch die Gegend und strampeln wild am Boden. Das Körperliche wird alles andere als ausgeklammert. Die meisten Beteiligten scheinen die Zeit ihres Lebens zu haben, auch ganz alte Leute. Wie fremd mir diese Welt auch ist, aber alte Menschen, die in unseren Breitengraden eher an ihren Zipperlein vor sich hin leiden und ständig mit dem Würgegriff der Altersdepression zu tun haben, so ausgelassen und glücklich zu sehen, nötigt mir schon etwas Respekt ab. Der Film sagt nicht, daß alles das schlecht ist, was er zeigt. Wohl aber wird auch sonnenklar, daß es ein großes Geschäft ist. Man sieht Marjoe und seinen Vater, wie sie nach einem Gig das gesammelte Geld zählen und Witze reißen. Marjoe war übrigens ungefähr 16, als sein Vater mit der Penunze durchbrannte – rund 2 Millionen Dollar hatte Sohnemann zu jenem Zeitpunkt erwirtschaftet.

Das große Glück, das die Filmemacher hatten, war, daß sie Marjoe kennenlernten, als er sich gerade in einer Übergangsphase befand. Ihm wurde zunehmend schmerzlich bewußt, daß seine Tage als Tanzbär ihrem Ende entgegengingen, wie sehr er die Zeit auf der Bühne auch genossen hatte. Und es ist ziemlich unfaßbar, was der da bei seiner Abschiedstour abzieht: Er spielt sein Publikum wie ein Klavier, jeder Move, jede Nuance, jede Intonation sitzt absolut perfekt. Er ist so aufgewachsen, er hat nie etwas anderes kennengelernt, das spürt man. Jetzt will er raus. Zwischendurch gibt es immer wieder Szenen, in denen er mit den Hippies auf dem Hotelzimmer sitzt und die Tricks des Gewerbes rekapituliert. Wie das eine Mal, als er sich mit einer Art Zaubertinte ein blutiges Kreuz auf die Stirn gemalt hatte, das dann während des Auftritts langsam sichtbar wurde. Der Saal tobte! There´s no business like show business. Bei seinen Erzählungen wirkt er fröhlich und humorvoll, absolut sympathisch. Man hat den Eindruck, daß er nichts abzuarbeiten hat, keinen tiefsitzenden Groll hegt gegen die Eltern, die ihm die Kindheit gestohlen haben. Er hält Haß für eine Krankheit, die letztlich nur demjenigen schadet, der sie in sich trägt. Und nein, das ist absolut ernstgemeint, man nimmt ihm das ab. Kein Wutbürger, der Marjoe. Erst am Schluß des Filmes wird offenbar, daß dieser Schritt kein leichter für ihn ist, sondern eine gravierende Zäsur. Er weiß auch nicht genau, ob er ein schlechter Mensch ist. Er hat den Menschen eigentlich nur Freude bereiten wollen, und ja, die Predigten sehen eher aus wie Gruppentherapien, aus denen die Leute befreit herausgehen. An Gott geglaubt hat er bei alledem aber niemals wirklich. Er hat einfach das gemacht, was seine Eltern ihm beigebracht hatten, er hat die Aufmerksamkeit genossen, die Anerkennung. Doch jetzt hat er das Gefühl, aus dem Leim zu gehen, wenn er noch lange so weiter macht. Die Crew folgt ihm auf seiner letzten Tournee, von der ja noch niemand weiß, daß es die letzte sein wird, und er zieht alle Register. Da bleibt einem die Spucke weg.

MARJOE ist ein glänzender und hochunterhaltsamer Dokumentarfilm, der ein Thema, das sich leicht für platte Polemik anbieten würde, zu einer kenntniserweiternden Reise durch den „Bible Belt" werden läßt. Man trifft nette Leute, man trifft Leute, die offensichtlich ein Rad ab haben, und man trifft Leute, die eine Menge Geld mit nach Hause nehmen. Die Macher des Filmes nahmen den Oscar mit nach Hause. Der Ruhm des Filmes ist seit langem verblaßt. Er gehört aber zu jenen Dokumentationen, die neu auf DVD aufgelegt wurden, zumindest in den USA. Ich empfehle diesen Film mit Nachdruck, denn er ist ein absoluter Kracher, bei dem man aus dem Staunen nicht mehr raus kommt. Marjoe Gortner sollte noch in einigen Hollywoodfilmen mitspielen. Er war eine Weile bei „Falcon Crest" dabei. In Italien drehte er mit Luigi Cozzi das KRIEG DER STERNE-Ripoff STAR CRASH (1978). Dann torkelte er durch Gurken wie MAUSOLEUM (1983), JUNGLE WARRIORS (1984) und HELLHOLE (1985), um dann schließlich seinen letzten Auftritt in Walter Hills großformatigem Western WILD BILL (1995) zu haben – als Prediger. Was sonst?

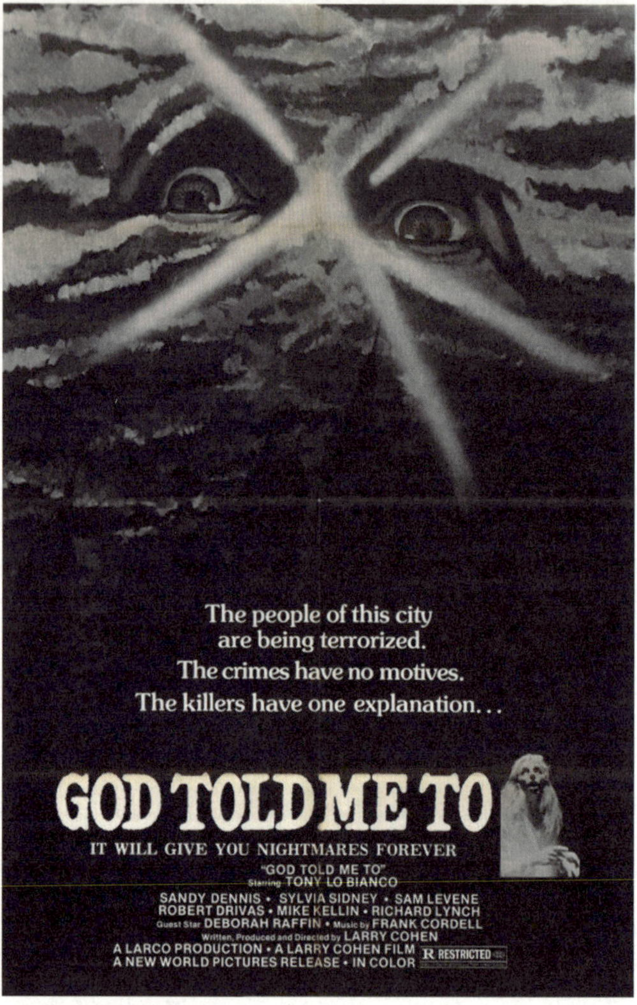
The people of this city
are being terrorized.
The crimes have no motives.
The killers have one explanation. . .
GOD TOLD ME TO
IT WILL GIVE YOU NIGHTMARES FOREVER
"GOD TOLD ME TO"
Starring TONY LO BIANCO
SANDY DENNIS • SYLVIA SIDNEY • SAM LEVENE
ROBERT DRIVAS • MIKE KELLIN • RICHARD LYNCH
Guest Star DEBORAH RAFFIN • Music by FRANK CORDELL
Written, Produced and Directed by LARRY COHEN
A LARCO PRODUCTION • A LARRY COHEN FILM
A NEW WORLD PICTURES RELEASE • IN COLOR
R RESTRICTED

Sieben Siegel für ein Halleluja

Im Zentrum eines jeden guten Kinostreifens steht der Mensch. Und somit auch die Grundfragen, die sich um ihn ranken: Wo kommt er her? Wo will er hin? Und wie heißt noch gleich der Film, in dem Richard Lynch eine Vagina in der Hüfte hat?

Die dritte Frage kann ich beantworten: GOD TOLD ME TO (1975) heißt der Film, und als Regisseur zeichnete Larry Cohen verantwortlich, der unzählige gute Filme gemacht hat. Nach seinem ebenso preisgünstigen wie exzellenten Regiedebüt BONE (1972) und zwei ebenfalls gelungenen Blaxploitation-Thrillern mit Fred Williamson drehte er den Horrorschocker DIE WIEGE DES BÖSEN (IT´S ALIVE!, 1974), eine Geschichte über ein menschenfressendes Baby, die international große Beachtung fand. Die große Stärke von WIEGE bestand darin, daß er seine groteske Prämisse vollständig ernstnahm und den Horroraspekt der Story eher zurückhaltend behandelte. Im Mittelpunkt stand die Geschichte des Vaters des Kindes (glänzend gespielt vom verläßlichen John P. Ryan), der von seinem anfänglichen Wunsch, den mißgestalteten Nachwuchs zu töten, zu einer Vaterrolle findet, die das zwar monströse, aber doch schwache und dem Untergang geweihte Wesen schützen will, und zwar um jeden Preis. DIE WIEGE DES BÖSEN war ein Horrorfilm, der als blutrünstige Genreproduktion annonciert wurde, tatsächlich aber ein Plädoyer für den Schutz des Lebens lieferte, welche Form es auch immer annehmen mag. Daß der Film damit durchkam, liegt einfach daran, daß er ziemlich gut gemacht war. Cohens nächster Film schlug in dieselbe Kerbe. Von Haus aus ist GOD TOLD ME TO (oder DEMON, wie er in Großbritannien hieß) ein simpler Thriller. Im Mittelpunkt steht ein Polizist, Peter Nicholas (Tony Lo Bianco), der es mit einer rätselhaften

Serie von Bluttaten zu tun bekommt, die New York City erschüttert. Starker Auftakt: Ein Heckenschütze nimmt von einem Wasserturm aus scheinbar wahllos Passanten ins Visier und tötet einige von ihnen. Man sieht zunächst nur Menschen auf der Straße, die auf einmal wie vom Blitz getroffen umfallen. Die Bedrohung kommt aus dem Nichts. Als Nicholas zum Wasserturm hinaufklettert und den Mörder fragt, was ihn zu seiner Tat bewogen hat, meint jener nur: „God told me to!", bevor er sich in den Tod stürzt. Diese Zeile soll Nicholas in den nächsten Tagen noch einige Male hören, bei Amokläufen, erweiterten Selbstmorden und anderen grauenerregenden Vorfällen. So dreht etwa bei einer Parade zum St. Patrick´s Day ein Polizist durch und eröffnet das Feuer. (Bei dem Schauspieler, der den „Maniac Cop" spielt, handelt es sich übrigens um Andy Kaufman, jenen legendären Komiker, dessen Geschichte Milos Forman in seinem DER MONDMANN erzählte.) Was zunächst als eine Kette von unzusammenhängenden Ausbrüchen von Aggression erscheint, nimmt für Nicholas schon bald ein Muster an, vor allem, als er herausbekommt, daß alle der Napfkuchen Kontakt zu einem merkwürdigen Hippie gehabt zu haben scheinen. Als Nicholas die Mutter des Hippies aufsucht, geht sie kreischend mit einem Messer auf ihn los. Ihre letzten Worte: „God told me to." Es dauert nicht lang, bis der Polizist den geheimnisvollen Langhaarigen findet. Doch dann wird ihm klar, daß er selbst untrennbar mit den Ereignissen verknüpft ist ...

Mein Lieblingsfilm von Larry Cohen schaffte es leider nicht in die BRD. Vielleicht war den Verleihern die merkwürdige Mélange aus Kriminalfilm, Science Fiction und Horror, die der Film ansteuert, einfach nicht geheuer. Was schade ist, denn der Film überzeugt durch Larry Cohens bewährte Bodenständigkeit, die selbst abstruseste Drehbuchideen komplett

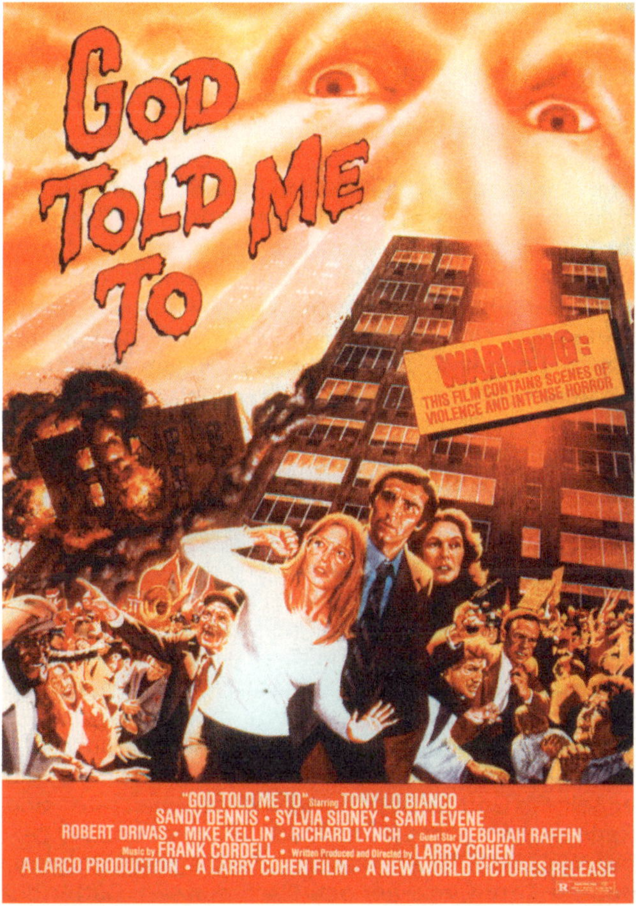
GOD TOLD ME TO
WARNING: THIS FILM CONTAINS SCENES OF VIOLENCE AND INTENSE HORROR
"GOD TOLD ME TO" Starring TONY LO BIANCO
SANDY DENNIS • SYLVIA SIDNEY • SAM LEVENE
ROBERT DRIVAS • MIKE KELLIN • RICHARD LYNCH • Guest Star DEBORAH RAFFIN
Music by FRANK CORDELL • Written Produced and Directed by LARRY COHEN
A LARCO PRODUCTION • A LARRY COHEN FILM • A NEW WORLD PICTURES RELEASE

glaubwürdig erscheinen läßt. Diesem Mann würde ich sogar glauben, daß wir alle vom fliegenden Spaghettimonster abstammen! (Und, let´s face it, so in etwa lautet auch die Botschaft des Filmes ...) Wer professioneller Drehbuchautor werden möchte, kann bei Cohen in die Schule gehen. Der Auftakt mit dem Heckenschützen ist perfekt, dann folgt die Einbettung in eine Kriminalgeschichte, dann der graduelle Abstieg in den Wahnsinn. Polizist Nicholas fängt an, Muster zu entdecken, Zusammenhänge zu spüren, die auch seine persönliche Geschichte irgendwie zu berühren scheinen. Er ist das Zentrum, das all die unverbundenen Ereignisse im „Big Apple" zusammenbringt. Nix mehr mit „Look, man, this is New York!", wenn irgendwo ein Penner im Rinnstein liegt und die Leute gleichgültig an dem Sterbenden vorübergehen. Das Tröstliche am Wahnsinn ist, daß der einen umgebende Wahnsinn auf einmal einen Sinn ergibt. John Doe aus SIEBEN (1995) wußte das, und hier ist es eben der Polizist, der sein Seelenheil in den Verlockungen der paranoiden Weltsicht findet. Der von Tony Lo Bianco prima gespielte Protagonist ist gläubig. Genaugenommen finden es einige seiner Bezugspersonen an mehreren Stellen des Filmes bemerkenswert, daß er „aufrichtig" glaubt. Gott ist für ihn der Mittelpunkt seiner ganzen Weltanschauung. Diese Weltanschauung funktioniert auch so lange ganz fabelhaft, wie er seinem Gott nicht persönlich gegenübertreten und Rede und Antwort stehen muß. Je weiter er aber seiner Wahrheit hinterherspürt, umso klarer wird ihm, daß die Titten jetzt auf den Tisch müssen, Butter bei die Fische. Ob man die immer bizarrer und wirrer werdenden Enthüllungen, die er zutage fördert, als objektive Realität oder als Figmente einer gestörten Persönlichkeit empfindet, bleibt dem Zuschauer selbst überlassen. GOD TOLD ME TO ist ein paranoider Alptraum, der Sturz ins Bodenlose für einen Menschen, dessen Halt auf tönernen Füßen begründet war. Die Suche nach den Wurzeln seines Glaubens (und seiner Entstehungsgeschichte als Mensch, was das angeht) profitiert auch von einer wirklich guten Besetzung. Die ebenfalls streng religiöse Ex-Frau von Nicholas wird von Sandy Dennis gegeben, die ein wenig wie eine Vorläuferin von Piper Laurie aus Brian De Palmas CARRIE (1976) wirkt, der wenig später herauskam. Die eher weltlich orientierte neue Freundin ist Deborah Raffin, die hier noch wie eine hinreißend niedliche Hippie-Mamsell ausschaut. Richard Lynch darf seine vermutlich eigentümlichste Rolle absolvieren. Der Schauspieler war durch sein narbiges Gesicht fast seine ganze Karriere lang auf Schurkenrollen festgelegt und landete in Filmen wie INVASION U.S.A. (1985) oder Deodatos CUT AND RUN (1985). Hier spielt er ein golden leuchtendes androgynes Wesen in einem weißen Nachthemd mit überaus ambivalenten Geschlechtsmerkmalen. Okay, die Rolle wäre wohl für jeden Schauspieler eher ungewöhnlich gewesen, aber es bleibt tatsächlich eine meiner Lieblingsvorstellungen dieses unterschätzten Mimen.

Larry Cohen sollte im weiteren Verlauf seines Schaffens noch vieles Schöne hervorbringen. Der WIEGE DES BÖSEN schob er zwei weitere Wiegen hinterher, die ebenfalls durchaus sehenswert geraten sind. Richtig kostbar ist AMERICAN MONSTER (Q – THE WINGED SERPENT, 1982), in dem sich der aztekische Gott Quetzalcoatl auf dem Dach des Chrysler-Gebäudes einnistet und es nicht nur mit New York, sondern auch mit Michael Moriarty zu tun bekommt, der Cohen in den Folgejahren noch des öfteren begleiten sollte. Ganz, ganz toller Film! Auch der morbide Geheimtip SPECIAL EFFECTS (1984, mit Ferrara-Weggefährtin Zoe Lund) und der Dessert-Schocker THE STUFF (1985) haben ihre Meriten, wie auch die hochgradig exzentrische Fortsetzung A RE-

TURN TO SALEM´S LOT (1987), die immerhin Sam Fuller als Vampir- bzw. Nazijäger zu bieten hatte. An Drehbüchern schrub Cohen noch den erstklassigen Mike-Hammer-Thriller ICH, DER RICHTER (1982), den juxigen MANIAC COP (1988) von Bill Lustig und das Telefonzellendrama NICHT AUFLEGEN! (2002) von Joel Schumacher, der vermutlich teuerste Film, der jemals in einer Telefonzelle gedreht wurde. GOD TOLD ME TO ist eher ein Geheimtip, da er hierzulande weitgehend unbekannt ist. Er ist aber einer der Gründe, wegen derer ich dieses Buch schreiben wollte – exzellentes, mutiges Expoitationkino, wie es nur in den 70ern entstehen konnte. Und im Falle von Larry Cohen darf man hinzufügen: wie es nur in New York entstehen konnte.

Der Wurm, der niemals stirbt

Beschließen möchte ich das Kapitel mit einem Film, der so gegen jede Erwartungshaltung anhalluziniert, daß selbst ich ihn – als ich ihn beim Brüsseler „Festival des Phantastischen Films" zum ersten Mal sah – völlig bekloppt fand. Na ja, die einzige Erwartungshaltung, die einem einen realistischen Zugang zum Film gewährt hätte, wäre der Umstand gewesen, daß es sich um ein Werk des britischen Filmemachers Ken Russell handelte, also einem verbrieft Wahnsinnigen. Es gibt relativ wenige Filmemacher, bei denen ich überhaupt keine Ahnung habe, was in deren Köpfen so vorgeht. Eine Idee davon hat man ja immer, oder zumindest meistens. Bei Ken Russell ziehe ich eine Fahrkarte. Der Mann ist mir unheimlich. Und je älter ich werde, um so sympathischer wird er mir deswegen. Es ist immer lohnender, wenn man von kulturellen Produkten überrascht wird. Und Ken Russells Filme sind wirklich die Überraschungstüte für den Herrn.

Als ich DER BISS DER SCHLANGENFRAU (THE LAIR OF THE WHITE WORM, 1988) entgegenfieberte, wollte ich einen Genrefilm sehen. Er wurde angekündigt als Bearbeitung einer Vorlage des großen Schauerromantikers Bram Stoker, und da ich mein jugendliches Heil eindeutig in Spukschlössern mit quietschenden Türen, knorrigen Kindermädchen und moosüberwucherten Grabsteinen suchte, war mein Kopf voller Bilder. Was ich nicht bedacht hatte, war, daß der Film vom Regisseur von TOMMY (1975), LISZTOMANIA (1975) und CHINA BLUE BEI TAG UND NACHT (1984) stammte. Die Stockhiebe, die ich beim Betrachten des Werkes auf der großen Leinwand dann erhielt, hatte ich mir somit selbst zuzuschreiben. Die Karriere Russells ist ohnehin großes Tennis. In seinen Wanderjahren wirkte er auf mich immer wie eine launige Weiterentwicklung jener britischen Filme, die sich in den 60ern aus dem Bannkreis des „Free Cinema" herausbewegten, also sozialer Realismus, der auf einmal explodierte und allen um die Ohren flog. Neben Werken wie den Literatur- bzw. Bühnenbearbeitungen SAMSTAGNACHT UND SONNTAGMORGEN (1960), BLICK ZURÜCK IM ZORN (1959) und DER WEG NACH OBEN (1959) gab es auf einmal Sachen wie die Filme von Richard Lester, die in der grauen Realität britischer Stahlarbeiter auf einmal eine Groteske ausmachten, die noch heute in der surrealen Bilderwelt von Terry Gilliam überlebt. Bei Russell sah das so aus, daß er etwa D.H. Lawrences LIEBENDE FRAUEN (1969) verfilmte. Der einzige „skandalöse" Aspekt bei diesem Frühwerk des später mit Exzeßfreudigkeit assoziierten Filmemachers bestand in dem legendären Nacktkampf, den sich Alan Bates und Oliver Reed vor einem prasselnden Kaminfeuer liefern. Mit dem wahrhaft schockierenden DIE TEUFEL (1971) änderte sich das dann etwas. Der sinnliche Filmemacher Russell nahm das Zepter in die Hand, und ein Jahrzehnt lang erfreute er das Herz seiner Bewunderer mit Werken, denen der knallige Regelverstoß mehr galt als ein Sichanwanzen an den Konsens des Kulturbetriebes. Bei manch einem führten diese Filme zu einem Schluckauf, der ihnen, rückwirkend betrachtet, aber vermutlich eher gut zu Gesichte stand. In den 80ern war die Neigung zum ästhetischen Exzeß aber nicht mehr eine Domäne der „drüberen" Künstler. Über MTV und Rockvideos gelangten grelle Bilder, Stakkatoschnitt und Schocktaktiken immer mehr ins kollektive Bewußtsein, wurden als Norm akzeptiert. Was Russell produzierte, war auf einmal nicht mehr so besonders, wie es das einmal gewesen war. Seine Krawallschachtel CHINA BLUE BEI TAG UND NACHT (CRIMES OF PASSION, 1984) nahmen ihm viele übel. Ich fand den vulgären, lau-

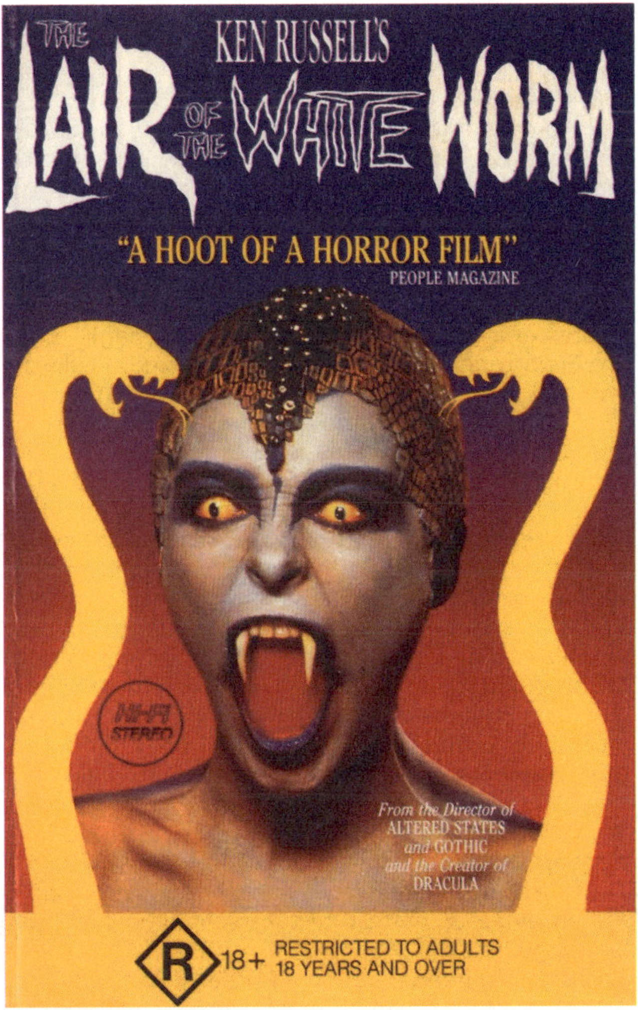
THE
KEN RUSSELL'S
LAIR OF THE WHITE WORM
"A HOOT OF A HORROR FILM"
PEOPLE MAGAZINE
HI-FI
STEREO
From the Director of
ALTERED STATES
and GOTHIC
and the Creator of
DRACULA
R
18+
RESTRICTED TO ADULTS
18 YEARS AND OVER

ten und von einem bizarrerweise von Gustav Mahler beeinflußten Kreisch-Soundtrack von Rick Wakeman geadelten Film ganz toll. Wenn Anthony Perkins als wahnhafter Pseudoprediger mit einem riesigen Dildo durch die Neonwelt wankt, um die Sünde auszurotten, dann brachte das m.E. den Wahnsinn, den ich damals überall in der Gesellschaft sah, hübsch auf den Punkt. Und wo ist Wahnsinn schon subtil?

Daß DER BISS DER SCHLANGENFRAU mich damals so nervte, kann ich mir nur damit erklären, daß Filmkritiker – und jeder Mensch ist ein Kritiker, wie berufen er im Einzelfall auch immer sein mag! – über ihre Erwartungshaltung nicht erhaben sind. Vielleicht empfand ich es als Sakrileg, daß Russell auf einmal seine Späße mit dem „Gothic Horror" trieb und damit den Fußboden aufwischte. „Too close to home", wie der Engländer sagt. Teilzeitarchäologe Angus Flint entdeckt im Boden unter der „Mercy Farm" – die von seiner Freundin Mary und ihrer Schwester Eve bewirtschaftet wird – einen prähistorisch anmutenden Totenschädel, der keinem bekannten Tier zuzuordnen ist. Ob es sich um den berühmten D´Ampton-Wurm handelt? Jenes Fabelwesen wurde einst von einem Vorfahren von Lord James (Hugh Grant) zur Strecke gebracht, nachdem es die Landbevölkerung in Angst und Schrecken versetzt hatte. Was die Freunde bei ihren Nachforschungen herausfinden: Lord James´ direkte Nachbarin, Lady Sylvia Marsh, ist eine unsterbliche Schlangenfrau, die seit der Zeit der römischen Besatzung den heidnischen Schlangengott Dionin anbetet und ihm Menschenopfer verschafft. Und so ein paar nette Altertumsschnüffler kommen da gerade recht ...

Das Erfrischende an Ken Russells Partyfilm ist, daß es dem Regisseur offensichtlich völlig wurscht war, was seine Zeitgenossen über ihn sagten. Das Bemühen um guten Geschmack – ohnehin eine sehr schwammige Meßlatte – stand niemals im Zentrum von Russells Arbeit, und hier gibt er dem Affen wirklich Zucker. Bram Stokers Erzählung habe ich niemals gelesen, aber ich bezweifele, daß Russell mehr als einige Grundzüge übernommen haben wird. Das Hauptaugenmerk der Schauerromantik hatte seit Klassikern wie „The Castle Of Otranto" und „The Monk" immer auf Morbidem geruht. Wenn es um Liebe ging, dann stand sie meistens im Schatten des Schwertes oder falbte sonstwie vor sich hin. Hagere Mickerlinge, die sich in blasse Frauen verlieben, die ohnehin des Todes sind, wie wir alle, in-media-vita und so fort. Das musikalische Rückgrat von Russells Film bildet ein Punk-Ländler, der etwas an die damals sehr populären Pogues erinnert und in einer Pub-Szene von einer ruppigen Kapelle dargeboten wird, während ein künstlicher weißer Lindwurm durch die Tanzenden geistert und schließlich von Lord James entzweigeschnitten wird. Wo echte Goten depressiv an den Knochen der Vorfahren nagen und sich sagen, daß ja doch alles nichts bringt, steht DER BISS DER SCHLANGENFRAU mitten im Saft und feiert das Leben – fressen, ficken, feiern, am besten alles zugleich! Hurra!

Augenfang Numero Uno ist eindeutig Amanda Donohue, die als Lady Sylvia eine echte Anwärterin auf den Titel der sexyesten Frau auf dem Planeten darstellt. Sie verkörpert eine heidnische Religion, die bereits das römische Imperium in seinen Bann gezogen hatte. Besonders gern verdirbt sie die Menschen, in einer Szene etwa einen trampenden Pfadfinder. (Übrigens eine Anspielung auf eine Folge der Serie „Mit Schirm, Charme und Melone"!) Wer immer ihren Weg kreuzt, bekommt grimmige Halluzinationen voller Sex & Gewalt geboten, darunter gepfählte Nonnen. (Ach, jetzt erinnere ich mich, das war die Bram-Stoker-Geschichte mit den gepfählten Nonnen!) Während böse Frauen in Horrorfilmen für gewöhnlich die Angst des Mannes vor dem Verlust des Hannes darstellen, erscheint Kastration als Folge einer Zusammenkunft mit dieser Frau als geradezu akzeptables Risiko. Einmal glücklich sein, dann der ewige Frieden! Zudem hat Lady Sylvia die Lacher eindeutig auf ihrer Seite – was sie über die Körperfeindlichkeit des Christentums sagt, ist nicht ganz verkehrt. Ich habe mich immer sehr darüber gewundert, daß die Menschen sich einen Herrgott vorstellen, der seine Kinder bestraft. Eigentlich müßte man doch dafür belohnt werden, wenn man dem Club angehört und durch gute Führung glänzt. Stattdessen: Selbstkasteiung, Zölibat, Hände auf der Bettdecke, kalte Duschen – unverständlich, völlig unverständlich.

Auf der Heldenseite werden Lady Sylvia andere Frauen gegenübergestellt. Hugh Grant bekommt mit Eve eine waschechte Jungfrau geboten (ätsch!), die sich natürlich für das Opfern anbietet, denn dem Wurm schmecken Frauen am besten, denen Hymens Fackel noch nicht zu Bette geleuchtet hat. Und Angus´ Augapfel Mary ist eher der burschikose Typ, der lustige Kumpeltyp, in den ich mich als 20-Jähriger sofort verkuckt hätte. Wie heißt es so schön im deutschen Schlager? „Beiß´ nicht gleich in jeden Apfel, er könnte sauer sein!" Die Schlange im Paradies ist natürlich risikobehaftet, aber dasselbe gilt nun mal auch für das Leben an sich: Hier kommt niemand lebend raus! Wer Lady Sylvia die Beine hochleckt, landet irgendwann als Häschen in der Opfergrube, die sich tief in die Eingeweide des Planeten hineinbohrt, Vagina plus Wurm, ein unschlagbares Doppel! Was Ken Russell auf der Symbolebene wie an der Oberfläche präsentiert, ist nicht subtil, ist nicht geschmackvoll, aber es bereitet einen Heidenspaß. Präsentiert wird das Ganze mit einer überbordenden Verspieltheit. Ich liebe die Szene, in der die Schlangenfrau

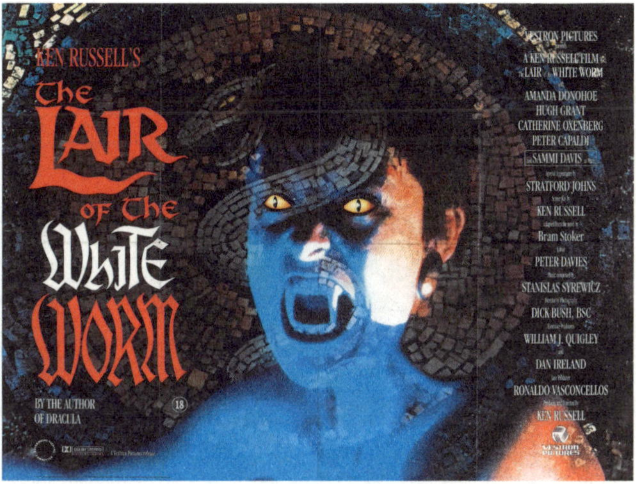

von Lord James mit einer Schlangenbeschwörer-Schallplatte aus ihrem Korb gelockt wird. Auch die vampirischen Opfer von Lady Sylvia werden an der Wurzel ihrer Natur gepackt, wenn Angus mit einem Dudelsack die Beschwörungsmelodie (=Variation auf das Punkstück) intoniert und den Rattenfänger von Hameln macht. Die Dialoge sind angefüllt mit launigen Schlaumeiereien, die man entweder lustig findet oder nicht. Wenn Lady Sylvia etwa ein hübsches Brettspiel namens „Snakes & Ladders" im Kamin verbrennt, schaut sie sinnierend in die Flammen und flüstert: „Rosebud!" Selbst dieser Cineastenjokus besitzt natürlich Doppelsinn, da Orson Welles sich mit diesem berühmten Zitat aus CITIZEN KANE (1941) einen Privatscherz erlaubte: Das Vorbild für Charles Foster Kane – der schwerreiche Zeitungsmagnat William Randolph Hearst – nannte so nämlich die Klitoris seiner Angebeteten, „Rosenknospe" …

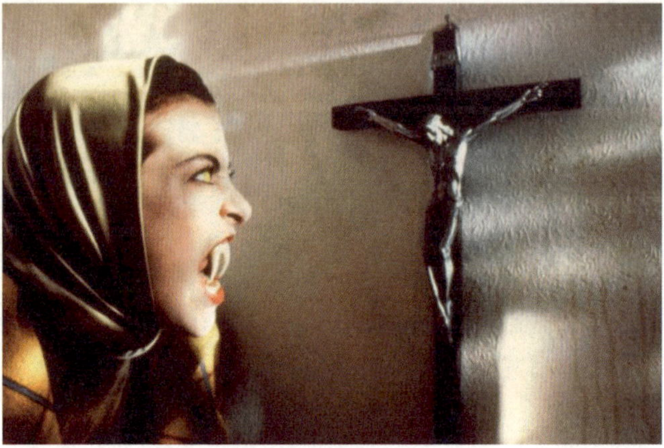

War Ken Russell ein Ferkel? Es gibt vieles, was für diese Annahme spricht. Allerdings ist es genauso wahrscheinlich, daß ich ein Ferkel bin, denn ich liebe diesen Film! Keine Ahnung, wie ich damals so verbohrt und voreingenommen sein konnte. Ich habe mich dadurch um ungefähr 25 Jahre Schleckspaß betrogen. Bei der letzten Sichtung stellte ich fest, daß DER BISS DER SCHLANGENFRAU ein ganz famöser Film ist, der dem Zuschauer zwar Exzesse satt um die Ohren klatscht, dabei aber so lebensbejahend ist, daß es fast weh tut. Zimperlieschen und Kreidefresser sollten sich von diesem Film fernhalten und sich an cineastische Butterbrote halten. Chefkoch Ken Russell trägt hier ein überbordendes Menü auf, das an die Schlemmereien mittelalterlicher Fürstenhöfe erinnert. Für den Film gilt dasselbe wie für eine zünftige Zecherei: Es ist ganz sinnvoll, morgens ein Aspirin bereitzuhalten, aber, bei Gott, es hat Spaß gemacht!

Die bunte Knabbermischung
(Mixed Bag)

Nach dem Spiel ist vor dem Spiel

Die Produktionsmaschine Hollywood funktioniert für gewöhnlich auf der Grundlage der leichten Etikettierbarkeit ihrer Hervorbringungen. Der Grundtenor eines Filmes sollte unmißverständlich an seiner Präsentation abzulesen sein, um Verwechslungen zu vermeiden. Enttäuschte Erwartungshaltungen sorgen selten für volle Kinokassen, und wenn die Kinokassen leer bleiben, dann weinen die Produzenten die bitteren Tränen der Petra von Kant, und in Hollywood ist es so wie fast überall – die Exkremente rollen den Berg hinab. Das ist ganz simpel: glückliche Produzenten = Swimming-Pool für den Regisseur, Regisseur darf weiterdrehen; traurige Produzenten = Regisseur darf nicht weiterdrehen, muß auf Pool-Boy umschulen, darf demnächst gebrauchte Kondome und Kokslöffel aus den Abflußfiltern anderer Poolbesitzer herausklauben. Wer schlau ist, dreht einen Genrefilm, der nicht versucht, durch Brechungen oder andere Kapriolen das Publikum zu verwirren. Ein verwirrtes Publikum torkelt nach Ende der Vorstellung desorientiert aus dem Kino und direkt vor einen Greyhound-Bus. Gebrochene Herzen, schlimme Schlagzeilen, oder, noch schlimmer: gar keine Schlagzeilen. Am besten ist: groß gedruckt und leicht zu lesen. Das Publikum beklatscht in erster Linie das, was es kennt. Es beklatscht sich selbst.

Wer das wirkliche Leben kennt, der weiß, daß es auf Genrekonventionen keine Rücksicht nimmt. Was im ersten Moment wie eine Tragödie ausschaut, erweist sich beim zweiten Hinschauen nicht selten als Komödie. Wie es Erfolgsproduzent Alan Alda so schön in Woody Allens VERBRECHEN UND ANDERE KLEINIGKEITEN ausdrückt: „Komödie ist Tragödie plus Zeit!“ Man wähnt sich in einem Remake von BAMBI, und auf einmal wird einem klar, daß man in Ingmar

Bergmans AUS DEM LEBEN DER MARIONETTEN gelandet ist. (Wenn es ganz schlimm kommt, spielt man sogar in SCHREIE UND FLÜSTERN mit!) Filmemacher, die den Anspruch an sich stellen, in ihren Schöpfungen das Leben zu reflektieren, wie sie es sehen, dürfen sich somit warm anziehen. Es sei denn natürlich, ihre Weltsicht deckt sich im wesentlichen mit den Sinnsprüchen, die man auf Kneipen-Gratispostkarten findet. „Glück ist, das zu wollen, was man hat, nicht das zu haben, was man will!" Ja genau, Herbert.

In diesem letzten Abschnitt des Buches habe ich einige Filme versammelt, die sich einer gesunden Etikettierbarkeit entziehen. Manche sind an der Peripherie von Hollywood entstanden und hatten somit die ausdrückliche Erlaubnis, mit den Erwartungshaltungen des Zuschauers Schindluder zu treiben. Andere wiederum setzten Major-Studios ein schönes, dickes Stinke-Ei ins Verlagsprogramm. Mit solch einem Film möchte ich beginnen, nämlich mit Nicolas Roegs EUREKA (1982), einem ganz prächtigen Film, bei dem man sich dennoch fragt, welcher zutiefst wagemutige Mensch sich von diesem Werk einen kommerziellen Erfolg erhofft hatte.

Jack McCann (Gene Hackman) ist ein Goldschürfer, der in der verschneiten Einöde von (mutmaße ich mal) Alaska nach dem Bottich am Ende des Regenbogens sucht. Nach der Überwindung von unzähligen Widrigkeiten findet er ihn schließlich – Gold, Gold, Gold! Eine Hure, die ihm kurz zuvor prophezeit hatte, daß er seinem Schicksal begegnen würde, stirbt, und McCanns Leben startet jetzt richtig durch. Er wird zum reichsten Mann der Welt. Auf einer Karibikinsel baut er sich sein Refugium, „Eureka", in dem er mit Frau und Tochter lebt. Letztere, Tracy (Theresa Russell), hat sich in den schnieken Playboy Claude (Rutger Hauer) verkuckt, der sie auf seiner Yacht in die große weite Welt entführen will. Papa McCann

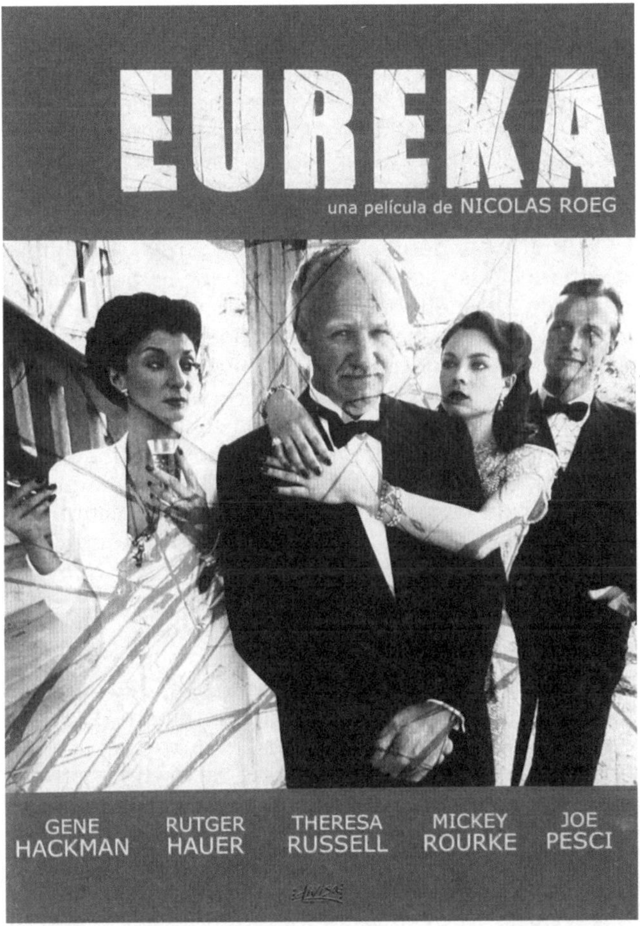
EUREKA
una película de NICOLAS ROEG
GENE HACKMAN
RUTGER HAUER
THERESA RUSSELL
MICKEY ROURKE
JOE PESCI

findet das nicht so gut, denn er hält Claude für einen Blender, der obendrein den absurden Reichtum der Familie verachtet. Die familiären Zwistigkeiten werden zudem überschattet vom Versuch einiger Gangster, sich ins Geschäft McCanns einzukaufen. Als der Einkauf mißlingt, greifen sie zu härteren Bandagen. Und der Bottich am Ende des Regenbogens füllt sich mit Blut ...

EUREKA (zu deutsch: „Heureka!" bzw. „Ich hab´s gefunden!") ist schwer einzuordnen. Er beginnt mit deftigem Überlebenskampf in der unwirtlichen Zeit des Goldrausches; dann, nachdem McCann sein Straußenei-Nugget gefunden und sich in Dagobert Duck bzw. Charles Foster Kane verwandelt hat, wird die Geschichte zu einem nostalgischen Südsee-Melodram (der Hauptteil des Filmes spielt zur Zeit des Zweiten Weltkrieges); und schließlich gelangt der Film über den Umweg einer Gangstergeschichte zum Gerichtskino. Diesen letzten Teil hätte ich gerne aus dem Film herausgekürzt, da EUREKA nach dem extrem grausamen Finale eigentlich auf der Stelle tritt und dem Zuschauer nichts Substantielles mehr zu berichten hat. Andererseits paßt das auch ganz gut, denn der Film handelt von einem Leben, das nur noch aus Epilog besteht. Einem Epilog in einem Buch mit goldenen Rändern, schon wahr, aber tatsächlich endet McCanns Leben im ewigen Eis. Vorher hatte er eine eigene Persönlichkeit, er hatte ein Ziel. Als er dieses Ziel dann erreicht, mit Feuerwerk und Pauken und Trompeten, beginnt der Epilog. Darum geht´s. Da als Regisseur der begnadete Kameramann Nicolas Roeg verantwortlich zeichnet, werden schon die Ereignisse im Prolog (der gleichzeitig der Auftakt zum Epilog ist) in einem Stil geschildert, den einiges mit dem magischen Realismus verbindet – grundsätzlich naturalistisch und detailfixiert, aber mit tausend versteckten Bedeutungen, das Unterbewußtsein, das an die Oberfläche dringt. Ich kann niemandem böse sein, der das als unangemessene Symbolhuberei empfindet, aber es macht eben den speziellen Stil des Filmes und überhaupt der späteren Regiearbeiten von Roeg aus. Sehr häufig gibt es auch Szenenwechsel, in denen Charaktere auf Ereignisse zu reagieren scheinen, die zeitlich oder räumlich von ihnen entfernt sind. Alles ist miteinander verwoben wie eine Brezel. Natürlich kann man damit beim durchschnittlichen Kinopublikum keinen Blumentopf gewinnen. Mit diesem Arthouse-Ansatz konnte vielleicht ein David Lynch punkten, aber auch nur, weil er genau zur richtigen Zeit das Richtige machte. Es lag in der Luft. EUREKA hingegen besaß die kommerzielle Attraktivität einer Tüte Feigwarzen. Woran´s liegt? Keine Ahnung. Zu Anfang splattert es schön, wenn sich der erfolglose Goldsucher unheimlich grinsend den halben Schädel wegpustet. Dann kommen aber diese überaus merkwürdigen Geschichten mit der Hure Frieda, die in ihrer Kristallkugel sehen kann, was passieren wird. Sie hat früher einmal die Liebe kennengelernt. Nun verkauft sie ihre Büchse für Groschen. Eigentlich traurig, aber man fragt sich schon, was trauriger ist: die Liebe des Lebens verloren zu haben oder aber sie niemals kennenzulernen? Frieda sagt McCann auf den Kopf zu, daß er seine Entscheidung getroffen habe – gegen die Liebe, für das Gold. Den Film auf einen platten Antimaterialismus à la „Geld allein macht auch nicht glücklich" herunterzubrechen, würde aber auch zu kurz greifen. Es geht mehr darum, was den Menschen ausmacht, wie er sich selbst definiert. Jack McCann glaubt nicht an das Schicksal, er glaubt an Jack McCann und sonst an gar nichts. Das bekommt er dann auch, einen Jack McCann, der keinen anderen an sich heranläßt. Etwas anderes ist da nicht mehr vorhanden. Wenn die Geschichte vorbei ist, ist nur noch der Körper da, und der wird von der Person zur

Substanz, in drastischen Bildern. Seine Tochter Tracy hat ihre Liebe gefunden, eine Liebe, für die sie alles hinter sich lassen würde. Sie ist ihr Vater am Yukon, nur daß ihr Gold eben nicht greifbar ist und deswegen niemals ganz besessen werden kann. Sie definiert sich über eine Suche, die niemals aufhört. Der Film suchte auch etwas, nämlich ein Publikum. Trotz einer fabelhaften Besetzung (Nic Roegs wunderschöne Frau Theresa Russell, Joe Pesci, Mickey Rourke, Ed Lauter und Jane Lapotaire) und einer recht üppigen Produktion landete der Film fast zwei Jahre lang im Regal, bis er dann schließlich ohne große Liebe auf den Markt gepfeffert wurde, wo er auch klanglos unterging. Wer den Film heute wieder ausgräbt, wird vielleicht nicht so beglückt sein wie der von Gene Hackman gespielte Goldgräber, wenn er sein Schicksal findet, aber er bekommt einen auf faszinierende Weise maßlosen Film, der eigentlich viel besser in die 70er gepaßt hätte, in die Gesellschaft solcher Filme wie John Boormans vertracktem ZARDOZ (1974), als in eine Zeit, die lieber Jamie Lee Curtis beim Aerobic zuschauen wollte oder Patrick Swayze beim Tanzen. EUREKA ist eine echte Wundertüte für Kinofreunde mit einem Geschmack für das Besondere.

Undisziplinierte Emigranten

Bleiben wir kurz bei dem Konzept der kommerziellen Attraktivität. Einen Film zu drehen, ist immer eine Ensemblearbeit. Am Anfang steht der Künstler. Der Künstler muß sein originäres Projekt einem Produzenten schmackhaft machen, der wiederum solvente Geldgeber an der Hand hat. Ohne jene kann der Künstler seine Vision nämlich nur auf Tesafilm verwirklichen. Wenn die Finanzierung steht, verbündet sich der Künstler vom Anfang mit vielen anderen Künstlern, die all ihr Talent in die Waagschale werfen, um ein besonders gelungenes Produkt zu erzeugen. Dieses Produkt wird dann in die Arena verbracht, wo es nicht nur dem angesehenen Filmhistoriker Anselm Touché gefallen muß, sondern auch dem Heizungsinstallateur Willy Grobian. Willy Grobian zahlt nämlich die Miete für die Studios, und wenn ihm der Film nicht gefällt, ist Schmalhans demnächst der Küchenmeister. Willy mag Frauen mit dicken Titten, und so ist es ein kommerziell durchaus kluger Schachzug, einige prall beeuterte Schauspielerinnen in das Werk einzubauen, selbst wenn es sich um das Coming-Out-Drama eines verheirateten Geigenvirtuosen handelt. Wenn es um eine florierende Filmwirtschaft geht, sitzt Willy am längeren Hebel. Bleibt das Publikum in Scharen weg, schillert der Film vielleicht als trauriger Schwan in den Gewässern der Filmgeschichte, aber als finanzielle Unternehmung muß er trotzdem als gescheitert betrachtet werden.

In gewisser Weise ist also nahezu jeder Film auf kommerzielle Attraktivität angewiesen. Es sei denn, er kann es sich erlauben, auf finanzielle Motive zu pfeifen. Es hilft dann natürlich, wenn ein Film nicht viel kostet. Eine klangvolle Ausnahme wäre zum Beispiel das Experimentalkino. Seit der Stummfilmzeit werkelt es am Rande der Filmwelt vor sich hin. Viele

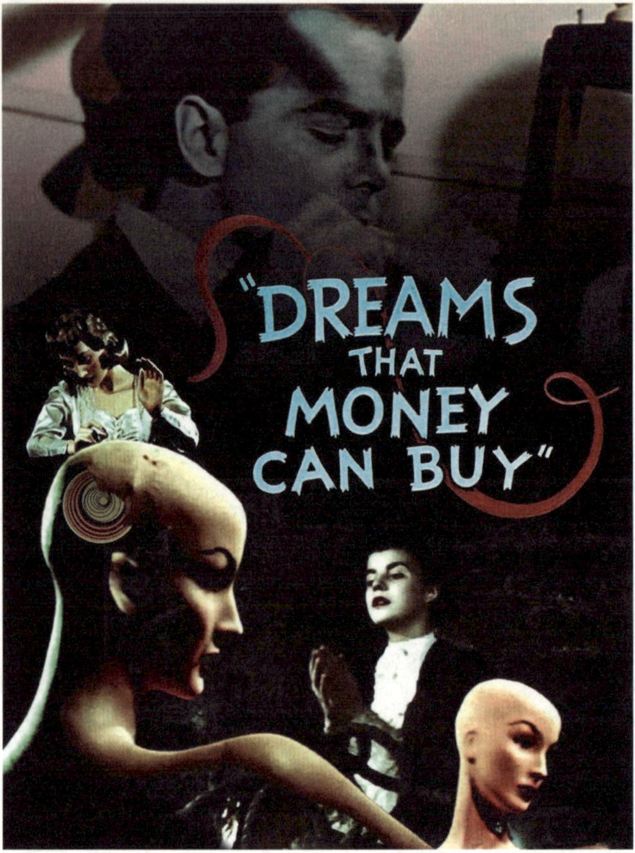
"DREAMS
THAT
MONEY
CAN BUY"

Künstler, die sich in ihrer Anfangszeit solchen Pionierarbeiten verschrieben hatten, wechselten später ins Lager der „kommerziellen" Regisseure. Der Deutsche Paul Leni oder der Franzose Robert Florey fielen mir da ein, die beide in Hollywood große Filme drehen sollten. Auch Walter Ruttmann schuf Beachtliches, bevor er dann irgendwann bei Werbefilmen für die Nazis landete. Hans Richter sollte einen anderen Weg einschlagen, der ihn in die USA führte. Allerdings blieb er bei seinen experimentellen Übungen, die mit dem Filmbetrieb Hollywoods rein gar nichts zu tun hatten, sich eher in der Nähe der Sachen bewegten, die Leute wie Maya Deren oder Kenneth Anger machten, oder später eben Leute wie Ed Emshwiller oder Jonas Mekas. Hans Richter drehte Filme, die sich dem genormten und kommerziell gangbaren Vokabular verweigerten. Er fuhr fort, wie ein Kind mit dem Medium zu spielen. Dabei brachte er viele schöne Kurzfilme hervor, die wirklich nur Spezialisten ein Begriff sein dürften. Sein fabelhafter Langfilm DREAMS THAT MONEY CAN BUY (1947) ist in Großbritannien als schöne DVD neu aufgelegt worden. Und den möchte ich hier einmal vorstellen!

Es geht um einen Angestellten namens Joe. Joe ist von Herzen unglücklich, denn Joe ist im Herzen Künstler, und Poeten nagen nun einmal am Hungertuch, das will die Tradition, die blöde. In seiner Pein stellt er aber eines Tages fest, daß er die besondere Fähigkeit besitzt, in seine Seele hineinzublicken. Wenn man in die eigene Seele hineinblicken kann, klappt das auch mit den Seelen von anderen, das gebietet die Logik. Und so eröffnet er sein Geschäft – er verkauft Leuten Träume, die keine Träume mehr besitzen oder jene ganz einfach vergessen haben ...

Der Zuschauer, der das große Glück besitzt, mit diesem Film zusammenzutreffen, sollte sich erst einmal von dem Gedanken verabschieden, es hier mit einer traditionellen Spielhandlung zu tun zu haben. Regisseur Hans Richter kam von einem nicht-gegenständlichen Kunstbegriff her. Als junger Mann schloß er sich in Zürich den Dadaisten an und traf Leute wie Tristan Tzara und Hans Arp. (Mit letzterem machte er später den Kurzfilm EVERYDAY.) 1933 verließ er Deutschland und emigrierte über die Niederlande und die Schweiz in die USA. In Manhattan drehte er dann seinen bislang längsten Film, DREAMS THAT MONEY CAN BUY, der über einen Zeitraum von drei Jahren entstand. Schon bei seinen vorangegangenen Kurzfilmen durfte man sich nicht wundern, wenn ihn Zeitgenossen wie Paul Hindemith oder Sergej Eisenstein unterstützten. DREAMS nun war so etwas wie ein Kollektivprodukt, dessen Herzstücke die sieben Träume darstellen, die Joe seinen Klienten auf den Leib schneidert. Gestaltet wurden diese Träume von Künstlern wie Marcel Duchamp, Max Ernst, Fernand Léger und Man Ray. Andere bekannte Namen sind John Cage und Darius Milhaud. Das Kino, das Hans Richter verkörperte, war ein Produkt disziplinübergreifender Bemühungen, das sich am besten mit dem Titel eines seiner frühen Filme beschreiben läßt: ALLES DREHT SICH, ALLES BEWEGT SICH. Dieses Motto steht nicht nur für das Stilprinzip der Filme – frei im besten dadaistischen Sinne –, sondern natürlich auch für eine Welt, der nichts so fremd ist wie der Stillstand – wo immer man sich hindreht, bricht Leben hervor, manchmal schönes Leben, manchmal häßliches Leben. Es führt zu großen, welterschütternden Katastrophen, aber auch, mit unausweichlicher Konsequenz, zu neuer Bewegung und neuem Leben. In DREAMS nun geht es nicht nur um die Welt des Draußen, sondern um die Welt des Drinnen. Verkargte, verängstigte Menschen, die es verlernt haben, selber zu träumen, lassen sich von Marketing-Genie Joe die Träume quasi auf den Leib schneidern. Damit wird

Joe nicht nur zu einer Metapher für die Traumfabrik Hollywood – Kunst als Kommerz –, sondern auch für den Künstler als delirierenden Narren, der nicht anders kann, als seine eigenen Spinnereien in die Welt zu setzen, ob dafür nun ein Markt existiert oder nicht. Und die Kunstprodukte, die Freund Joe nun zutagefördert, sind äußerst unterschiedliche Produkte, in denen alles zusammenfließt, was die Kunst zu bieten hat: Malerei, Fotografie, Filmkunst, Animation (sowohl Zeichentrick als auch Stop-Motion-Puppenspiel), Lyrik, Musik. Alles dreht sich, alles bewegt sich, und der Zuschauer sitzt mittendrin und staunt. Unter anderem staunt er übrigens auch deshalb, weil dieser mit äußerst bescheidenen Mitteln produzierte Film in üppigem Technicolor gedreht wurde, was man eher von teuren Hochglanzprodukten jener Tage gewöhnt ist.

Die Freisetzung verschütteter Natur, die sich nur noch im Unterbewußtsein des an seine Umgebung angepaßten, professionell gewordenen Menschen abspielt, liegt am Herzen vieler avantgardistischer Kunstwerke. In bezug auf den berühmten DER ANDALUSISCHE HUND (UN CHIEN ANDALOU, 1928) hieß es beispielsweise, Bunuel und Dali hätten alle Einfälle, die in irgendeiner Weise in einem thematischen Zusammenhang mit den vorangegangenen Einfällen standen, weggeworfen. Der einzige Weg, den Film zu deuten, wäre die Psychoanalyse. Beabsichtigt war ein Film ohne Botschaft, denn offensichtlich waren auch die Herren Bunuel und Dali der Überzeugung, wer eine Botschaft versenden wolle, möge doch bitte die Post benutzen. Film ist primär ein visuelles Genre, er arbeitet mit visuellen Eindrücken, die dann freundlicherweise von anderen Disziplinen unterstützt werden. Der ideale Zuschauer ist der unschuldige, der einem Film ohne Voreingenommenheit und Erwartungshaltung begegnet. Daß es so einen Zuschauer praktisch nicht gibt, da ja niemand aus dem Mutterleib direkt ins Kino marschiert, ist irgendwie schade, aber bei manchen funktioniert sie ja irgendwie doch, diese ursprüngliche Neugier. Es ist wohl genau diese Freude am undisziplinierten Kunstverständnis, die sich in nicht-kommerzorientierten Filmen wie DREAMS THAT MONEY CAN BUY wiederfindet. In meiner Lieblingsepisode, „The Girl With The Pre-Fabricated Heart" von Fernand Léger, geht es um eine Liebesgeschichte zwischen Schaufensterpuppen, die nicht werden kann, weil beide Puppen/Menschen aneinander scheitern, da sie bereits an sich selbst gescheitert sind. Der Stil, in dem diese Geschichte erzählt wird, legt erneut nahe, daß der moderne Musik-Videoclip dem Experimentalkino eine Menge verdankt, denn vieles kommt einem doch sehr vertraut vor. Überhaupt, wer die Filme von Wenzel Storch mag, der wird sich in diesem Paradies des Handgemachten wohlfühlen, das prophezeie ich. Ich möchte gar nicht mehr zu dem Film erzählen. Er liegt ja als britische DVD vor. Es wird also niemand davon abgehalten, sich selber einmal in die Experimentierstube von Hans Richter und seinen Kollegen zu begeben. Da wohnt ganz viel Schönheit.

Dame mit Schwanz

In Kenneth Angers INAUGURATION OF THE PLEASURE DOME (1954) kann man einen jungen Mann entdecken, der dort – zwischen Göttinnen wie Isis und Astarte – als Cesare der Schlafwandler auftritt, also jener Somnambule, der einst in Robert Wienes berühmtem Stummfilm DAS CABINET DES DR. CALIGARI (1919) die Ehrenhalle der großen Filmgestalten betrat. Dieser junge Mann ist Curtis Harrington, Filmfan und Exzentriker. Wie Harrington zwischen solche Leute wie Anger oder Anais Nin geriet, ist eine Geschichte, die er am besten selber erzählt, wie er das in seiner Autobiographie „Nice Guys Don´t Work In Hollywood" auch tat. In den 60er Jahren wurde er selber Filmemacher und drehte einige der schönsten Horrorfilme mit alten Damen unter widrigen Umständen. Mit Simone Signoret machte er SATANISCHE SPIELE (1967), mit Shelley Winters WAS GESCHAH WIRKLICH MIT HELEN? (1971) und WER HAT TANTE RUTH ANGEZÜNDET? (1972). In den meisten seiner Filme wird deutlich, daß es ihm das klassische Hollywood angetan hatte, der Mythenkranz, der dem Kino in der Zeit der echten Stars, der Filmgötter, ums Haupt gewoben wurde.

Die Liebe, die er in seine Produktionen einarbeitete, äußert sich manchmal in nostalgischer Verklärung, wie man das etwa von Joe Dante her kennt. Bei Harrington war aber stets die unglaubliche Fallhöhe spürbar, die dem Umstand geschuldet war, daß die Mythen eben mit Luft auf Luft formuliert waren. Wer hoch stieg, konnte umso tiefer fallen, und meistens tat er das auch irgendwann. Harrington eiferte dem alten Hollywood nach und baute schöne Lebkuchenhäuser mit ganz viel Zuckerguß, aber meistens wurden sie von alten Hexen bewohnt mit einer dicken Warze auf der Nase. Die Schönheit war allgegenwärtig in seinen Filmen, aber sie wurde immer von Morbidität begleitet, von der Ahnung des Abgrundes.

Da gute Menschen in Großbritannien ihn mittlerweile als Blu-Ray neu herausgebracht haben, ist es mir eine große Ehre, an dieser Stelle Curtis Harringtons Langfilmdebüt NIGHT TIDE (1961) bejubeln zu dürfen. Es handelt sich bei ihm um ein glänzendes Beispiel für einen Genrefilm, der eigentlich gar kein Genrefilm ist. Der Titel beruht auf „Annabel Lee", einem Gedicht von Edgar Allan Poe, das auch im Schlußbild zitiert wird. Zuschauer, die aber eine knackige Story im Stile der Poe-Adaptionen Roger Cormans erwarteten, die American International zu jener Zeit auf die Leinwände brachte, dürften sich etwas fehl am Platz gefühlt haben. Sind Cormans Filme – in der Regel getragen von der Schauspielkunst des überragenden Vincent Price – in ihrer Theatralik und Weltentrücktheit zwar durchaus im Einklang mit der blumigen Bilderwelt des Herren aus Neuengland und in ihrem Gespür für Showmanship auch alles andere als langweilig, so sind sie doch nicht wirklich subtil. Der Zuschauer wird in ihnen mit knalligen Farben bombardiert, mit schicksalshaft leidenden Protagonisten und skelettierten Leichen im Folterkeller des Hexenjägers.

Der schwarzweiße und wesentlich preisgünstiger entstandene NIGHT TIDE ist in dieser Hinsicht bescheidener und präsentiert Dennis Hopper als Matrosen auf Landgang, Johnny, der in einem Jazzclub irgendwo an der kalifornischen Küste eine Frau kennenlernt. Mora sind die Avancen des Seemannes zunächst etwas unangenehm, aber da Johnny eben von Dennis Hopper gespielt wird und somit Charme versprüht wie ein geisteskranker Parfümzerstäuber, gibt sie seinem Drängen nach und läßt sich von ihm nach Hause begleiten. Nach Hause – das ist ein kleiner Rummelplatz, auf dem sie als Meerjungfrau arbeitet. Für 25 Cents können Neugierige sie in einem Tank erblicken, mit

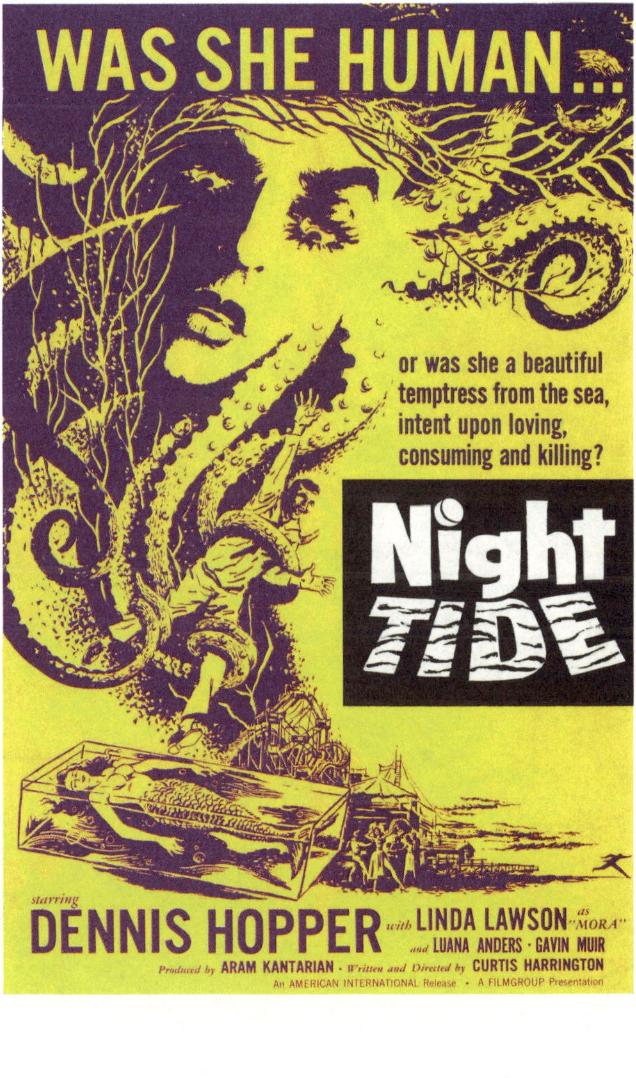
WAS SHE HUMAN...
or was she a beautiful temptress from the sea, intent upon loving, consuming and killing?
Night TIDE
starring
DENNIS HOPPER with LINDA LAWSON as "MORA"
and LUANA ANDERS · GAVIN MUIR
Produced by ARAM KANTARIAN · Written and Directed by CURTIS HARRINGTON
An AMERICAN INTERNATIONAL Release • A FILMGROUP Presentation

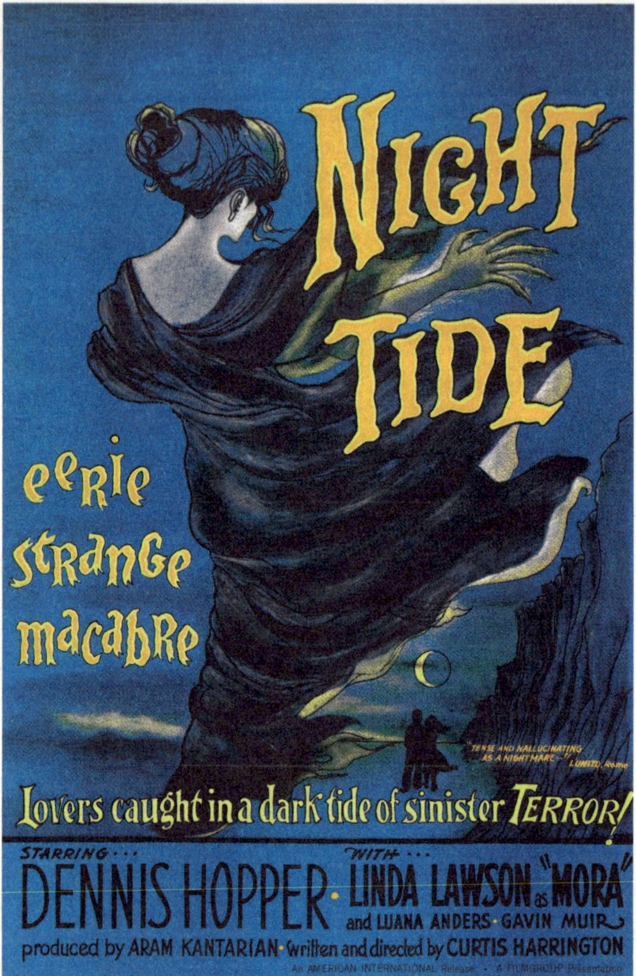
NIGHT TIDE
eerie
strange
macabre
"TENSE AND HALLUCINATING AS A NIGHTMARE -"
Lovers caught in a dark tide of sinister TERROR!
STARRING...
DENNIS HOPPER
WITH...
LINDA LAWSON as "MORA"
and LUANA ANDERS · GAVIN MUIR
produced by ARAM KANTARIAN · Written and directed by CURTIS HARRINGTON
An AMERICAN INTERNATIONAL Release · A FILMGROUP Presentation

einem künstlichen Schuppenschwanz an ihrem südlichen Ende. Johnny ist sehr angetan von der rätselhaften Frau, die von einer großen Melancholie umgeben scheint. Mehrere Leute raten ihm davon ab, sich mit ihr zu treffen, doch das macht sie nur noch spannender für ihn. Auch ein Polizist treibt sich auf der Kirmes herum, sind die beiden vorherigen Verehrer von Mora doch unter ungeklärten Umständen ums Leben gekommen. Ein Schiffskapitän im Ruhestand, der Mora einst auf einer Insel bei Mykonos entdeckte und sie als Mündel aufnahm, erzählt ihm dann die grauenvolle Wahrheit: Mora ist eine Sirene, ein Wesen, dessen eigentlicher Lebensraum das Meer ist. Dorthin wird Mora eines Tages zurückkehren. Und wenn Johnny nicht sehr gut aufpaßt, dann nimmt sie ihn mit in sein nasses Grab ...

Für zeitgenössische Horrorfans muß der Film eine ziemliche Belastungsprobe gewesen sein. Statt einer auf die Erzeugung von Grusel und Suspense ausgerichteten Erzählung bietet NIGHT TIDE eine schauerromantische Liebesgeschichte der eher ungewöhnlichen Art. Mora ist die klassische „weiße Frau", die fragile Verlockung mit dem großen Geheimnis, das ebensoviel Gefahr wie Schönheit verspricht. Liebe steht in der Schauerromantik immer im Schatten des Schwertes, unkompliziert geht da gar nix. Es ist ganz reizvoll, ausgerechnet Dennis Hopper – damals noch jung und sehr hübsch –, der in späteren Jahren doch mehr und mehr auf Schurkenrollen oder zumindest verwitterte Sarkasten festgelegt war, in der Rolle des Unschuldigen zu sehen, der in eine ihm bislang unbekannte Welt entführt wird. Obwohl der Anfang des Filmes mit seiner Jazzclubszene eher in der diesseitigen Welt angesiedelt ist, herrscht auch hier schon eine romantische Konzeption vor. Johnny ist natürlich kein realistischer Seemann, der bölkend und bumsend das Hafenviertel aufmischt, sondern eher eine zarte Seele, ein schimmerloser Candide, wie der Protagonist von Kenneth Angers Kurzfilm FIREWORKS (1947). Er hat die Meere für sich entdeckt, weil ihm die Welt seiner Kindheit zu eng geworden war. Sein Kenntnisgewinn hat ihn noch nicht verdorben, er ist immer noch ein Suchender. An Mora fasziniert ihn das Mysterium, das sie umgibt. Er gehört zu jenen, die sich gerade von geknickten Blüten angezogen fühlen, da er sie zum Blühen bringen und selber dadurch Bestätigung erfahren möchte. Eine Hellseherin legt ihm die Tarockkarten und verspricht ihm, daß neue Erfahrungen und eine völlig neue Welt vor ihm liegen. Ob er sie annimmt, liegt bei ihm selbst, denn Karten verraten nur Optionen, den Schlüssel trägt man tief in sich.

Die Geschichte mit der Meerjungfrau glaubt Johnny natürlich keine Sekunde, aber je tiefer er in die Welt von Mora eintaucht, umso mehr beginnen Träume seine Realität zu zersetzen. Während seine Beziehung zu Mora jeden körperlichen Vollzug zu vermeiden scheint – keine langen Kußszenen, keine Andeutung von ausgelassenen Leibesfreuden –, geht es in den Träumen richtig zur Sache: Johnny, umklammert von den Tentakeln eines riesigen Oktopus. Schon bald ist alles irreal, man weiß nicht mehr, ob man sich als Zuschauer noch in einer objektiven Realität befindet oder einem fremden Wahn aufsitzt.

Da hätten wir auch schon einen der Gründe, weshalb NIGHT TIDE für ein Genrefilmpublikum jener Tage so schwer zu schlucken gewesen sein muß. Die Zensurbehörden verboten zwar alles, was irgendwie nach Ferkelkram aussah, das Miteinander von Liebenden wurde durch die typischen Hollywood-Stempelküsse – einer schürzt die Lippen, der andere stülpt seine Lippen darüber, Zunge fällt ganz aus – hinreichend illustriert. Da die Zuschauer aber nicht mehrheitlich Mönche waren, ging es unterschwellig natürlich immer um Bumsi-Bumsi. Männliche Teenager, die mit ihren Schnitten und Bienen im Autokino saßen, wollten deftig schmusen und nicht über den Verfall abendländischer Sitten diskutieren. Der Lachs muß rein, oder wie Merkel das mal ausdrückte (der Fußballtrainer). Denkt man etwa an Hoppers Darstellung als Frank in BLUE VELVET, wie er enthemmt rumbrüllt: „Ich ficke alles, was sich bewegt!", dann kommt man nicht umhin, festzustellen, daß Johnny aus einem anderen Holz geschnitzt ist. Der ist eben nicht so sehr an ineinander verknoteten Leibern interessiert und Körpersekreten, die lustige Sachen anstellen, sondern an der anderen Welt. Es ist exakt jene Welt, der Curtis Harrington in seiner Karriere nachgespürt hat, nicht immer zu seinem finanziellen Vorteil. Als er seinen letzten richtigen Horrorfilm machte, RUBY (1977) – ein sehr nostalgischer Film über ein verhextes Autokino –, waren die Produzenten angesichts all der axtschwingenden Psychopathen, die im Horrorkino jener Zeit ihr Unwesen trieben und das Blut hektoliterweise über die Zuschauer kommen ließen, von Harringtons Vision nicht überzeugt und tackerten einen „kommerziellen" Schluß an den Film, der in etwa so passend wirkt wie eine Narrenkappe auf dem Kopf von Albert Einstein. Orang-Utans regieren die Welt, so ist das leider. Den letzten Film von Curtis Harrington habe ich noch nicht gesehen. Es handelt sich dabei um eine Bearbeitung von Poes „The Fall Of The House Of Usher", in der Curtis höchstselbst auftritt – als Madeleine Usher! Kurzum, wenn man etwas über Filmkunst als Gelddruckmaschine lernen will, ist man bei Curtis Harrington wohl an der falschen Adresse. Wenn man seine Zeit aber einem liebevollen Exzentriker mit einem Herz für die dunkle Seite des Märchens schenken möchte, dann haut das hin. NIGHT TIDE ist ein Märchen über die Gefahren, aber auch die Schönheiten, die es mit sich bringt, wenn man abseits der ausgetretenen Pfade stromert. Schön, daß er jetzt endlich in einer angemessenen Fassung vorliegt!

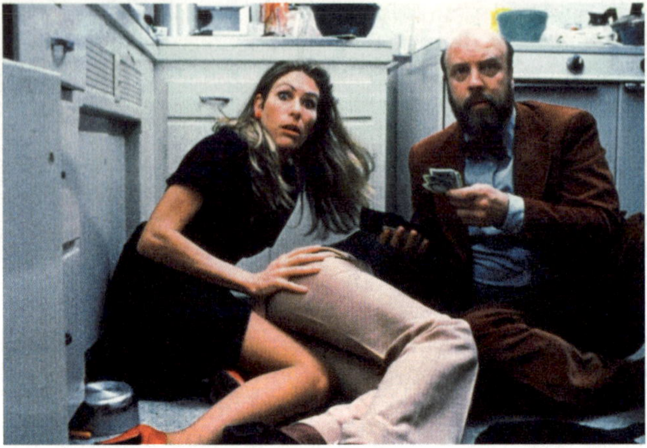

Wo Bartel den Most holt

Als letzten Film des Buches habe ich mir eine schwarze Komödie ausgesucht, in der ein kleiner, molliger Mann mit Stirnglatze und Vollbart die Hauptrolle spielt. Man kann diesem unscheinbaren und denkbar unglamourösen Zeitgenossen in vielen amerikanischen Genrefilmen begegnen, wo er z.B. den Aufpasser eines Sommercamps für Kinder spielt (PIRANHA), einen Regisseur billiger Actionreißer (HOLLYWOOD BOULEVARD), einen Facharzt für Geschlechtskrankheiten (AMAZONEN AUF DEM MOND) oder einen nekrophilen Leichenbestatter (MORTUARY ACADEMY). Kurzum, er ist immer dann zur Stelle, wenn es um die Abgründe in uns allen geht. Die Rede ist natürlich von Paul Bartel, einem amerikanischen Filmemacher, der zu meinen ausgesprochenen Lieblingen gehört! Sein früher Kurzfilm THE SECRET CINEMA (1968) war ein geistvolles Spiel mit dem Verhältnis von Kino und Wirklichkeit, das einiges von DIE TRUMAN-SHOW (THE TRUMAN SHOW, 1998) vorwegnahm. In NAUGHTY NURSES (1969) setzte er sich kritisch mit den Tugenden des Tittenkinos auseinander. Sein erster Langfilm, PRIVATE PARTS (1972) stellte eine Hommage an das Thrillerkino Hitchcocks dar, die mit sehr viel Genüßlichkeit die sexuellen Abgründe ansonsten unauffälliger Mittelstandsbürger aufs Korn nahm. Der bereits in meinem „Schmelzmann"-Buch besungene FRANKENSTEINS TODESRENNEN (1975) war sein eigener Beitrag zum Low-Budget-Actionkino, angereichert mit knalliger Satire auf eine außer Rand und Band geratene Sensationsgier. Ein späteres Werk, das mir große Freude bereitete, war der angemessen betitelte SCENES FROM THE CLASS STRUGGLE IN BEVERLY HILLS (1989), zu dem der angesehene Schriftsteller Bruce Wagner (MAPS TO THE STARS) das Drehbuch schrieb. Mir geht es hier aber um Paul Bartels Beitrag zur, tja, Boulevardkomödie, der ein wenig wirkt wie eine vergnüglich entgleiste Woody-Allen-Geschichte. EATING RAOUL (1982) heißt dieser Leckerbissen. Ein kleiner, großer Film, der an einen netten Mann erinnert, der Kindern leckere Kekse anbietet, in die er Heftzwecken hineingebacken hat.

Paul und Mary Bland sind ein ganz gewöhnliches Mittelklassepaar. Sie arbeitet als Krankenschwester, er hat gerade seinen Job in einer Weinhandlung verloren, weil er den Kunden nicht das billige Spülwasser verkaufen wollte, das dort als Angebot der Woche angepriesen wird. Der Tropfen, der das Faß zum Überlaufen brachte, war der sündhaft teure Château Lafite, den Paul als echter Connaisseur bestellt hatte – 400 Dollar die Flasche! Beide träumen von einem Feinschmeckerrestaurant auf dem Lande, doch dazu sind 25000 Dollar vonnöten, die sie nicht haben. Hier kommt ihnen aber der Zufall entgegen und eine Bratpfanne: Als ein entmenschter Swinger von der Party ein Stockwerk tiefer ins Apartment eindringt und Mary gewaltsam besteigen will, schwingt Paul das Küchenutensil. Nun stehen sie da mit einer Leiche, die dem Abfallzerhacker aber sehr gut schmeckt. In seiner Brieftasche hatte der Swinger einen gepflegten Batzen Geld. Paul und Mary wittern eine Möglichkeit, ihre Träume wahr werden zu lassen – als „Cruel Carla" und „Naughty Nancy" inserieren sie in einschlägigen Zeitschriften und locken damit den sämigen Unterbauch von Beverly Hills zu sich in die Butze. Die Bratpfanne macht Überstunden, der Rubel rollt. Alles wird aber komplizierter, als der Einbrecher Raoul in ihr Leben tritt. Statt sie zu verpetzen, möchte er ihr Teilhaber werden. Doch gleichzeitig verliebt er sich unsterblich in Mary ...

Hätte Bartel EATING RAOUL als modisch vulgären Film aufgezogen, wären die geschilderten Exzesse

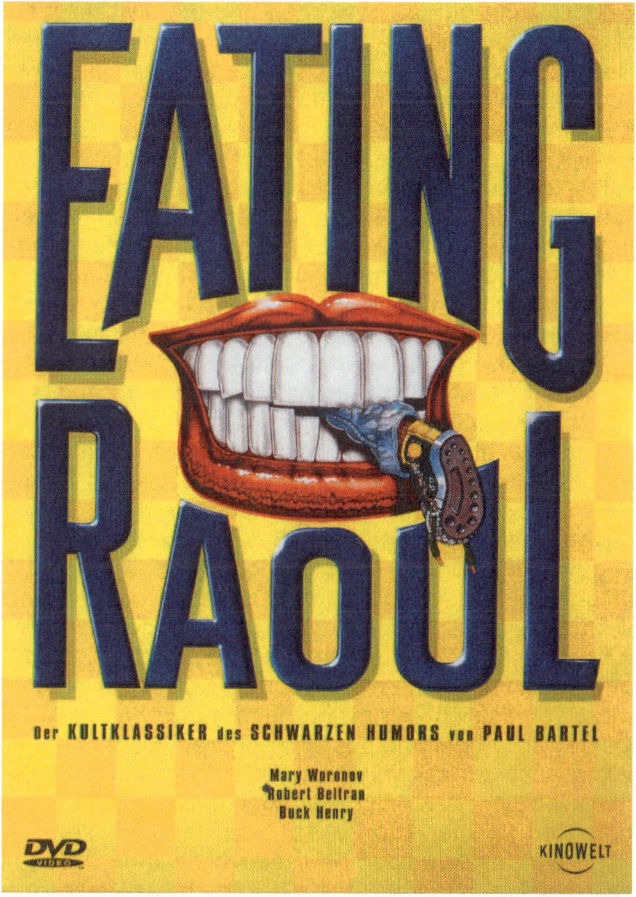
EATING RAOUL
Der KULTKLASSIKER des SCHWARZEN HUMORS von PAUL BARTEL
Mary Woronov
Robert Beltran
Buck Henry
DVD VIDEO
KINOWELT

weitgehend unlustig geworden und in gewisser Weise selbst Beispiele jener beklagenswerten kollektiven Desensibilisierung, die sie aufzeigen. Tatsächlich entschied er sich aber für einen entwaffnend liebenswürdigen Modus. Das Erfolgsgeheimnis von EATING RAOUL ist die geradezu niedliche Weise, mit der er selbst die extremsten Vorgänge schildert. Daß der Weinhändler einen Räuber vor den entsetzten Augen Pauls erschießt, um dann ungerührt weiter über gangbare Geschäftskonzepte zu diskutieren, ist nur der Auftakt und nicht weiter bemerkenswert – so funktioniert eben Kapitalismus. Das Individuum ab in die Wurstmühle, heute beginnt der Markt. Die Nachbarn mit ihren bescheuerten Swingerpartys sind ebensogut in der Realität vorstellbar. Auch nicht schlimmer als der Nachbar, der sich ein Klavier kauft und Sachen spielt, die klingen wie Keith Jarrett live in Guantanamo. Solche Leute scheinen putzigerweise immer davon überzeugt zu sein, daß der ganze Wohnblock vom Wohlklang ihrer Darbietungen profitiert, anstatt in ohnmächtiger Wut in die Kissen zu boxen. Daß dem Wüten der pulsierenden Swingerlenden dann ein so prosaisches Instrument wie eine Bratpfanne entgegengesetzt wird, entspricht dem guten Stil des Filmes. Tatsächlich kommt der Film ganz ohne plakative Gewaltdarstellung aus. Ein sonores „Donk!" reicht völlig aus, um anzudeuten, daß wieder ein Inhaber merkwürdiger sexueller Neigungen ins Gras gebissen hat. Und ja, hier könnte der Film natürlich konservativ werden in seiner Aburteilung devianten Sexualverhaltens. Ungewolltes Klavierspiel, erwachsene Männer, die sich als Nazi oder als Mickymaus verkleiden, um eine erfolgreiche Triebabfuhr zu erleben, eine Unverschämtheit, armes Deutschland. Ob man Paul und Mary nun als Helden begreift oder nicht, liegt im Auge des Betrachters. Nüchtern betrachtet sind sie Serienmörder, wenn auch ausgesprochen nette. Kuschelkiller, sozusagen, mit denen man gerne abends mal weggehen würde, ich zumindest. Was Paul Bland verkörpert, ist vorzüglicher Geschmack in kulturellen Belangen, der gefangen ist in einem Meer der Nichtigkeiten. Wer hätte sich nicht auch schon mal in so einer Situation gewähnt? Und jeder hat eine Bratpfanne zu Hause! Gibt es etwas Menschlicheres, als auf dem Höhepunkt des Leides zum Egozentriker zu werden? Wohl kaum, und so verfährt EATING RAOUL auch nicht moralistisch, sondern hat Spaß an der eigenen Asozialität, was im übrigen auch dazu führt, daß der Film so hinreißend lustig ist. Moral und Humor vertragen sich nämlich nicht gut miteinander. Sind die beiden mordenden Omis aus ARSEN UND SPITZENHÄUBCHEN nicht völlig liebenswürdig? Tja, Paul und Mary sind Enkel im Geiste, die sich eine Nische geschnitzt haben in einem gesellschaftlichen Morast, in dem selbst Sekundärtugenden nur noch behauptet werden. Störfaktor Raoul - der als besonders preisgünstiger Schlosser arbeitet und seine Klienten nach erfolgter Beschlossung ausraubt - besitzt keine wie auch immer geartete Kultur und arbeitet nur im Interesse seines Besitzstrebens und seines Dödels. Paul und Mary möchten ja nur viele Menschen mit ihrer Kochkunst glücklich machen, und wenn der Weg, der dahin führt, mit den Leichen von Idioten gepflastert ist, tja, dann ist das ein durchaus erträglicher Wegzoll.

Zu Paul Bartel habe ich schon genug gesagt. Seine Partnerin ist einmal mehr die prachtvolle Mary Woronov, zu der ich bereits im „Schmelzmann“ anmerkte, daß sie die einzige Frau auf dem Planeten ist, aus deren Bauchnabel ich Champagner trinken würde. Sie begann einst bei Andy Warhol, heiratete dann aber keinen Beatle, sondern katapultierte sich in die wilde Welt des Exploitationkinos. An der Seite von Paul trat sie in vielen weiteren Filmen auf. In Jim Wynorskis

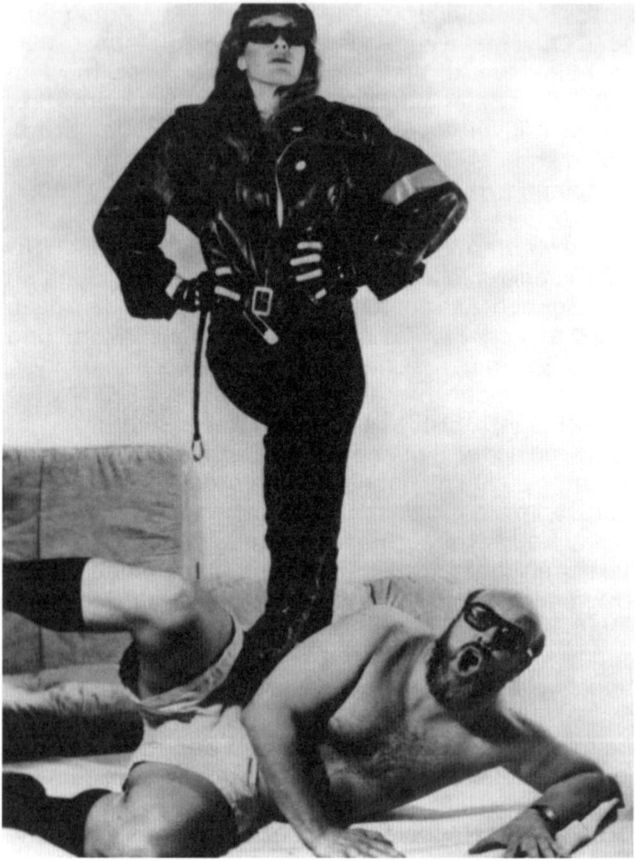

Splatterschote CHOPPING MALL (1986) wiederholten die beiden sogar ihre Rollen als Paul und Mary Bland. Sollte irgendjemand einmal auf den Gedanken kommen, SUNSET BOULEVARD neu zu verfilmen, dann wäre Mary die perfekte Norma Desmond! Paul könnte dann ja die Stroheim-Rolle übernehmen. Das Drehbuch schrieb Bartel übrigens zusammen mit Richard Blackburn, der einst den schönen Märchen-Horrorfilm THE LEGENDARY CURSE OF LEMORA (1973) machte und in EATING RAOUL den Freund spielt, der Paul und Mary den Baugrund für ihr ersehntes Restaurant verhökern will. Außerdem dabei ist der fabelhafte Drehbuchautor Buck Henry, der einen schmierigen Bankmenschen spielt, der Mary an die Möpse will. Ed Begley jr. hat einen schönen Gastauftritt als Hippie-Klient, der sich dann als Möchtegern-Vergewaltiger herausstellt. („Donk!") Auch John Landis und Joe Dante haben kurze Auftritte. Die ganz reizende Musik stammt von Arlon Ober, den ich eher von Horrorfilmen her kenne. Hier liefert er betuliche Komödienmusik, wie sie Familienfilmen der sauberen 50er Jahre gut anstehen würde. Ach, ich könnte noch jahrelang weiterschreiben und jubeln! EATING RAOUL gehört zu jenen Filmen, die niemals einen Oscar gewinnen werden, aber dafür gehört ihnen der wichtigste Oscar überhaupt, nämlich der in meinem Herzen. Charmantes Außenseiterkino, das den perfekten Schlußpunkt darstellt für dieses Buch. Ich bedanke mich für Deine Aufmerksamkeit, liebe Leserin, lieber Leser, und ich hoffe, hier einige Anregungen gegeben zu haben für angenehme Videonächte, die nicht von herzlosen Hardware-Besäufnissen versenkt werden, sondern von tief empfundenen Geheimtips geadelt. Dornröschen küßt nämlich ziemlich gut, und manchmal sogar auf Zunge. Wohlsein!

Index

Bücher von Christian Keßler
in diesem Verlag

Die läufige Leinwand
Der amerikanische Hardcorefilm von 1970 bis 1985
Vorwort von Bela B. Felsenheimer
gebunden, farbige Abbildungen
280 S., ISBN 978-3-927795-56-3

Das versteckte Kino
Die besten Filme,
von denen Sie niemals gehört haben!
engl. broschiert, farbige Abbildungen
336 S., ISBN 978-3-927795-74-7

Wurmparade auf dem Zombiehof
Vierzig Gründe, den Trashfilm zu lieben
engl. broschiert, farbige Abbildungen
288 S., ISBN 978-3-927795-67-9

Der Schmelzmann in der Leichenmühle
Vierzig Gründe, den Trashfilm zu lieben
engl. broschiert, farbige Abbildungen
300 S., ISBN 978-3-927795-68-6

Aalglatt über Leichen
Kriminalroman mit Kommissar Ernst
272 S., engl. broschiert, ISBN 978-3-927795-64-8

Elfmeter für Ernst
Kriminalroman mit Kommissar Ernst
272 S., engl. broschiert, ISBN 978-3-927795-69-3

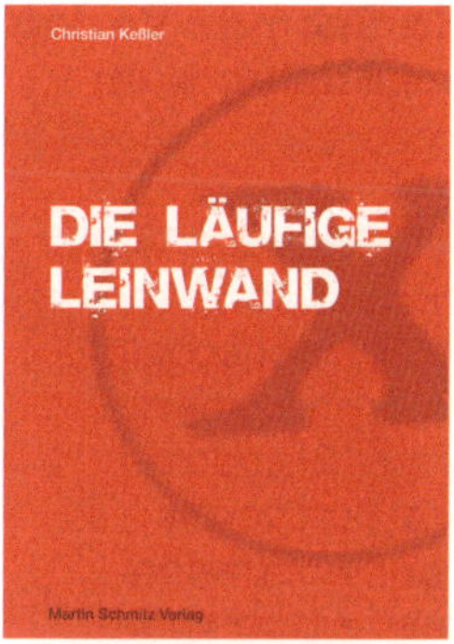
Christian Keßler
DIE LÄUFIGE
LEINWAND
Martin Schmitz Verlag

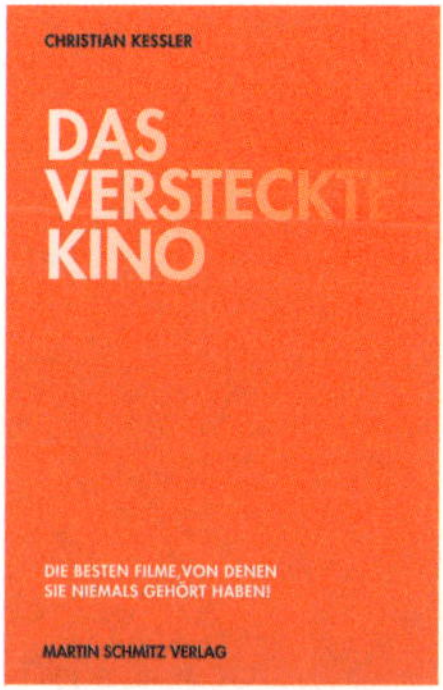
CHRISTIAN KESSLER
DAS
VERSTECKTE
KINO
DIE BESTEN FILME, VON DENEN
SIE NIEMALS GEHÖRT HABEN!
MARTIN SCHMITZ VERLAG

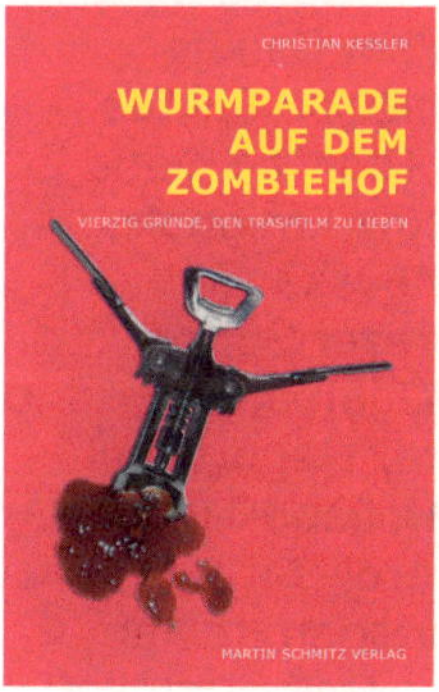
CHRISTIAN KESSLER
WURMPARADE
AUF DEM
ZOMBIEHOF
VIERZIG GRÜNDE, DEN TRASHFILM ZU LIEBEN
MARTIN SCHMITZ VERLAG

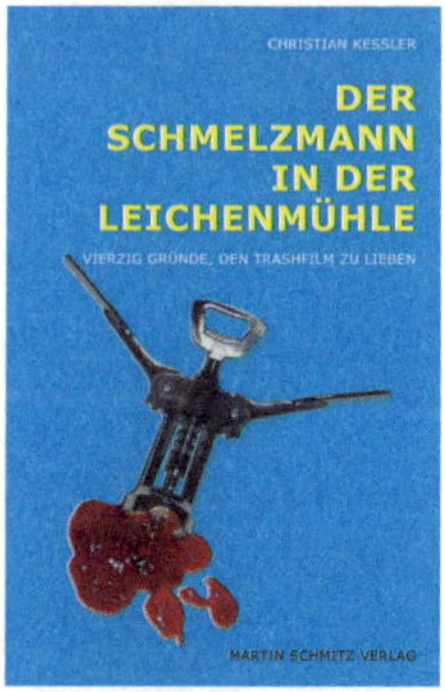
CHRISTIAN KESSLER
DER
SCHMELZMANN
IN DER
LEICHENMÜHLE
VIERZIG GRÜNDE, DEN TRASHFILM ZU LIEBEN
MARTIN SCHMITZ VERLAG

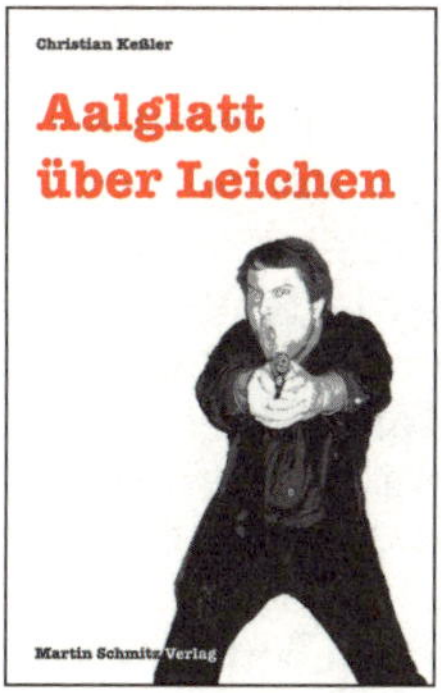
Christian Keßler
Aalglatt
über Leichen
Martin Schmitz Verlag

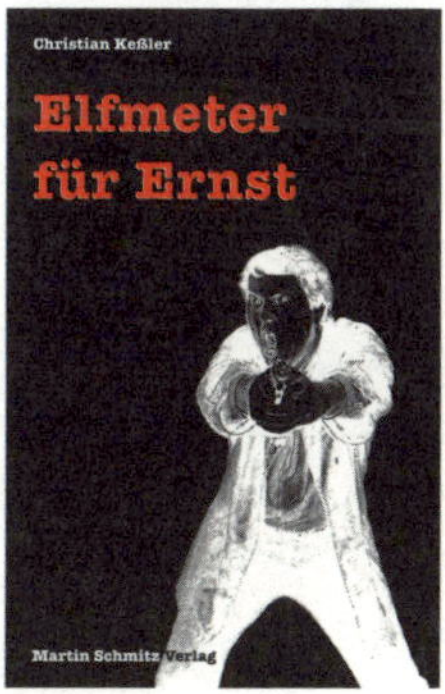
Christian Keßler
Elfmeter
für Ernst
Martin Schmitz Verlag